C. A. v. Treuenfels / Solange sie noch leben

Dieses Buch
liegt im
Interesse des

World Wildlife
Fund

Solange

Carl Albrecht v. Treuenfels

sie noch leben

Aktueller Report aus freier Wildbahn

Mit über 250 Aufnahmen vom Verfasser

Verlag Karl Thiemig München

ISBN 3-521-04044-5

© 1973 Verlag Karl Thiemig AG, München
Gesamtherstellung Karl Thiemig,
Graphische Kunstanstalt
und Buchdruckerei AG, München.
Alle Rechte bei Verfasser und Verlag.

Printed in Germany

Inhaltsübersicht

Seite	
6	Vorwort
9	Naturschutz auf neuen Wegen
13	Problematische Räuberjugend
17	Wild und Wald im Gleichgewicht
23	Der Falke unter den Möwen
27	Würger werden weniger
31	Wisente in freier Wildbahn?
34	Schwarzweißmalerei
37	Zwischen Gams und Murmel
41	Heimkehrer
44	Die kleinen Sünder
49	Im Brutgebiet der Weihen
55	Moorvögel in Wohnungsnot
63	Tödliches Eis für Eisvögel
67	Äsung für Feinschmecker
69	Mit Finten und Farben
73	Hirschbrunft
77	An steilen Meeresklippen
79	Tauchtalente
85	Vögel auf der roten Liste
89	Steinwild liebt Geselligkeit
92	Auf weißen Schwingen
96	Vom Irrgast zum Pionier
103	Hochgeschätztes Niederwild
107	Reiherleben mit Kontrasten
109	Generationswechsel
115	Biologische Schädlingsbekämpfer
121	Frischer Fisch — von Adlern serviert
124	Nordseenatur
132	Elche im Vormarsch
135	Heimlicher, unheimlicher Rufer am See
139	Wenn die Kraniche brüten
142	Dachse in Gefahr
145	Vogelquartiere
148	Dauergäste aus Asien
151	Jäger und Gejagte
157	Einzelgänger
161	An gefrorenen Wassern
166	Wintergewohnheiten
173	Keine Chance für Bär und Wolf
177	Vogelgestalten im Clowngewand
181	Waidgerechte Kamerajagd
192	Sängernachwuchs
195	Regentage im Revier
198	Anhang

Vorwort

Sämtliche Bilder zu diesem Buch entstanden im Verlauf der vergangenen zwanzig Jahre, der Großteil in der zweiten Hälfte dieser Zeit. Zwanzig Jahre sind im Verhältnis zu Entwicklungszeiträumen in der Natur eine lächerlich kurze Spanne. Und dennoch hat sich in diesem Abschnitt ungeheuer viel verändert. Das merkt besonders derjenige, der sich häufig genug zu Beobachtungen in freier Wildbahn aufhält. Schon heute sind viele von den hier gezeigten Bildern an den Orten, wo sie aufgenommen wurden, nicht zu wiederholen: Etliche Landstriche, in denen die Vögel brüteten, existieren nicht mehr in ihrer ursprünglichen Form, Seen, in denen Otter und anderes seltene Wasserwild schwammen, sind verdreckt und kaum mehr belebt, ein Wald, in dem Dachse seit Generationen abends aus ihrem Bau schloffen, ist einer Autobahn gewichen. Der Garten, in dem jedes Jahr ein Dutzend verschiedener Singvögel brütete, beherbergt nur noch die Hälfte, obwohl er nicht verändert wurde. In jedem Frühling ist es eine Art weniger, die sich einstellt.

Jedes Jahr ist es überall ein Stückchen weniger. Hier ein paar Bäume, dort eine Wiese oder ein Sumpf, in der Nachbarschaft der kleine Teich. Heute wird der Rasen vor der eigenen Haustür chemisch behandelt, morgen laden Flugzeuge über Getreidefeldern Giftwolken ab. Es geht Schritt für Schritt. »Wegen der einen Hecke, die ich rode, wird ja nicht gleich die ganze Vogelwelt aussterben.« Wenn es nur einer sagen würde, wäre es nicht so schlimm. Aber es sagen unabhängig voneinander viele. »Mit meinem Moor kann ich tun, was ich will.« Auch davon gibt es mehrere. »Diese Region bedarf dringend wirtschaftlicher Hilfe und damit industrieller Ansiedlung.« Solche Regionen sind die bislang einigermaßen intakt gebliebenen.

Die Tierwelt ist von Eingriffen in die Landschaft und Veränderungen ihres Lebensraumes viel schneller und unmittelbarer betroffen als die Menschen. Das haben in den vergangenen zwanzig Jahren zahllose Beispiele gezeigt. Noch gibt es alle auf den folgenden Seiten gezeigten Arten bei uns, doch haben manche von ihnen Einbußen erlebt, die kaum wieder wettzumachen sind. Und da die negative Entwicklung immer schneller voranschreitet, ist es nur eine Frage der Zeit, bis diese oder jene weitere Tierart aus vielen Landstrichen verschwunden oder völlig ausgestorben ist, wenn nicht ganz entscheidende Verbesserungen im Umwelt- und Naturschutz eintreten. Solche Warnungen und Hilferufe werden häufig nicht mehr ganz ernstgenommen, weil man sie zu häufig gehört und sich bereits daran gewöhnt hat. Doch wer sich mit der freilebenden Tierwelt beschäftigt, weiß, wie bitter ernst sie sind.

Text und Bilder erläutern zum einen die gegenwärtige Situation unserer Tiere in der noch verbliebenen Wildbahn, zum anderen sollen sie dem Leser Einblick in Leben, Verhalten, Gemeinsamkeiten und Unterschiede der einzelnen Arten geben. Dabei kommt es weniger auf systematische Ordnung an als vielmehr darauf, die abwechslungsreiche Vielfalt der Tiere und ihrer Umgebung vorzustellen. Dementsprechend stehen die Kapitel in bunter Reihenfolge und auf den ersten Blick scheinbar ohne Zusammenhang hintereinander. Und in der Tat haben viele Tiere, die sich auf den Seiten folgen, äußerlich kaum etwas gemeinsam. Wir Menschen haben besonders in jüngster Zeit dafür gesorgt, daß die meisten jedoch — gleichgültig, ob sie am Mittelmeer, in den Alpen, auf norddeutschen Marschwiesen oder unter der Mitternachtssonne zu Hause sind — ein ähnliches Schicksal teilen. Sie alle sind in Gefahr, vernichtet zu werden. Die einen schneller, da sie empfindlicher reagieren. Die anderen mit einer längeren Galgenfrist. Und Tierarten, die einmal ausgerottet sind, bleiben für immer von der Erde verschwunden. Auch der genialste Züchter kann sie nicht wieder erschaffen.

Glücklicherweise ist es noch nicht so weit, daß wir resignierend die Hände in den Schoß legen müssen. Denn noch gibt es Mittel und Wege, im Riesenprogramm des vielzitierten Umweltschutzes auch für die Tierwelt entscheidende Lebens- und Überlebenshilfe zu leisten. Dazu bedarf es zunächst sogar ausnahmsweise mehr guten Willens als finanzieller Hilfe, obwohl der Naturschutz nicht ohne Geld und entsprechende Opfer auskommt.

Solche Bemühungen zu unterstützen und aufzuzeigen, daß sie sich zur Bewahrung von Leben, Schönheit, Farbe und Abwechslung in unserer Umwelt lohnen — dazu will dieses Buch beitragen. Die Tiere, um die es hier geht, sind dabei nur ein Teil dessen, was es zu erhalten gilt. Für jene, die bisher den Zielen und Problemen des Naturschutzes unwissend oder gleichgültig gegenüberstanden, mag es Anregung und Aufforderung sein, künftig ihren — möglichen — Beitrag zu leisten. All jenen, die sich bereits für die weitgehende Erhaltung der Natur und insbesondere der freilebenden Tierwelt einsetzen, soll es eine bescheidene Widmung sein. Mit der Hoffnung, daß der Titel nicht eines Tages geändert werden und für den Rest der Tage lauten muß: »Als sie noch lebten.«

September 1973   C. A. v. Treuenfels

Naturschutz auf neuen Wegen

Faszinierend und selten zugleich: ein Seeadlerweibchen im Anflug auf den Waldrand — die Bundesrepublik beherbergt in Schleswig-Holstein die letzten fünf Brutpaare in Westeuropa. In den vergangenen Jahren kam jeweils nur ein Jungvogel hoch. Die Naturschützer hoffen, daß dank intensiver Sicherungsmaßnahmen bald bessere Ergebnisse erzielt werden. Im Winter werden diese unsere größten Greifvögel mit rückstandsfreier Fleischnahrung versorgt, was möglich ist, da sie gerne Aas annehmen. Darüber hinaus haben Versuche begonnen, Seeadlernachwuchs in einer Großvoliere zu züchten.

Die Form und das Ausmaß, mit denen Presse, Funk und Fernsehen das Schicksal der letzten fünf Seeadlerpaare in der Bundesrepublik in den vergangenen Jahren verfolgten, sind ein kleines Beispiel für die geänderte Einstellung des öffentlichen Interesses zum Naturschutz. Nun geben zwar die mächtigen Vögel, ihr trauriges Vermehrungsschicksal und die fast militärischen Unternehmungen zu ihrem Schutz eine besonders interessante Geschichte ab, doch sind die vielen Berichte und Reportagen, die in fast unaufhörlicher Folge zum Thema Umwelt- und Naturschutz erscheinen, nicht weniger spannend. Denn sowohl jene, die sie schreiben, als auch jene, die sie lesen, wissen inzwischen, daß mit jedem Baum, der gefällt wird, mit jedem Moor, das austrocknet, mit jedem Gewässer, das verschmutzt wird, mit jeder Erschließung, Vertreibung, Vergiftung die vielzitierte Lebensqualität für jeden einzelnen von uns weiter abnimmt. Und so ist es kein Wunder, daß zusehends die Front derer stärker wird, die sich dieser rasanten Entwicklung entgegenstellen: Bürgerinitiativen bilden sich, Vereine werden gegründet oder ändern ihre Zielsetzung, und selbst Politiker der verschiedensten Ebenen und Richtungen entdecken ihr Herz für die natürliche Umwelt und ihren Schutz.

Dank dieser Entwicklung ist die Zahl der Naturschützer, die noch bis vor einem Jahrzehnt auf verlorenem Posten zu kämpfen schienen, sprunghaft gestiegen. Doch nicht nur umfangmäßig hat sich der Kreis vergrößert. Viel wichtiger ist

Ein Bruterfolg ohnegleichen sind vier Jungstörche im Nest. Doch trotz gelegentlicher guter Storchenjahre sind Adebars Bestandszahlen in Norddeutschland rückläufig. Sowohl die intensive Heuschreckenbekämpfung in den Überwinterungsgebieten als auch die Abnahme geeigneter Nahrungsgründe hierzulande sorgen dafür. — Mit ähnlichen Problemen haben die Kraniche (rechts: zwei Altvögel mit einem gerade geschlüpften Jungen) zu kämpfen. Immer weniger Paare finden in Deutschland einen Platz, an dem sie ihren Nachwuchs großziehen können. So gehen die Bestrebungen der Naturschützer u. a. auch dahin, Moore und Brachlandschaften zu erhalten.

die Wandlung ihres Ansehens. Aus den romantischen Vogelbeobachtern und fortschrittsfeindlichen Schmetterlingsfängern, als die sie lange Zeit völlig zu Unrecht von einer breiten Öffentlichkeit angesehen wurden, werden langsam gegenwartsbezogene Umweltmanager, die sich ein neues »Image« aufbauen. Zwar ist die Zusammensetzung der rund 100 Verbände (mit etwa 2 Millionen Mitgliedern) unter der Dachorganisation des Deutschen Naturschutzringes (DNR) sehr vielseitig und reicht von Sportfischern über Kanufahrer, Heimatforscher, Denkmalspfleger bis zu Jägern, doch haben alle eins erkennen müssen: Gegen die Methoden von Geschäftsleuten, Politikern und Spekulanten helfen nur die gleichen Mittel: Geld, Beziehungen und eine gute Öffentlichkeitsarbeit. Und gegen die Unwissenheit, Gedankenlosigkeit oder gar Dummheit, durch die Natur unglaublich viel Schaden zugefügt wird, hilft Aufklärung.

Die Folge solcher Erkenntnisse zeigt sich heute auf vielen Gebieten. Um den Ausverkauf der letzten noch unberührten Landschaften zu verhindern oder zumindest kleine natürliche Oasen inmitten der Zivilisation zu erhalten, sind die deutsche Stiftung des WWF (World Wildlife Fund) und der Bund Naturschutz in Bayern dazu übergegangen, mit Hilfe gesammelten Geldes wertvolle oder strategisch wichtige Gebiete aufzukaufen und damit für andere Maßnahmen zu blockieren. Wo das Geld für solche Schachzüge zur Erhaltung der Natur fehlt (und es fehlt leider sehr viel Geld für den Naturschutz), werden Pressekampagnen in Gang gesetzt, Persönlichkeiten des öffentlichen Lebens mobilisiert, Bürgerinitiativen gegründet. Längst gibt es in allen wichtigen politischen Gremien eine Lobby für den Naturschutz, doch ist sie im Verhältnis zur Wirtschaftslobby in unserem materiell ausgerichteten Land noch zu schwach.

Fast alles, was heute bei uns für den Naturschutz geleistet wird, geschieht ehrenamtlich und dank der Initiative einzelner Menschen. Das gilt sowohl für örtlich sehr begrenzte Aktionen wie auch auf überregionaler Ebene. Wäre der Naturschutz bis heute alleine den Kommunen, Ländern und dem Bund überlassen gewesen, sähe es um ihn noch trauriger bestellt aus. Zwar gibt es eine Reihe nützlicher Gesetze und Verordnungen, doch hemmen Kompetenzstreitigkeiten und mangelnde Aufsicht vielfach die Wirksamkeit. Zwar werden Naturschutzbehörden geschaffen und Landschaftspfleger ernannt, doch werden sie auch nicht annähernd mit den notwendigen Mitteln und Befugnissen ausgestattet.

Seitdem das Wort vom Umweltschutz in jedermanns Mund ist, haben es die Naturschützer wenigstens leichter, ihr Anliegen in der Öffentlichkeit klarzumachen. Wenn das letzte Kranich-Brutpaar aus einem langsam entwässerten Moor abzuwandern droht, dann ist nicht nur der Verlust der schönen Vögel zu beklagen, sondern gleichzeitig auf das Verschwinden eines wichtigen »Bio-Indikators« hinzuweisen. Denn die Kraniche müssen dort aussterben, wo sie keine geeigneten Lebensvoraussetzungen mehr finden. Verschwinden sie also, ist das ein sicheres Zeichen für die Abnahme anderer Lebewesen, zunächst meistens Pflanzen und Kleintiere, die alle der weit verzweigten und dennoch in sich geschlossenen Lebensgemeinschaft, dem Ökosystem, angehören. Letzte Kette in diesem System ist der Mensch, und wenn ein Bio-Indikator nach dem anderen »ausfällt«, kann sich der Mensch leicht ausrechnen, wann er selbst an der Reihe ist. Nicht anders ist es bei der schleichenden Vergiftung der Tiere durch chemische Mittel.

Aus solchen Beispielen lernt auch der Unbeteiligte, daß Naturschutz ihn sehr wohl selbst etwas angeht. Und nicht von ungefähr gibt es den Slogan »Naturschutz ist Lebensschutz«. So sehen heute auch jene, die zunächst aus individueller Naturverbundenheit, Liebe zur Tier- und Pflanzenwelt oder aufgrund anderer idealistischer Motive am Strang des Naturschutzes ziehen, ihre Aufgabe nicht mehr ausschließlich darin, seltene Tiere und Pflanzen isoliert zu erhalten, sondern mit ihnen funktionsfähige Biotope, in denen der Kreislauf der Natur möglichst wenig gestört werden darf.

Wirtschaftliche Interessen, nicht selten kleinster Gruppen, und behördliche Ignoranz sind die schlimmsten Widersacher in diesem Bemühen. Vieles von dem, was alljährlich so kompromißlos zerschlagen, gerodet, ausgebaggert, zementiert und in der Landschaft »bereinigt« wird, nimmt seinen verhängnisvollen Anlauf an Schreibtischen von Straßenbau-, Wasserwirtschafts- und Kulturämtern. Solange jede solcher Maßnahmen nicht von Naturschutzbehörden verbindlich genehmigt werden muß, bleiben alle schönen Worte von Behördenvertretern, Kommunalpolitikern und Grundeigentümern reine Augenwischerei.

Zahllose Einzelfälle zeigen immer wieder, daß rigorose Naturzerstörung nur dort private oder öffentliche Hand nur dort wirksam unterbunden oder abgemildert wird, wo ein mit allen Wassern gewaschener und mit Stehvermögen ausgerüsteter praktischer Naturschützer in Gestalt eines »Einzelkämpfers« oder Verbandes rechtzeitig auf den Plan tritt. Neben der immensen Arbeit gehört auch Mut dazu, denn die Reihe der Naturschützer, die Bedrohungen schlimmster Art einstecken mußten, ist nicht klein. Glücklicherweise jedoch kann die wachsende Zahl von ihnen

Wasserverschmutzung, Flußregulierungen und Entwässerungen sind heutzutage Gründe für den enormen Rückgang der Otter. Früher wurden sie stark bejagt; inzwischen stehen die letzten knapp 200 Exemplare der Bundesrepublik längst unter Schutz. Fachleute bezweifeln, daß es gelingt, den Wassermardern wieder zu größerer Vermehrung zu verhelfen. Nicht wenige der Überlebenden ertrinken zu allem Überfluß in Fischreusen aus Nylonfäden, aus denen sie sich nicht freibeißen können, oder sie werden bei ihren Wanderungen im Winter von Autos überfahren.

mit einer immer stärkeren Unterstützung durch die öffentliche Meinung rechnen.

Das alleine reicht jedoch nicht. Von jenen, die die öffentliche Meinung darstellen, müssen sich noch viel mehr im praktischen Umwelt- und Naturschutz engagieren. Ob sie nun an einer Müllsammlung teilnehmen, Geld für die Wiedereinbürgerung des Uhus oder Bibers spenden, einem Verein beitreten, sich für den Schutz eines Wiesentales einsetzen, das Verspritzen von chemischen Insekten- und Unkrautvertilgungsmitteln einschränken — es gibt unendlich viele Möglichkeiten, praktischen Naturschutz zu betreiben. Möglichkeiten, die von den Bevölkerungsgruppen, die der Natur am nächsten sind, oft noch in sträflicher Weise vernachlässigt werden. Land- und Forstwirte, die — auf die Fläche bezogen — den meisten Einfluß auf die uns umgebende Natur ausüben, sind vielfach mit den Notwendigkeiten einer sinnvollen Landschaftspflege nicht vertraut. Jäger, die ihr Revier nur unter dem Gesichtspunkt möglichst großer Hasen- und Fasanenstrecken betrachten, sind die falschen Heger, denn sie leisten dem Naturschutz einen schlechten Dienst, wenn sie den Wald nur für einige Wildarten reservieren. Zum Glück denkt so der kleinere Teil der Waidmannsgilde, während viele für die Natur unersetzliche Helfer und Fürsprecher sind.

Wie widersprüchlich es um unseren Naturschutz bestellt ist, wird aus dem Rücktritt des Bundesbeauftragten für Naturschutz im Jahr 1973 deutlich. Der mangelnden staatlichen Förderung, die damit auch einer breiten Öffentlichkeit vor Augen geführt werden sollte, stehen eine Menge großartiger Einzelleistungen gegenüber. Diesen einen Multiplikatoreffekt zu verleihen — dazu dienen die vielen neuen Wege, die Naturschutzvertreter bei uns beschreiten. Um auf diesen Wegen voranzukommen, ist allerdings Einigkeit unter den verschiedenen Organisationen die erste Voraussetzung. Und genauso wichtig ist die Bekämpfung jener falschen Umwelt- und Naturschützer, die unter dem Deckmantel der Freizeitplanung und Landschaftsgestaltung das große Geschäft machen wollen — auf Kosten der Tiere, der Landschaft und nicht zuletzt der Menschen.

Von der Sonne werden die Jungfüchse immer wieder aus ihrem Bau gelockt. Auf dem »Spielplatz« vor der Höhle wird nicht nur getobt, sondern auch gespeist. Füchse gelten neben Mäusen als Hauptüberträger der Tollwut.

Problematische Räuberjugend

Der kleine rotbraune Rundkopf mit den hellblauen Augen, der sich in strahlender Nachmittagssonne aus dem dunklen Erdloch schiebt, setzt Vertrauen in die Welt. Keine halbe Minute vergeht, da steht ein junger Fuchs von etwa sechs Wochen in voller Größe vor der Haupteinfahrt zum unterirdischen Bau und scheint es sehr überflüssig zu finden, die Luft zu prüfen oder die Umgebung näher zu betrachten. Im Gegenteil. Als gebe es überhaupt keinen Feind, streckt sich Klein-Reineke in den lockeren Sand vor der Burgauffahrt, ruckelt noch einmal kurz hin und her, legt sein Kindergesicht auf die vorgeschobenen Vorderläufe und läßt langsam die Augenlider wie Vorhänge niedergehen.

Einige Minuten verstreichen. Nichts rührt sich in dieser herrlichen Einsamkeit, und selbst einige Bienen, die vom nahen Rapsfeld zur weißblühenden Schlehdornverkleidung des Fuchsbaues kommen, stören den kleinen Räubersprößling nicht. Doch mit einem Mal ist der Kopf oben, das Gehör gespitzt. Nur eine Sekunde später staubt es und ein rot leuchtendes Knäuel wälzt sich vor dem Bau. Wie ein wahrer Blitz ist ein zweiter Jungfuchs auf der Bildfläche erschienen und hat ohne lange Aufforderung ein wildes Rangelspiel eröffnet. Aber der so unsanft aus seinen Träumen gerissene Welpe ist verärgert. Ohne auf die Avancen von Schwester oder Bruder einzugehen, entzieht er sich der Umklammerung und verschwindet im Bau. Doch nicht lange, da taucht er wieder auf. Oder ist es nicht derselbe? Denn jetzt schieben sich plötzlich zwei, drei kleine Schelmengesichter durch die große Öffnung im Damm der stillgelegten Bahnstrecke. Von Brennnesseln, Gras und Gebüsch teilweise verdeckt, beginnen sie zu pusseln, zu spielen und zwischen den Sträuchern herumzuklettern.

Unruhe und Unternehmergeist kommen nicht von ungefähr. Das Geheck, in der Regel aus drei bis vier Welpen bestehend, erwartet die Mutter kurz nach Sonnenuntergang zum Nahrungsempfang. Kaum hat die Fähe, die den Tag außerhalb des Baues verbringt, unter Beachtung aller Vorsichtsmaßnahmen die Kinderstube erreicht, da fahren ihr die Jungen wie der Blitz ans Gesäuge. Stehend oder auf den Hinterkeulen sitzend, läßt sie den Ansturm vor der Einfahrt über sich ergehen. Manchmal wird allerdings das Gedränge so groß, daß sich die Milchspenderin regelrecht zur Wehr setzen muß. Das geschieht vor allem zum Ende der Säugezeit, wenn die Jungen acht Wochen alt sind. Dann haben sie nämlich schon ganz beachtliche Reißzähne. Dieses Gebiß setzen die kleinen Rotröcke erstmals im zweiten Lebensmonat ein, wenn die Fähe neben der täglichen Milchportion andere Kost zu servieren beginnt. Zunächst sind es Mäuse, Frösche, Käfer und Kleinwild, von der Mutter halb vorverdaut. Auf diese Weise kann sich der Magen der Zöglinge langsam an die spätere Speisekarte gewöhnen. Die Menüfolge hängt jeweils vom Nahrungsangebot ab, das sich wiederum nach dem Lebensraum richtet. Füchse sind Allesfresser. Wenn es genügend Mäuse gibt, so halten sie sich gerade in der Aufzuchtzeit ihrer Jungen an den grauen Nagern schadlos. Kommt ihnen allerdings ein Junghase oder eine Fasanenhenne vor den Fang, so sind sie nicht zimperlich und schleppen auch solches Wild auf den Familientisch, der sich meistens vor der Haupteinfahrt zum Bau befindet. Wenn die Jungfüchse zu Halbstarken herangewachsen sind, apportiert die Fähe lebendige Beute, an der die Nachkommenschaft — grausa-

mes Spiel — das Zupacken und Töten lernt.

Der Rüde und Vater spielt zur Zeit der Jungenaufzucht eine sehr unterschiedliche Rolle. Es wurde wiederholt beobachtet, daß er sich aktiv am Familienleben beteiligt und auch die Fähe in den ersten Tagen nach der Niederkunft mit Beute versorgt. In dieser Zeit bleibt die Füchsin die meiste Zeit im Bau, um ihre maulwurfsgroßen blinden Kinder häufiger zu säugen und zu wärmen. Allerdings verläßt die Fähe jedesmal ihr Wochenbett, um vom Rüden die Verpflegung außerhalb und einige hundert Meter entfernt zu übernehmen. Zu leicht könnte es sonst passieren, daß der Vater seine Jungen aus Versehen mit einigen leckeren Bissen verwechselt. Auch später hält die Fähe den Fuchs nach Möglichkeit vom Bau fern, doch kommt es auch vor, daß der Rüde sich am »Einjagen« des Gehecks beteiligt. Vielfach gibt es allerdings gar keinen Familienvater.

So vertrauensselig und wenig mißtrauisch junge Füchse in ihren ersten Lebenswochen

Oben: Meistens ist der Fuchsbau so angelegt, daß Reinekes Nachwuchs immer schnell in Deckung ist.

Großbild auf der rechten Seite: Aus einem Gang zwischen Brennnesseln und Dornengestrüpp lugt vorsichtig ein Welpe, bevor er sich ganz nach draußen wagt.

Unten: Bei Geburt sind junge Füchse fast grau, und in den ersten Monaten schimmert die graue Farbe auch noch durch ihren späteren rotleuchtenden Balg durch.

sind, so vorsichtig und scheu sind die Fähen. Haben sie das Gefühl, daß der Mutterbau entdeckt ist, ziehen sie innerhalb einer Nacht mit der ganzen Familie um. Notfalls legen sie sogar einen Ersatzbau in einer Schonung oder im Getreidefeld an. In den letzten Jahren haben sie mehr als in früheren Zeiten Grund dafür. Seitdem die Tollwut wieder in verstärktem Maß in der Bundesrepublik auftritt, werden die Füchse übermäßig verfolgt. Sie gelten als Hauptüberträger, und so sind gerade die Gesundheitsbehörden zu einem Vernichtungsfeldzug sondergleichen gegen sie angetreten. Auf amtliche Anforderung hin sind alle Revierinhaber verpflichtet, im Frühjahr sämtliche Fuchsbaue zu vergasen. Auf diese unschöne Art hofft man, die Fuchssippe dermaßen zu dezimieren, daß die Übertragungskette der Seuche an den meisten Orten unterbrochen wird und ihre Ausbreitung daher nicht mehr möglich ist. Unter den Jägern, die zwar den Fuchs als angeblichen Niederwildfeind in ihrem Revier kurzzuhalten trachten, ihn aber als reizvolles Jagdwild nicht missen wollen, hat die amtliche Verfolgungskampagne, die in jedem Jahr von neuem läuft, starke Kritik und erhebliche Zweifel ausgelöst. Fast überall wird bemängelt, daß durch die Vergasung nur die meist noch gesunden Jungfüchse, fast nie aber die Altfüchse, die tagsüber außerhalb des Baues sind, betroffen werden. Die Jäger fordern daher, man solle den Revierinhabern lieber eine Verpflichtung zu stärkerer Bejagung auferlegen, statt sie zur wenig waidmännischen und im Erfolg fraglichen Vergiftungsaktion zu zwingen. Inzwischen mußten sich sogar schon der Bundesgerichtshof in einer Verfassungsbeschwerde sowie ein Oberverwaltungsgericht in einer Klage mit den Jungfüchsen befassen. Zu solcher Bedeutung hat sich der angebliche Schelm unter den Tieren mit seiner liebenswert aussehenden Nachkommenschar aufgeschwungen. — Vielleicht hat aller Streit ein Ende, wenn seit kurzem angelaufene Versuche mit einer Schluckimpfung gegen Tollwut Erfolge zeigen.

Wild und Wald im Gleichgewicht

Zu nebenseitigem Großbild: Wo das Rehwild zu dicht steht, beginnt es zu »kümmern«, wo es zu gering an der Zahl ist, kann es an gesunder Vererbung mangeln. So hat neben den Forstleuten auch der Jäger ein Interesse daran, eine richtige Bestandsdichte heranzuhegen und zu halten. Dieser Rehbock hält seine Siesta in einer Wiese, wo er wenig Schaden anrichten kann. Problematisch wird es, wenn Rehwild in Pflanzgärten und junge Schonungen eindringt. Auch Gartenbesitzer sind nicht vor bösen Überraschungen sicher.

Unten: Wildschweine sind gesellige Tiere, und daher treten sie meistens gleich in der Mehrzahl auf. Entsprechende Ausmaße kann die Verwüstung annehmen, die sie beim Verlassen eines Kartoffelackers oder einer Wiese hinterlassen: Mit ihren Rüsseln drehen sie bei der Suche nach Früchten, Wurzeln und Engerlingen das Erdreich systematisch um. Dem Forstwirt sind die Schwarzkittel daher nicht so unwillkommen wie dem Bauern, denn sie sorgen im Wald für Lockerung und Durchlüftung des Bodens.

Schon seit jeher gibt es Gegensätze zwischen forst- und landwirtschaftlichen Belangen und den Interessen von Jagd- und Naturschutz. Die eine Seite hat das Gedeihen von Bäumen, Getreide, Gras und Früchten im Auge, die andere Seite möchte eine möglichst zahl- und artenreiche freilebende Tierwelt erhalten. Jäger und Naturschützer sind sich wiederum nicht immer um die Prioritäten untereinander einig.

Hirsche, Rehe und das übrige Schalenwild (so nennt der Jäger die freilebenden Huftiere) ernähren sich — bis auf das Schwarzwild — ausschließlich vegetarisch. Und da sie bei ihrer Äsung ein vielseitiges Angebot schätzen, machen sie auch vor Pflanzen nicht halt, die der Mensch zu seinem Nutzen anbaut. Sie richten »Wildschaden« an, und um diesen geht es in erster Linie. Das Verhältnis von Schädlichkeit zu Nützlichkeit spielt letztlich für die Beurteilung jeder Tierart eine wichtige Rolle und entscheidet über den Platz, der ihr vom Menschen zugebilligt wird. Mancher Tierart hat diese Denkweise ihre Existenz gekostet.

Auf der Suche nach einem gangbaren Weg, unserer Landschaft unter Berücksichtigung wirtschaftlicher und zivilisatorischer Belange einen möglichst zahlreichen Wildbestand zu erhalten, haben neben der Praktizierung durch Jäger und

Zum doppelseitigen Farbbild S. 18/19: Die Rothirsche sind in manchen Gegenden Zielscheibe der Kritik. Für manche Wälder ist ihre Zahl zu groß geworden, so daß sie mangels geeigneter Äsung Schäden am Baumwuchs anrichten. Während Forstleute und Jäger gelegentlich sehr einseitig Stellung beziehen, suchen Wildbiologen nach dem richtigen Verhältnis von Wald und Wild. Die drei Geweihten können dem Altbuchenbestand, in dem sie aufgenommen wurden, allerdings keinen Schaden zufügen.

Rechte Seite: Mit gut 20 000 Stück erreicht der Bestand des Damwildes nicht einmal ein Viertel der Zahl, in der das Rotwild durch die bundesdeutschen Reviere zieht. Dabei würden Wald und Felder die zierlichen Tiere in größerer Menge verkraften können, denn sie richten kaum Schaden an. In Damwildrevieren, von denen die besten in Schleswig-Holstein liegen, ist die Bestandsdichte daher auch wesentlich höher als in Rotwildrevieren. In manchen Gebieten stehen bis zu zehn Stück Damwild auf 100 Hektar, in Gatterrevieren sind es oftmals viel mehr. Das nebenstehende Bild zeigt fünf kapitale Damschaufler im Bast.

Naturschützer auch Biologen einen entscheidenden Anteil bei jüngsten erfolgversprechenden Ansätzen. In den vergangenen Jahren hat die Wildbiologie sowohl den Jägern wie auch der Forst- und Landwirtschaft entscheidende Erkenntnisse vermittelt. Langfristige Beobachtungen und Untersuchungen der Lebensgewohnheiten und Ernährungsweise unserer Wildtiere ermöglichen heute schon vielfach, den Schaden zu »steuern«.

Wie in manchen anderen Bereichen der Naturwissenschaft spielt insbesondere in der Wildbiologie das Denken in ökologischen Zusammenhängen eine wichtige Rolle. Wälder, Seen, Moore und selbst Felder sind ökologische Systeme, Lebensgemeinschaften von Pflanzen und Tieren, in denen jedes Lebewesen seinen Platz und seine Funktion hat. Alle zusammen sorgen für einen natürlichen Kreislauf, bilden die Glieder einer geschlossenen Kette. Nur wenn die einzelnen Teilnehmer einer solchen — meist sehr komplexen — Lebensgemeinschaft im ausgewogenen Verhältnis zueinander stehen, funktioniert das ganze System.

So wie der natürliche Haushalt fast überall vom Menschen beeinträchtigt oder zerstört worden ist, ist auch das Leben der Tiere in unserer sogenannten Wildbahn durcheinandergeraten. Durch die Ausrottung des Großraubwildes (Wolf, Bär, Luchs) und der stärksten Greifvögel bis auf Restbestände (Adler, Uhu) verschwanden wichtige Ausgleichsfaktoren. Als Folge können sich andere Wildarten übermäßig vermehren. Einziger Regulator ist für das Schalenwild der Mensch geblieben. Von ihm, das heißt von den Jägern, hängt es ab, wie viele Rehe, Hirsche, Sauen, Mufflons und Gemsen neben dem übrigen Wild durch die Reviere ziehen. Und so richtet sich auch naturgemäß manche Kritik gegen die Jägerschaft.

Forstleute und Landwirte werfen in manchen Gegenden den Inhabern von Jagdrevieren vor, sie hegten einen zahlenmäßig zu starken Wildbestand heran. In der Erwartung starker Trophäen gediehen zu viele Rehe, Hirsche und Wildschweine, ja, würden geradezu schon gezüchtet. Die Wälder und Felder würden als Nahrungsgrundlage für die gegenwärtig rund eineinhalb Millionen Rehe, 95 000 Stück Rotwild und 50 000 Sauen nicht ausreichen, ohne Schaden zu nehmen. (Die übrigen Schalenwildarten wie Dam-, Sika-, Muffel- und Gamswild spielen für den Wildschaden keine so bedeutende Rolle.)

Da besonders das Rotwild durch »Schälen« (Abziehen und Äsen der Rinde) von Baumstämmen und »Verbeißen« junger Triebe erheblichen Schaden in Forstkulturen anrichten kann, fordern ertragsorientierte Forstleute für viele Reviere eine erhebliche Dezimierung, manche sogar eine Ausrottung der Hirsche. Im Zuge der richtigen Besiedlung des Nationalparkes Bayerischer Wald wurde auch von Naturschutzvertretern und Biologen eine Verminderung des dortigen Rotwildbestandes zugunsten eines ausgewogenen Verhältnisses der Tierarten zueinander für gut gehalten. Für Rehe, die im Wald ebenfalls durch »Verbiß« und durch das »Fegen« der Böcke (Abscheuern der Bastschicht vom Gehörn an jungen Stämmen und damit Zerstören der lebenswichtigen Rinde) in Verruf geraten sind, gilt ähnliches. Das Schwarzwild schließlich fügt durch seine Wühltätigkeit im Boden und ewigen Appetit auf Kartoffeln, Saatgut und Wurzeln der Landwirtschaft Ertragseinbußen zu.

Wildbiologen, Jagdkundlern und Forstwissenschaftlern geht es daher in erster Linie darum herauszufinden, welches Verhältnis von Wildbestand zu Wald- und Agrarfläche das optimale ist. Außerdem gilt es, möglichst viele Störfaktoren innerhalb des Ökosystems auszuschalten. Denn darin sind sich fast alle Vertreter der verschiedenen Richtungen einig: Eine Landschaft ohne Wild ist — u. a. auch aus kulturellen und ästhetischen Gründen — nicht wünschenswert, selbst wenn in ihr die Pflanzenwelt noch so prächtig gedeihen sollte. Die Biologen gehen sogar noch weiter. Sie sind davon überzeugt, daß Wälder und Felder auf lange Sicht ohne Tiere und auch besonders ohne Wild nicht lebensfähig sind. Davon abgesehen stellen eine richtig betriebene Wildhaltung und Jagd einen nicht zu unterschätzenden wirtschaftlichen Wert dar. So betrachtet, gehört die Wildnutzung durchaus in den Bereich der Waldnutzung.

Um die richtigen Bestandszahlen zu ermitteln, müssen viele Faktoren in Betracht gezogen werden. Neben der unterschiedlichen Beschaffenheit der Reviere ist das Sozialverhalten der einzelnen Wildarten von ausschlaggebender Bedeutung. Hirsche und Rehe zum Beispiel sind völlig verschiedenartiger Natur, bedürfen somit also auch einer sehr unterschiedlichen Betrachtung und Behandlung. Während das Rotwild die Gesellschaft vorzieht und überwiegend in Rudeln zusammenlebt, verbringen die Rehe ihr Dasein als Einzelgänger oder in kleinen Verbänden (Sprüngen). Ausnahmen bilden winterliche Notgemeinschaften. Aus solchen Eigenschaften resultiert voneinander abweichendes territoriales Verhalten der einzelnen Arten, das sich wiederum auf das gesamte Zusammenleben eines Bestandes oder — biologisch ausgedrückt — einer Population innerhalb eines Gebietes auswirkt. Ohne eine bestimmte Populationsdichte mit entsprechenden Fortpflanzungsreserven ist ein Bestand jedoch auf Dauer nicht lebensfähig.

Wenn die Tiere nicht ein ihrer Veranlagung entsprechendes Leben führen können, ändern sie ihr Verhalten. So hat man herausgefunden, daß Rotwild ohne genügend große Gesellschaft trotz ausreichenden Nahrungsangebots kümmert, daß sich Rehe dagegen in zu großer Bedrängnis von Artgenossen negativ entwickeln. Wild, das nicht naturgemäß leben kann, ändert auch seine Äsungsgewohnheiten.

Rehe und Hirsche sind, wie fast alle anderen Tiere, ursprünglich überwiegend Tagtiere gewesen. Durch zunehmende Erschließung der Landschaft und die damit verbundene Beunruhigung gibt es heute kaum noch Reviere, in denen die Tiere tagsüber ungestört sind. Vielfach sind sie reine Nachttiere geworden. Da die Hirsche als Wiederkäuer innerhalb von 24 Stunden mehrfach Nahrung brauchen, sie aber bei Helligkeit nicht auf Felder und Wiesen auszutreten wagen, müssen sie sich zwangsläufig an das halten, was sie im Wald finden. In den vielfach rein nach wirtschaftlichen Gesichtspunkten betriebenen Forsten herrschen Monokulturen bestimmter Holzarten vor. Unterwuchs wird häufig nicht geduldet, ein gesunder Mischbestand ist selten gefragt. So tut sich das

Genügsam wie die Schafe auf der Weide sind auch die Verwandten in freier Wildbahn: Mufflons verbeißen oder schälen Bäume sehr selten. Da sie außerdem ein interessantes Wild für den Jäger sind, nimmt ihre Zahl bei uns ständig zu. Seit 1950 hat sich der Bestand verdreifacht und beträgt gegenwärtig etwa 5000 Stück. Zwar eignen sich nicht alle Landschaftsformen für die ursprünglich an felsigen Untergrund gewöhnten Tiere, doch ist mit einer weiteren Ausbreitung der Wildschafe zu rechnen.

Wild zwangsläufig an den Bäumen gütlich, die es vorfindet, größtenteils Nadelhölzer.

Forderungen, die sich aus solchen und anderen Erkenntnissen ableiten, sind nicht immer leicht in die Tat umzusetzen: Dem Wild muß in vielen Wäldern ein besseres und vielseitigeres natürliches Nahrungsangebot geschaffen werden, die Hege und Bejagung muß vor allem beim Rotwild großräumig unter Berücksichtigung einer Gesamtpopulation betrieben werden, und der Wald muß stärker in die Betrachtungsweise einer »multiplen Nutzung«, in die auch der Erholungswert gehört, rücken. Schließlich braucht das Wild Ruhezonen.

Viele Anfänge sind schon gemacht worden. In immer mehr Revieren werden Wildäcker und -wiesen angelegt und Wildschongebiete ausgewiesen. In hirschreichen Gebieten wie Harz, Spessart, Odenwald, Bayerische Alpen gibt es Rotwildringe, zu denen sich eine Vielzahl von Revieren zusammengeschlossen haben und in denen die Jagd nach einer gemeinsamen Hegepolitik betrieben wird. Auch dafür gaben die Wildbiologen wertvolle Hinweise. Ein altersmäßig richtig aufgebauter Wildbestand kommt nur dann zustande, wenn — so paradox es klingt — die meisten der notwendigen Abschüsse in der Jugendklasse getätigt werden. Damit verfährt man nur naturgemäß, denn auch unter natürlichen Verhältnissen treten die größten Verluste, in erster Linie durch Raubwild, Krankheit und Witterungseinflüsse, unter dem Jungwild ein.

Darüber hinaus ist das richtige Verhältnis der Geschlechter von entscheidender Bedeutung für das Gedeihen eines Wildbestandes. Es liegt beim Rehwild unbestritten bei 1:1 (weibliche und männliche Tiere gleich stark vertreten), beim Rotwild gehen die Meinungen auseinander, doch herrscht auch hier die Tendenz zu einem ausgewogenen Verhältnis vor. Gänzlich auseinander gehen die Ansichten schließlich bei der Wilddichte, doch zeichnen sich hier dank objektiver wildbiologischer Erkenntnisse Standardwerte und Kompromißlösungen ab.

Obwohl sie auf Grund der unterschiedlichen Vegetationsvoraussetzungen nicht einheitlich sein kann, wird die Bestandsdichte des Rotwildes mit einem bis zwei Stück pro 100 Hektar als am günstigsten angesehen. Auf tausend Hektar kommen also 15—20 Tiere. In nicht wenigen Revieren liegt der Bestand über dieser Zahl, und wenn es nicht die Grundeigentümer selbst sind, die sich eine solche Wilddichte leisten, so müssen die Jagdpächter versuchen, durch zusätzliche Fütterung den Wildschaden in Grenzen zu halten. Da sich Hirsche nicht so gleichmäßig über die Landschaft verteilen wie Rehe, deren optimale »Dichte« zwischen fünf und acht Stück pro 100 Hektar liegt, kommt es beim Rotwild zusätzlich viel eher zu Schwerpunktschäden als beim Rehwild.

Rechts: Bis zum letzten Augenblick drückt sich die brütende Falkenraubmöwe ganz flach auf den Boden. Hat der Eindringling in den Nestbereich jedoch die verhältnismäßig kurze Fluchtdistanz unterschritten, so wird er direkt vom Nest aus angegriffen.

Unten: Mit schrillen Rufen startet die Raubmöwe eine Frontalattacke. Die Schwimmhäute an den Füßen sehen nur wie ein schweres Fahrgestell aus: Die Beine werden in der Luft angewinkelt.

Der Falke unter den Möwen

Die Tundren und Fjälls oberhalb des Polarkreises sind noch weitgehend unberührt von Menschenhand. Klimatische Bedingungen und ein scheinbar langweiliges Landschaftsbild haben bisher verhindert, daß auch dieser Teil der Erde mit dem Segen der Zivilisation bedacht wurde, und noch ist Lappland das Reiseziel von Individualisten geblieben. So sind vor allem der Vogelwelt, die sich hier trotz ungünstiger Wetterverhältnisse und spärlicher Vegetation angesiedelt hat, ein unzerstörter Lebensraum und ein ungestörtes Dasein erhalten. Wie lange dieser Zustand andauern wird, hängt in erster Linie vom Maß der Zurückhaltung ab, das sich die nordeuropäischen Staaten im Hinblick auf die vielartigen Erschließungsmöglichkeiten auferlegen.

Zwei Tierarten sind es, die besonders während der Sommermonate einer vielartigen Vogelschar als Nahrungsbasis dienen: die Mücken und die Lemminge. Die berüchtigten Insekten sorgen dafür, daß viele Kleinvögel zur Brut in den Norden ziehen, während die hamsterähnlichen Wühlmäuse den Greifvögeln genügend Atzung für sich und ihre Nachkommenschaft bieten. Neben Bussarden, Falken, Wei-

hen und Eulen gehören auch die Raubmöven zu jenen, die von den Lemmingen abhängig sind. Und das bedeutet, daß sie nicht jedes Jahr am gleichen Ort brüten können, denn die kleinen braun, weiß und dunkel gefärbten Nager vermehren sich unterschiedlich stark.

In einem Zyklus von einigen Jahren sorgen sie für eine Art Bevölkerungsexplosion und begeben sich auf der Suche nach

Oben: Auf dem Boden sind die langen Steuerfedern eher hinderlich, und beim Niederlassen auf den Eiern hat der Vogel mitunter Schwierigkeiten, sie zu deponieren.
Unten: Nur mit einer gut gepolsterten Kopfbedeckung kann man sich in die Nähe des Bodennestes wagen, da die Vögel nicht vor schmerzhaften Schnabelhieben zurückschrecken.
Rechts: Die obere Falkenraubmöve läßt erkennen, welch gewaltiges Sperrvermögen ihr Schnabel hat. Kein Wunder, daß selbst große Brocken darin mühelos verschwinden. Bei der Schmarotzerjagd kommt es nämlich auf Schnelligkeit an.

Nahrungsgründen auf Wanderschaft, die dann gelegentlich mit dem vielbeschriebenen Sturz ins Meer oder in Flüsse endet. Doch auch ohne solches Ende bricht die Lemmingpopulation, wie die der Feldmäuse, zusammen, sobald sie eine bestimmte Dichte erreicht hat. Bis die Überlebenden erneut für genügend Nachkommenschaft gesorgt haben, vergehen meistens drei bis vier Jahre. Da diese Wellenbewegung in einzelnen Regionen unterschiedlich verläuft, ist auch das Nahrungsangebot verschieden groß. So kommt es, daß alle Lemmingvertilger ihre Nester von Jahr zu Jahr woanders errichten. Wenn die Lemmingvermehrung überall auf einem Tiefpunkt angelangt ist, müssen sie sogar gänzlich auf eine Brut verzichten.

Als Folge solcher Beuteabhängigkeit während des kurzen Sommers sind die Raubmöven nicht wählerisch mit ihrem Nestplatz. Wo es auf den mit Flechten, Moos, kurzem Birken- und Weidengestrüch bewachsenen Fjällabhängen von den kleinen Nagetieren wimmelt, drehen sie eine Mulde auf dem Boden zurecht und legen ihre beiden braungrün gefärbten Eier hinein. Vor allem die kleinsten unter den vier Arten, die Falkenraubmöven, legen Wert auf Gesellschaft: Meistens brüten mehrere Paare in einigem Abstand auf überschaubarer Fläche. Unerwünschte Eindringlinge im Nestbereich werden mit tollkühnen Flugattacken vertrieben. Das fliegerische Können, das sie dabei an den Tag legen, kommt nicht von ungefähr. Außerhalb der Brutzeit leben die Falkenraubmöven wie ihre Verwandten, die Skua (Große Raubmöve), die Spatelraubmöve (Mittlere Raubmöve) und die Schmarotzerraubmöve, in erster Linie von der Arbeit anderer Gefiederter. An den Küsten und über dem Meer jagen sie den Möwen, Seeschwalben, Lummen und Alken die Beute ab. Dank ihrem Flugvermögen können sie die vielen gefiederten Fischer so in Bedrängnis bringen, daß diese schließlich ihren Fang fallen lassen oder sogar auswürgen. Dabei spielt das greifvogelähnliche Aussehen der Raubmöven sicher eine zusätzliche Rolle; manche der Verfolgten glauben, daß es ihnen selbst ans Leben geht und erleichtern sich für eine schnellere Flucht. Die Raubmöven stoßen dann blitzschnell hinter der Last her und fangen sie geschickt in der Luft auf, bevor sie ins Wasser fällt.

Solches Wegelagererdasein führt die Vögel um die ganze Welt. Wenn im Norden Winter herrscht, ziehen die Vögel bis in die Antarktis. Die Skua brütet sowohl im Süden wie im Norden, die übrigen Raubmöven kehren zur Familienerweiterung ans Nordmeer zurück und suchen von dort aus im Binnenland geeignete Brutplätze. Dabei macht es ihnen nichts aus, viele hundert Kilometer von der Küste entfernt zu sein. Sie sind nämlich sowohl fürs Landleben wie auch für den Aufenthalt auf dem Wasser hervorragend ausgerüstet.

Die braun-grau-weiße Färbung stellt in jeder Umgebung eine vorzügliche Tarnung dar, und die Füße besitzen doppelten strategischen Nutzen. Mit Hilfe der Schwimmhäute sind die Vögel auf dem Wasser beweglich, mit den Krallen am Ende der Zehen können sie jede Beute greifen. Darüber hinaus sind die Vögel zu Lande recht gut zu Fuß. Nur die Falkenraubmöve hat gelegentlich Schwierigkeiten: Zwei ihrer Stoßfedern werden bis zu 30 Zentimeter lang und sind am Boden ein gewisser Ballast. In der Luft jedoch erweisen sie sich als ideales Steuergerät, das dem Vogel mit der dunklen Kopfplatte und dem Hakenschnabel in der Tat die Fähigkeiten eines Falken verleiht.

Würger werden weniger

Manche Vögel machen es sogar dem flüchtigen Betrachter leicht, sie auf Anhieb und schon aus einiger Entfernung zu erkennen. Weniger am Aussehen als vielmehr durch ihr Verhalten. Unter den kleineren Gefiederten zählen die Würger dazu. Wo immer gut goldammer- bis knapp amselgroße Vogelgestalten alleine auf einer Baumspitze, in den oberen Zweigen einer Hecke oder auf einer Überlandleitung sitzen und Ausschau halten, kann man ziemlich sicher sein, daß es sich um einen Raub- oder den zierlicheren Rotrückenwürger handelt.

Mit solchem furchteinflößenden Namen wurde eine Gruppe besonderer Singvögel bedacht, die durch ihren Hakenschnabel und das falkenähnliche Gehabe schon fast den Greifvögeln zuzuordnen sind. Doch bezieht sich das »Würgen« nicht auf das Töten der Beute, sondern auf das gelegentliche Herauswürgen von Nahrungsresten, wie es auch — allerdings regelmäßiger — die Eulen tun. So wenigstens wird der Name heutzutage gedeutet. Die unglückliche Bezeichnung führte jedoch früher dazu, daß die Würger in manchen Gegenden rigoros verfolgt und getötet wurden. Vor allem dem Raubwürger, gleich zweimal mit negativem Namenszeichen versehen, warf man »schädliches« Verhalten vor. Aber auch sein kleinerer Vetter, der rotrückige Würger, war vielen Nachstellungen ausgesetzt. Ihm wurde nachgesagt, er müsse erst neun Opfer töten und auf Dornen spießen, bevor er sich an die Mahlzeit machen könne. Dieses aus Gründen der Vorratswirtschaft gezeigte Verhalten trug dem besonders hübschen Vogel den Namen »Neuntöter« ein, unter dem er vielerorts auch heute ausschließlich bekannt ist.

Da sich unter der Beute, die zum überwiegenden Teil aus Insekten, kleinen Eidechsen und Mäusen besteht, gelegentlich ein junger Singvogel befindet, wurden jene, die selbst den Sängern angehören und im übrigen über ein besonders melodienreiches Repertoire verfügen, als deren Feinde angesehen und entsprechend behandelt. Völlig zu Unrecht, wie man heute weiß, denn die gefiederte Beute macht einen verschwindend kleinen Teil aus, und der größere Teil der Würger schlägt überhaupt keine Vögel.

In der Gegenwart sind es denn auch keine Nachstellungen, welche die Ursache für einen erschreckenden Rückgang des Würgervorkommens in unseren Breiten darstellen. Die Abnahme geeigneter Lebensräume, die — oft sinn- und gedankenlose — Vernichtung möglicher Brutplätze und die Entziehung der Nahrungsgrundlage durch den Einsatz chemischer Mittel stellen für die Würger wie für alle anderen an bestimmte Voraussetzungen gebundene Tiere die größte Bedrohung dar. Und die Würger sind, wenn auch bis zu einem bestimmten Grad anpassungsfähig, von einigen landschaftlichen Gegebenheiten abhängig.

So sagen beiden Vertretern der über fast ganz Mittel- und Nordeuropa verbreiteten Sippe aufgelockerte Buschregionen, Moor- und Heidegebiete, Parklandschaften und von Hecken umgebene Felder zu. Nicht selten sieht man sie an Bahnstrecken und Wegrändern, die von Dornen gesäumt sind. Da im Zuge von Flurbereinigung, Ödlanderschließung und »Kultivierung« solche Landstriche bis auf ein Minimum reduziert werden, nehmen in gleichem Maß geeignete Würgerbiotope ab. Ebenso verschwinden andere Vogel-, Kleinsäuger- und Insektenarten, die als Kette einer Lebensgemeinschaft auf eine ähnliche Umwelt eingestellt sind. Das radikale Roden, Herunterschneiden und Abbrennen von Dornenhecken und Knicks, das jeden Winter von vielen Bauern, Straßen- und Bundesbahnverwaltungen aus altem Brauch, heutzutage aber häufig ohne jeden Sinn praktiziert wird, bewirkt ein übriges.

Den einzigen Ausgleich dazu werden in Zukunft vielleicht die zunehmenden Flächen der Sozialbrache, wegen mangelnder Rentabilität und fehlender Arbeitskräfte nicht mehr bewirtschaftete Felder, bilden. Sofern sie groß genug und sonnig gelegen sind und einige Büsche auf ihnen doppelte Mannshöhe erreicht haben, dauert es meistens nicht lange, bis sich ein Neuntöterpaar angesiedelt hat.

Schon kurz nach ihrer Ankunft aus dem südafrikanischen Winterquartier machen die farbenprächtigen Männchen in den ersten Maitagen auf sich aufmerksam. Da sie eine knappe Woche vor den Weibchen eintreffen, wählen sie das Brutrevier aus, setzen sich auf hohe Warten und unternehmen von dort aus in unterschiedliche Richtungen Flüge, von denen sie immer wieder auf der gleichen Strecke zu ihrem Stammplatz zurückkehren.

Ein sehr melodienreicher Gesang, in den viele Weisen anderer Vögel eingebaut sind, erhöht die Werbewirksamkeit. Zeigt sich ein Weibchen, so stellt der Brautwerber sowohl im Flug wie auch beim Sitzen sein leuchtendes Gefieder zur Schau. Nicht selten finden sich über mehrere Jahre hinweg dieselben Paare zusammen. Weniger aus Anhänglichkeit zum Partner als aus Ortsgebundenheit, denn viele Würger steuern, wenn auch getrennt, immer wieder die Heimat an.

Beim Nestbau in dichten Hecken, Büschen und mittelhohen Bäumen herrscht weitgehend Arbeitsteilung. Das Männchen trägt Material herbei, welches vom Weibchen in die richtige Form gebracht wird. Schließlich muß auch die Würgerfrau alleine gut zwei Wochen bequem die fünf bis sieben Eier brüten können. Sie wird in dieser Zeit vom Ehemann mit Nahrung versorgt.

Wesentlich früher als der rotrückige Würger macht sich

Großbild links: Der junge Neuntöter macht es bereits seinem Vater (oben) nach. Von einem Koppeldraht aus kontrolliert er die Jagdfläche, doch zieht er es vor, auch nach dem Ausfliegen noch von einem der Elternteile versorgt zu werden.

Oben: Mit Insekten im Schnabel ist das schlichter gefärbte Neuntöterweibchen auf dem Nestrand im Dornbusch gelandet und wird von den hier verbliebenen Jungen stürmisch begrüßt. Die übrige Kinderschar hat sich schon ins Gezweig verzogen, obwohl sie kaum flügge ist.

der seltenere Raubwürger an die Familienvergrößerung. Da sie im Winter ihrem Revier treu bleiben und nur die ganz im Norden beheimateten sich etwas weiter gen Süden absetzen, balzen die schönen grauschwarz gezeichneten »Greifsänger« oft bereits im März, und in der unterschiedlich hoch angelegten Niststätte liegen bei günstigen Temperaturen schon im April fünf bis sieben grün-grau gesprenkelte Eier. Wie erfolgreich die Jungenaufzucht ist, hängt ebenfalls stark vom Wetter ab. In einem regenreichen Frühjahr ist die Nachwuchsquote gering, und viele Paare versuchen es dann mit einer zweiten Brut, die erst im Sommer flügge wird. Da die Familien lange zusammenbleiben, kann man gelegentlich noch im Herbst eine ganze Raubwürgersippe geschlossen beobachten.

Fütternde Raubwürger können ihre Brutstätte nicht lange geheimhalten. Einmal macht die ewig hungrige Jungenschar einen gewaltigen Spektakel, zum anderen regen sich die Altvögel lautstark auf, wenn ein Eindringling den Nestbezirk betritt. Krächzend und mit dem Schwanz hin- und herschlagend beobachten sie jede Bewegung aufmerksam, und wer der Brutstätte zu nahe kommt, wird mit Schnabelknacken sogar attackiert. Dabei schrecken die sympathischen Vögel weder vor einem Menschen noch vor einem Marder oder Greifvogel zurück.

Eine weitere Angewohnheit verrät häufig den Nistplatz. Haben die Würger von ihrem Ansitzposten oder aus dem Rüttelflug heraus ein Beutetier erspäht und gegriffen, so fliegen sie regelmäßig einen bestimmten Platz in der Nähe des Nestes an. Häufig tragen sie so schwer an einer Maus, daß sie sich nur mit Mühe und kopflastig vorwärtsbewegen können. Am Landeort wird die Beute zerteilt und von dort aus in verschiedenen Etappen den Jungen mundgerecht serviert. In der Umgebung dieser »Schlachtbänke« werden überzählige Nahrung oder auch Reste auf Dornen gespießt und in Astgabeln geklemmt, um für nahrungsärmere Zeiten gewappnet zu sein.

Dieses Verhalten ist bei den Würgern unterschiedlich stark ausgeprägt. Am häufigsten spießt der Rotrückenwürger (Neuntöter), gefolgt vom selteneren und — auch in Deutschland — weiter südlich vorkommenden Rotkopfwürger. Der Raubwürger tut es weniger regelmäßig, noch seltener der Schwarzstirnwürger, der ebenfalls in geringer Zahl in Mittel- und Süddeutschland lebt, ansonsten in Südeuropa mit Ausnahme von Spanien beheimatet ist. Er hat Ähnlichkeit mit dem Raubwürger, ist aber kleiner und zeigt, seinem Namen gemäß, dem Betrachter die schwarze Stirn.

Mit dem Aufspießen der Beute hat es noch eine weitere interessante Bewandtnis. Man hat festgestellt, daß dort, wo das Wetter schneller wechselt, die Aufbewahrung und Luftkonservierung von Beute stärker ausgeprägt ist als in sonnenbeständigen Gegenden.

Oben: Manche Enttäuschung erlebt das Neuntötermännchen bei der Rückkehr aus dem Süden: Im Herbst und Winter werden viele Dornbüsche und Hecken, in denen die Vögel mit Vorliebe brüten, abgeholzt.

Farbbild rechts: Mit lateinischem Namen heißt der Raubwürger lanius excubitor, der Wächter. Seine hohe Warte auf Baumspitzen und herausragenden Heckenzweigen benutzt er nämlich nicht nur als Lauerposten zum Beutefang, sondern dank seines weiten Überblicks meldet er frühzeitig jede Gefahr im Revier. So läßt er auch beim Auftauchen eines Greifvogels seinen schrillen Ruf ertönen.

Unten: Erscheinen die Raubwürger am Nest, so werden sie von den Jungen mit lauten Bettelrufen und sperrenden Schnäbeln empfangen. Die vorher in mundgerechte Happen zerlegte Nahrung wird mit einer einzigen Bewegung verschluckt.

Wisente in freier Wildbahn?

Farbbild links: Nicht die nach oben gebogenen Hörner, sondern der mächtige Schädel ist die Hauptwaffe des Wisentbullen. Wie bei allen Rindern halten sich stets Fliegen in der Nähe auf; hier belagern sie das rechte Auge.

Unten: Wer Wisente in halbwegs freier Wildbahn sehen will, muß nach Bialowies in Polen fahren. Im dortigen Nationalpark konzentriert sich nicht nur der stärkste Bestand — die Tiere leben dort auch unter ähnlichen Verhältnissen wie vor einigen hundert Jahren, als sie noch in mehreren Ländern Mitteleuropas vorkamen.

Man mag über Gehege, Gatter, Zoos und Wildparks denken, wie man will — dank ihrer Hilfe sind uns immerhin einige Tierarten bis zum heutigen Tag erhalten geblieben, von denen es in freier Wildbahn kein einziges Exemplar mehr gibt. Wenn auch vielerorts mit Tieren in Gefangenschaft ausschließlich geschäftliche Interessen verfolgt werden, so bemühen sich doch sicher ebenso viele Institutionen und Privatleute darum, durch Haltung und Züchtung seltener Wild- und Vogelarten einen gewissen Ausgleich für das Zusammenschrumpfen oder Verschwinden deren natürlicher Bestände zu schaffen.

Hätten sich nicht schon vor dem ersten Weltkrieg zoologische Gärten und Wildparks solchen Aufgaben gewidmet, so gäbe es heute keinen einzigen Wisent mehr. Bis zum Jahr 1914 lebten in den berühmten Reservaten von Bialowies (Polen) noch rund 700 der europäischen Wildrinder, teilweise sogar unter nahezu ursprünglichen Verhältnissen. Doch konnte auch der urwaldähnliche Zustand dieser Reviere nicht verhindern, daß ihre Bestände während des Krieges völlig zusammengeschossen wurden. So gab es 1918 in Bialowies weder einen Stier noch eine Kuh, noch ein Kalb mehr.

Daß heute Bialowies erneut das Zentrum der Wisentzucht und der Ort mit dem stärksten Vorkommen des Waldrindes in wildbahnähnlicher Landschaft ist, verdankt es polnischen und ausländischen Zoos, die einige reinblütige Tiere zur Wiedereinbürgerung bereitstellten. Während des zweiten Weltkrieges stand auf das Wildern

eines Wisents in jenen Gebieten die Todesstrafe, und auf Grund solcher strenger Schutzbestimmungen konnte sich die Herde während dieser Zeit sogar noch vergrößern.

Heute wird der Weltbestand an Wisenten mit rund 1000 Stück angegeben, und fast jedes Tier wird in einem internationalen Zuchtbuch registriert, das von der inzwischen verstorbenen ehemaligen Kustodin des Hamburger Zoologischen Museums, Frau Dr. Erna Mohr, angelegt wurde. Die Entwicklung, die aus diesem Buch abzulesen ist, scheint darauf hinzudeuten, daß uns eines der urigsten Tiere der europäischen Wildbahn mit Sicherheit erhalten bleibt.

Ob es allerdings jemals wieder außerhalb von Zäunen und Einfriedungen seine Wechsel durch unsere Reviere ziehen wird, muß auch von den größten Optimisten in puncto Wiedereinbürgerung wildlebender Tiere bezweifelt werden. Unsere Wälder sind zu klein und zu stark auf wirtschaftlichen Ertrag ausgerichtet, als daß sie zusätzlich zum schon vorhandenen Wild weitere und vor allem nicht gerade kleinliche Kostgänger verkraften könnten. Selbst die dichten Urwälder von Bialowies zeigen dort Narben, wo die Wisente zu massiert stehen. Wer einmal ein für längere Zeit bewohntes Wisentfreigehege begutachtet hat, kann sich ein Bild von den Spuren machen, welche die Tiere besonders in jungen Beständen hinterlassen.

Wenn sie auch auf den ersten Blick einen plumpen Eindruck machen, so legen die Wildrinder jedoch gerade bei der Äsungsaufnahme ein großes Geschick an den Tag. Die feinsten Triebe, Knospen und Blätter sind ihnen gerade gut ge-

Oben: Noch ist das Einvernehmen zwischen der Wisentkuh und ihrem Jungen gut, doch kann es mit zunehmendem Alter des Kalbes zu Meinungsverschiedenheiten kommen. Die Wildrinder, die heute in einer Gesamtzahl von rund 1000 Tieren nur noch in Gattern und Parks leben, halten sich in Rudeln zusammen.

Großbild links: Einen knappen halben Zentner wiegt das Wisentkalb bei seiner Geburt. Die stärksten Bullen brauchen neun Jahre Zeit, bis sie ihr Endgewicht von rund zwanzig Zentnern erreicht haben, die weiblichen Tiere wiegen ausgewachsen etwa zwölf Zentner.

nug. Mit Vorliebe ziehen sie auch die Rinde von jungen Bäumen ab. Dabei bevorzugen sie Weide, Birke, Pappel, Espe und Esche. So ist es kein Wunder, daß sich die Tiere in gemischten Laubwäldern am wohlsten fühlen. Polnische Untersuchungen haben ergeben, daß 1000 Hektar Wald zwei Wisente ernähren kön-

nen, ohne Schaden zu nehmen. Allerdings muß es sich um einen Bestand handeln, der sich unter normalen Bedingungen regeneriert und damit einen ausreichenden Jungbewuchs hat. In einem reinen Altholzwald können Wisente nicht existieren.

Viele der Wisente, die in europäischen Zoos und Gattern stehen, haben Blut ihrer nächsten Verwandten in den Adern. Mit Hilfe des amerikanischen Bisons, der im Gegensatz zu seinem europäischen Waldvetter ein Steppenbewohner ist (neben dem Präriebison gibt es allerdings auch einen nördlichen Waldbison), hat man Rückzüchtungen durchgeführt und damit gleichzeitig erreicht, daß der Wisent auch stärker zum »Grasfresser« wurde. So genügen vielen Wisenten heute 8 bis 10 Kilo Heu als Tagesration.

Bis zu neun Jahren dauert es, bevor ein Wisent ausgewachsen ist. Ein Bulle kann dann 20 Zentner wiegen, eine Schulterhöhe von gut 180 Zentimetern und eine Gesamtlänge von drei Metern erreichen. Auffallend ist bei den Tieren, daß die Rückenlinie nach hinten abfällt; die stärkere Behaarung an Hals, Brust und Widerrist erhöht noch die Buckelwirkung. Nicht zuletzt diese stempelt den Wisent — besonders von vorne — zu einer imposanten Erscheinung. Während der Brunft, die in den polnischen Revieren im August und September stattfindet, liefern sich die dunkelbraunen Bullen mitunter heftige Kämpfe, wobei es mehr auf die Schubkraft der Körper und die Härte der mächtigen Schädel als auf den Einsatz der kurzen nach vorne und oben gebogenen Hörner ankommt.

Schwarzweißmalerei

Flieger, Segler, Taucher und Schlickbohrer haben viele von ihnen eins gemeinsam: das schwarzweiße Federkleid. Wer schwimmende Alke oder Lummen, tauchende Pinguine, knapp über der Wasseroberfläche dahinsegelnde Herings- und Mantelmöwen oder an flachen Küsten watende Stelzenläufer und Säbelschnäbler gesehen hat, kann ermessen, welch großen Vorteil diese Gefiederzeichnung für einen Großteil der wassergebundenen Vögel hat. Auf dem ewig vom Weiß über unzählige Grautöne zum Schwarz sich wandelnden Meeresangesicht bietet die kontrastreiche Kleidung eine hervorragende Tarnung. Daher ist es auch so schwierig, die schwimmenden Vögel auf dem Meer auszumachen. Da ihre Körper die Bewegungen des Wassers mitmachen, wechseln sie wie dieses ständig ihr Aussehen. Mal zeigen sie mehr Weiß, von dem

Links: Selbst zum Brüten suchen sich Säbelschnäbler solche Plätze, auf denen ihr kontrastreiches Gefieder nicht so stark auffällt. Hier hat sich der Vogel eine dunkle Graszunge auf hellem Sandstrand als Nistplatz erkoren.

Unten: Eine der vielen Ausnahmen zur »kleinen weißen Möwe« macht die Heringsmöwe mit ihren dunklen Schwingen und dem schwarzen Rückengefieder. Je weiter nördlich beheimatet, desto kontrastreicher ist das Kleid.

Rechts: Lummen gehören zu den Vögeln, die den größten Teil ihres Lebens auf dem Meer verbringen. Unten links ist das (einzige) Ei zu erkennen, das gegen Räuber streng gehütet wird.

Im schäumenden Auf und Ab der Meereswogen vermögen Strandwanderer oder Schiffsreisende nur selten mehr als weiße Wellenkämme und dunkle Wassertäler zu erblicken. Küstenbewohner, Fischer und erfahrene Seeleute wissen jedoch, daß es sich lohnt, die ewig lebendige Oberfläche der See genau zu beobachten. Wenn auch nur selten springende oder gar fliegende Fische zu erblicken sind, so kann man doch fast überall auf dem Meer andere Tiere entdecken, die vom Wasser genauso abhängig sind wie die Flossenträger: Vögel, die ihre Nahrung aus dem nassen Element beziehen.

Mehr als die Hälfte aller Gefiederten lebt vom Nahrungsangebot des Wassers: Fische, Krebse, Muscheln, Würmer, Insekten, Plankton — die Speisekarte ist vielseitig, und genauso verschiedenartig ist die Vogelschar, die sich auf die Beute spezialisiert hat. Aber trotz unterschiedlicher Herkunft der

meistens Hals, Brust und Bauch geziert sind, mal herrscht das Schwarz des Obergefieders vor.

Vögel, die den gleichen Lebensraum bewohnen, deren Kleid aber nicht in so gegensätzliche Dominofelder aufgeteilt ist, zeigen allerlei mögliche Grau- und Weißmischungen. Dabei gehen die unterschiedlichen Färbungen quer durch die Familien, wie besonders deutlich bei den Möwen, Seeschwalben, Meeresenten und Gänsen zu beobachten ist.

Die schwarzweiße Färbung der Meeresvögel stellt sich erst mit dem Wachsen des Alterskleides ein. Das Dunengefieder der flugunfähigen Küken ist meist weiß, grau oder bräunlich gefleckt, die anschließende Jünglings- oder Jungmädchentracht ebenfalls noch nicht klar voneinander abgesetzt. Bei manchen Familien dauert es vier Jahre, bis — nach mehreren Mausern — das endgültige Gefieder erscheint. Aber selbst dann kann sich das Aussehen während des Jahresverlaufs in gleichmäßigem Rhythmus ändern. Paarungs- und Brutzeiten beeinflussen auch das äußere Erscheinungsbild. Im Sommer leuchten Weiß und Schwarz bei Männchen und Weibchen gleichmäßig stärker als im Winter. So kommt es, daß man mitunter manche der Zugvögel, die sich vom November bis Februar auch an unseren Küsten und auf Flüssen aufhalten, nur mit Schwierigkeiten richtig ansprechen kann.

Daß Schwarz und Weiß in der Gefiederfärbung einen so großen Anteil ausmachen, ist nicht sonderlich verwunderlich. Dunkle Farbkörperchen, sogenannte Melanine, bilden nämlich den Grundstock für jeglichen Federanstrich — außer Weiß. Sie werden zur Zeit des Federwachstums von winzigen Zellen, die am Federkeim sitzen, produziert und wandern von dort in die einzelnen Äste und Strahlen. Dabei können sie unterschiedlich dicht abgelagert werden und entsprechend unterschiedlich auf die Lichteinstrahlung reagieren. Dieser Umstand, zusätzliche Farbpartikelchen sowie hauchdünne Hornüberlagerungen sorgen für die Vielfalt und den Farbenreichtum des Vogelgefieders. Wo Melanine und andere Farbkörperchen ausbleiben, erscheint das Gefieder weiß.

Allerdings gibt es nur selten Vögel, deren schwarzweiße Tracht vollkommen frei von anderen Farben ist. Bei der Betrachtung aus nächster Nähe oder in hellem Sonnenschein gerät mancher dunkle Rock plötzlich ins Schillern, zeigt einen Hauch von Grün oder Blau oder erweist sich plötzlich als Dunkelbraun. Das strahlende Weiß hat einen Hauch von Rosa oder Gelb, oder es schimmert irgendwo grau durch. Vielfach sind nur die äußersten Federspitzen schwarz oder weiß. Zum Schaft hin ändert sich das Aussehen nicht selten ins Gegenteil. Solche Merkwürdigkeiten lassen sich gut beobachten, wenn die Vögel ihr Gefieder reinigen und ordnen. Mit der ständigen Pflege beeinflussen sie im übrigen auch die Färbung: Durch Staub und Bürzelöl wandelt sich auf lange Dauer das Aussehen einzelner Vögel. Ein solcher Überzug ist allerdings veränderlich. Die eigentliche Färbung dagegen bleibt konstant, denn die Farbkörnchen sind in der Hornsubstanz für immer konserviert.

Unten: Stelzenläufer haben sich zu einem Streitgespräch im Watt eingefunden. Den langbeinigen Schnepfenvögeln kommt die unterschiedliche Färbung ebenfalls für Tarnzwecke zugute.

Oben: Gamsrudel tummeln sich mit Vorliebe in den Sommermonaten auf den letzten Schneezungen.

Zwischen Gams und Murmel

Ist es eine Dohle, ein Bussard oder gar der Steinadler, der hoch über den Gipfeln der Zweitausender seine Kreise zieht? Erst ein Blick durch das Fernglas klärt den Beobachter über die königliche Abstammung des Vogels auf, der trotz seiner Spannweite von gut zwei Metern nicht größer als eine Alpenbraunelle erscheint. Von dort oben kann der mächtige, unter Naturschutz stehende Gefiederte sein ganzes Revier überschauen: Täler, Almen, Hänge und Felsen mit einer Ausdehnung von einigen Dutzend Quadratkilometern. Ein einziges Paar der selten gewordenen Greife beherrscht ein riesiges Terrain, denn nur so kann es sich auf die Dauer ernähren und — mit Unterbrechungen — von Jahr zu Jahr ein oder zwei Junge in steil abfallender Felswand großziehen.

Etwa zehn Wochen dauert das Nestlingsstadium des Adlernachwuchses. Während dieser Zeit sind die Altvögel viel unterwegs, um nach geeigneter Beute Ausschau zu halten, doch sind längst nicht alle Jagdflüge erfolgreich. Bei Wind und Wetter sind die Vögel in ihrer Flugfertigkeit stark behindert, bei guten Bedingungen lassen sich häufig weder Murmeltier, Fuchs, Gamskitz, Birk- oder Auerhahn überlisten. Und dabei jagen die Steinadler schon recht trickreich. Während einer der Partner, die lebenslang zusammenbleiben, ein Beutetier ablenkt oder bis zur Erschöpfung verfolgt, stößt der andere vom getarnten Ansitz oder aus anderer Richtung anfliegend im richtigen Moment zu. Oft stürzt der »bindende« Vogel mit dem Opfer Hänge oder Wände hinab oder läßt sich hinterherschleifen, denn er kann die stark verkrallten Fänge nur schwer wieder lösen.

Das Gamsrudel, das sich wegen der Hitze, die bereits am frühen Morgen herrscht, auf einer der letzten Schneeflächen zusammengefunden hat, ist vom hoch kreisenden Greifvogel nicht bedroht. Die Tiere wissen, daß ihnen nur tief streichende Adler gefährlich werden. Und selbst dann wären es nur Einzeltiere, die der fliegende Feind anvisieren würde. Die Geißen halten ihre Kitze daher auch laufend dazu an, in ihrer unmittelbaren Nähe zu bleiben. Nicht alleine wegen der Steinadler. Denn bei knapp 150 Paaren in den gesamten Alpen sind die großen Vögel nicht die Hauptfeinde des Krickelwildes. Mehr Schaden unter dem Gamswild kann ein Fuchs anrichten, wenn er sich auf das Reißen von Kitzen spezialisiert hat. Schnell geht auch eins der Gamskinder verloren, wenn es sich nicht genau auf der Fährte der Mutter hält und vom steilen Felswechsel abstürzt. Nicht umsonst verbringen die Geißen die erste Woche nach dem Setzen mit ihrem Sprößling in völliger Abgeschiedenheit. Zu den Kinderstuben, in denen die Kitze vergnügte Rutschpartien auf Geröllhalden oder Schneehängen veranstalten, finden sich die führenden Gamsenmütter erst ein, wenn ihre Jungen einigermaßen fest auf den Läufen stehen.

Bis in den Herbst hinein bleiben die Kitze unter der Obhut der Geißen, und erst während der Brunft — im November und Dezember — werden die Bande zum ersten Mal lockerer. Doch auch im folgenden Winter bleiben die Tiere noch zusammen. Erst im Frühjahr darauf lösen sich die Jährlinge aus der mütterlichen Obhut. Die weiblichen Tiere werden im anschließenden Herbst, also im Alter von achtzehn Monaten, zum ersten Mal beschlagen. Die Böcke schließen sich während ihrer Halbstarkenzeit zu kleinen Gruppen zusammen. Erst mit vier und fünf Jahren können sie bei der Hochzeit als Bewerber auftreten. Vorher werden sie von den älteren Kruckenträgern auf Trab gebracht.

Im Sommer stehen die Gamsen höher im Berg als in den Wintermonaten. Überall zwischen dem Gestein gibt es Äsung, und die Latschen bieten reichlich Schutz und Einstand. Doch selbst dort, wo keinerlei Bewuchs mehr vorkommt, sind die Tiere hervorragend geschützt: Das kurze hellbraune Sommerhaar läßt sie zwischen den Steinen und an den Hängen kaum erkennen. Häufig ist es nur das Gepolter eines von ihnen losgetretenen Steines, der auf sie aufmerksam macht.

Die Alpendohle weiß jeden Aufwind an Steilwänden zu eleganten Flugmanövern zu nutzen (oben links). Bis in die obersten Gipfelregionen dringt der Schneefink vor, der im Winter häufiger Gast an Liftstationen ist (oben rechts). Mit Latschen bewachsene Berghänge bieten den Gemsen Äsung und Deckung zugleich; hier bringen die Geißen auch ihre Kitze zur Welt (unten). Trotz gegenseitiger Zärtlichkeitsbeweise sind die jungen Murmeltiere beim ersten Warnpfiff der Mutter wie der Blitz im Bau verschwunden (Großbild rechts).

Geräusche dieser Art werden nicht nur vom Bergwanderer registriert. Wenn es auch nicht immer den Anschein hat, so lebt doch eine ganze Reihe von Tieren im Gebirge, die allerdings meistens nicht viel Aufhebens von ihrer Gegenwart machen. Neben einer ganzen Reihe von Vögeln sind es Schneehasen und Hermelin im sommerlich braunen Balg, Fuchs und Marder sowie schließlich die Murmeltiere. Mancherorts haben sich die possierlichen Höhlenbewohner, die zum jagdbaren Wild gehören, so sehr an den Fremdenverkehr gewöhnt, daß sie Futter aus der Hand annehmen. Wo sie aber noch nicht vom Touristenstrom erreicht werden, gehören sie zum scheuesten Wild überhaupt. Die Tiere, die den größten Teil des Jahres in ihren unterirdischen Verließen verschlafen und vier Jahre zum Auswachsen benötigen, führen im Sommer ein sehr anmutiges Familienleben. Jung und alt, die in großen Sippen in weit verzweigten Bausystemen miteinander leben, verbringen viel Zeit mit Sonnen und gegenseitigem Kosen. Nur ungern entfernen sie sich weit von ihren Behausungen. Sie scheinen zu wissen, daß sie die Lieblingsbeute des Steinadlers sind und auch vom Fuchs nicht verschmäht werden. Daher befinden sich immer einige der Sippenmitglieder auf Wachposten. Bei Gefahr stoßen sie einen schrillen Pfiff aus, und wie der Blitz ist die ganze Mankeigesellschaft dann vom Erdboden verschwunden.

Heimkehrer

Die Jahresleistung sämtlicher Flugzeuge auf der Welt nimmt sich bescheiden gegen die Kilometerzahl aus, die von allen Zugvögeln zusammen an einem **einzigen** Frühjahrstag auf ihrer Reise in den Norden erreicht wird. Da in unseren Breiten der größere Teil der Gefiederten zu den Reisenden gehört, ihre Schar nach Millionen zählt und die Tagesleistung vieler Arten einige hundert Kilometer betragen kann, ist das gar nicht einmal so verwunderlich. Dennoch grenzt es jedes Jahr wieder an ein Wunder, mit welcher Präzision die Vögel unterschiedlichster Gestalt und Lebensweise nach Beendigung einer Weltreise ihre Heimat ansteuern. Viele von ihnen benutzen dabei seit jeher dieselben Zugwege, nicht wenige treffen Jahr für Jahr genau zum gleichen Datum ein.

So lange sich Menschen mit der Erforschung der Natur beschäftigen, so lange ist der Vogelzug ein vielbearbeitetes Objekt der Wissenschaftler. In den letzten Jahren wurden — nicht zuletzt mit Hilfe der Technik — viele neue Erkenntnisse

gewonnen, Ursachen und Verlauf des geflügelten Touristenstroms Stück für Stück enträtselt. Doch trotz Radar, Funkpeilung und Luftüberwachung, trotz Versuchen unter künstlichen Himmeln und in magnetfreien Stahlkammern gibt es noch unzählige Geheimnisse um die alljährliche Völkerwanderung von Nord nach Süd und umgekehrt.

Wenn vom Vogelzug die Rede ist, denkt man in der Regel an die eindrucksvollen Flugkeile der Kraniche, Ketten von Wildgänsen oder dichte Finken-, Staren- und Strandläuferschwärme. Doch es sind nur einige Arten, die in dieser Weise auf sich aufmerksam machen. Ein Großteil dagegen reist unauffällig, da einzeln oder im lockeren Verband. Und der ganze Zugweg wird durchaus nicht nur im kontinuierlichen Langstreckenflug zurückgelegt. Vor allem viele Kleinvögel schaffen manchen Kilometer, indem sie durch das Geäst der Bäume hüpfen oder von Busch zu Busch, Hecke zu Hecke flattern. Selbst bei der Nahrungssuche wird während der Reisezeit die Zugrichtung eingehalten. Das gilt auch für Wasservögel, die große Entfernungen schwimmend zurücklegen. Artgenossen, die ihre meiste Zeit auf dem Erdboden verbringen, legen zwischendurch Fußmärsche ein.

Daß sich ein Großteil des Vogelzuges weitgehend unbemerkt abspielt, hat noch einen weiteren Grund. Die meisten Gefiederten bevorzugen die Nacht zum Weiterkommen. Die Dunkelheit gewährt ihnen mehr Sicherheit. Nachts sind meistens auch die Windverhältnisse günstiger und die Temperaturen niedriger, so daß es den Vögeln beim Fliegen nicht zu warm wird. Das Tageslicht dagegen wird zur Nahrungssuche und zum Ausruhen benutzt.

Segelflieger wie Störche oder viele der Greifvögel sind auf die besseren Thermenverhältnisse des Tages angewiesen und daher bei Helligkeit unterwegs. Im Gegensatz zu fast allen anderen insektenfressenden Kleinvögeln halten sich auch die Schwalben ans

Großbild links: Der Storch gehört zu den klassischen Zugvögeln. Als Segelflieger ist Adebar auf günstige Winde angewiesen. Er gehört zu den »Schmalfrontziehern«, die ganz bestimmte enge Zugstraßen benutzen; die westlich wohnenden überqueren das Mittelmeer über Gibraltar, die östlichen stoßen über Bosporus und Rotes Meer nach Afrika vor.

Oben: Die Küstenseeschwalbe gehört zu den Wanderern zwischen der Arktis und Antarktis — nicht von ungefähr sind die Schwingen so lang.

Unten: Der Fitislaubsänger, ein unscheinbarer Reisender, legt manchen Kilometer auf dem Zug von Busch zu Busch zurück.

Sonnenlicht. Viele Gefiederte reisen sowohl nachts als auch tagsüber, und es gibt sogar einige Arten, die im Nonstopflug zwei Tage, zwei Nächte und mehr durchziehen. Für eine solche Mammutleistung ist eine Goldregenpfeiferart aus Alaska bekannt geworden: Die Vögel ziehen innerhalb von 35 Stunden 3300 Kilometer über das Meer zu den Hawaii-Inseln. Es gibt gute Gründe für die Vermutung, daß einige sogar 6000 Kilometer bis zu einer weiteren Inselgruppe ohne Pause schaffen.

Solche gewaltigen Anstrengungen sind nur durch entsprechende Vorbereitung möglich. Alle Zugvögel legen sich vor dem Abflug ins Brutgebiet oder Winterquartier eine Fettschicht zu. Von diesem Energiedepot, das bis zur Verdoppelung des Normalgewichts führen kann, zehren die Tiere während ihres Weltenfluges. Da das Polster schon innerhalb einer einzigen Nacht bei manchen Arten um ein Drittel abgebaut wird, bedürfen solche Vögel mehrtägiger Ruhepausen zum neuerlichen Auftanken.

Besonders im Frühling zeigt

Oben: Bei diesem Zugschwarm von Strandläufern wechselt gerade die Führung. Auch bei ungeordneten Verbänden lösen die Vögel einander in der Spitze ab; Großvögel, die in Keilform ziehen, nutzen aerodynamische und optische Vorteile.

Unten: Je weiter die Steinschmätzer aus ihrem afrikanischen Winterquartier in den Norden ziehen, desto länger sind ihre Flügel. Die größte Spannweite hat die Grönlandrasse. Auf ihrer Reise machen sie mit Vorliebe Rast auf Ödländern und Geröllflächen.

Rechte Seite oben: Zu den ersten Frühlingskündern gehören die Stelzen, von denen viele schon in Südeuropa überwintern. Den Auftakt macht die Bachstelze, ihr folgt im März die Gebirgsstelze, und im April kommt die Schafstelze aus Afrika zurück. Die abgebildete Gebirgsstelze hat ihr Verbreitungsgebiet in den letzten Jahrzehnten immer weiter nördlich ausgedehnt.

Rechte Seite unten: Stare ziehen immer in Riesengesellschaften, und wenn sie Rast machen, besetzen sie zu Hunderten oder Tausenden Bäume, elektrische Leitungen oder Felder. Die einfallsreichen Sänger bleiben in milden Wintern ihrer Heimat treu; bei plötzlichen Kälteeinbrüchen verlegen sie ihren Aufenthaltsort innerhalb eines Tages um viele hundert Kilometer.

es sich, welch großen Einfluß das Wetter auf das Zuggeschehen nimmt. Plötzliche Kälteeinbrüche oder starke Winde bannen die nordwärts ziehenden Scharen für Tage oder gar Wochen an einen Platz. Nicht selten werden sie sogar zu stückweisem Rückflug gezwungen. Es kann vorkommen, daß in Süddeutschland die angestammten Schwalben schon brüten, während sich ihre skandinavischen Verwandten noch in Norddeutschland aufhalten. Wie bei vielen anderen Arten gibt es auch bei den gewandten Insektenjägern den »Überspringzug«: Die nördlichen Artgenossen ziehen durch Gebiete, die von ihren südlicher wohnenden Familienmitgliedern bereits wieder fest besetzt sind. Viele der in Nordeuropa ansässigen Vögel haben gerade genug Zeit zur Balz, Brut und Jungenaufzucht. Im übrigen sind sie auf Nordsüdachse. Paradebeispiel dafür ist die Küstenseeschwalbe, die in der Antarktis »überwintert« und deren nördlichste Vertreter oberhalb des Polarkreises brüten.

Bei ihrer alljährlichen Gewalttour halten sich die Vögel, gleichgültig ob sie in breiter oder schmaler »Front« ziehen, mit Vorliebe an natürliche Leitlinien. Flußtäler, Meeresküsten, Gebirgstäler und Wüstenränder erleichtern nicht nur das Vorankommen, sondern dienen auch zur Orientierung. Ebenso lassen sich zur Zugzeit an Landbrücken, in Oasen und auf Inseln große Massierungen beobachten. Der Fehmarnbelt, die Straße von Gibraltar und der Bosporus sind während des Vogelzugs daher von Ornithologen genauso gern besuchte Plätze wie die Insel Helgoland und Zypern. Dort lassen sich an günstigen Tagen Abertausende von Vögeln beobachten. Im Herbst noch mehr als im Frühjahr, denn nach der Brutzeit sind die Scharen zahlreicher. Außerdem haben die meisten Vögel beim Wegzug mehr Zeit als bei der Heimkehr.

Nicht immer sind beide Wege identisch. Etliche Arten wählen für Hin- und Rückreise unterschiedliche Routen und beschreiben auf diese Weise eine gewaltige Schleife. Klimatische und ernährungstechnische Gründe sind dafür ausschlaggebend. Neben solchen geplanten Wegänderungen gibt es eine Menge unfreiwilliger Abschweifungen von der allgemeinen Richtung. Windverdriftungen haben schon manchen Vogel in fremde Erdteile gebracht, und nicht selten taucht ein Bewohner der hohen See weit im Binnenland auf.

Doch selbst in solchen Fällen finden viele der Verirrten dank ihres Orientierungsvermögens wieder zu den ursprünglich angepeilten Orten zurück. Eine Menge interessanter »Verfrachtungsexperimente« mit beringten Vögeln haben das bewiesen.

Wie die Vögel Strecken, die mitunter 15 000 Kilometer und mehr betragen, zielgerecht überbrücken, ist eins der großen Geheimnisse. Wissenschaftler haben herausgefunden, daß eine Reihe von Faktoren dabei eine Rolle spielt. Sonne und Sterne, das Magnetfeld der Erde und eine »innere Uhr« sind dabei ebenso wichtig wie eine angeborene Zugrichtung und das Beispiel der Eltern. Bei der einen Art hat dieser Umstand, bei der anderen jener mehr Einfluß. Genauso unterschiedlich, wie einzelne Organe des Körpers an der Steuerung des Zuges beteiligt sind. Während in diesen Fragen innerhalb der Wissenschaft vielfach noch endgültige Kenntnisse ausstehen, ist ein alter Streitpunkt mittlerweile geklärt: Nicht das Winterquartier, sondern das Gebiet, in das die Vögel jedes Jahr zur Brut zurückkehren, ist ihre eigentliche Heimat.

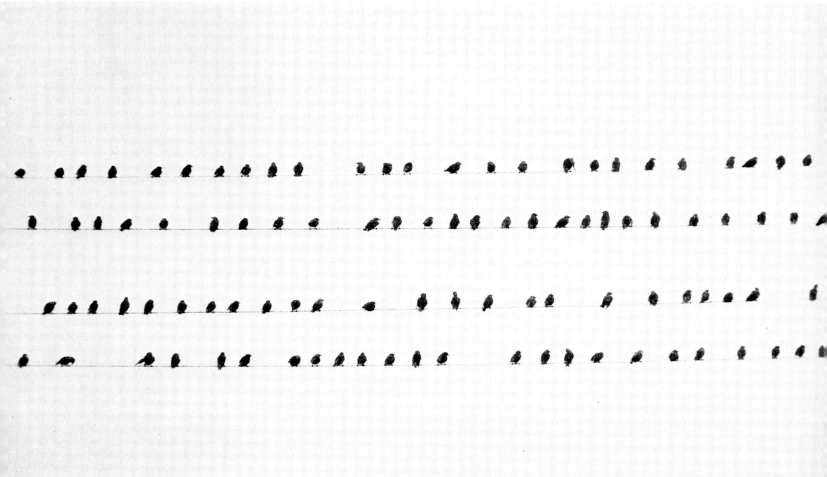

Die kleinen Sünder

Menschen, die alle Dinge auf dieser Welt nur auf ihre positiven und negativen Seiten hin untersuchen, müssen bei den meisten Tieren in einen »seelischen Zwiespalt« geraten. Und Jäger, die bei Wild und Vögeln nur Nutzen oder Schaden sehen, brauchen zwei Listen, in die sie ihre Eintragungen machen.

Kaum ein Vierläufer oder Gefiederter nämlich, erscheint er auf den ersten Blick auch noch so unbescholten, ist völlig ohne »Tadel«. Wer in den Tieren Konkurrenten beim Nahrungserwerb oder Jagen sieht, findet immer irgendeine schlechte Angewohnheit, die er ihnen anlasten kann. Die Natur hat es nun einmal so eingerichtet, daß Schönes und Häßliches dicht beieinander stehen, daß »Gutes« und »Böses« mitunter sogar aufeinander angewiesen sind. Doch sobald man mit solchen Begriffen das Verhalten der Tiere, ihre Eigenschaften und vorgegebenen Anlagen charakterisiert, begibt man sich auf falsche Wege: Tiere nach Werten oder Empfindungen messen zu wollen, die für den Menschen Gültigkeit haben.

Unter diesem Blickwinkel betrachtet, erscheinen viele »Sünden« allenfalls als notwendige Übel, die man zwar verhindern kann, wo es möglich ist, aber derentwegen man nicht »den Stab brechen« sollte. Raubtiere leben nun einmal vom Erbeuten anderer Tiere, Greifvögel müssen verhungern, wenn sie keine Opfer schlagen. Doch bedarf es gar nicht einmal so prägnanter Beispiele. Viele Tiere, die als »Zierde unserer Landschaft« gelten oder »ach, wie niedlich« sind, haben eine Menge auf dem Kerbholz, wenn man ihren Alltag etwas näher betrachtet.

So mancher Gartenbesitzer ist schlecht auf Rehe zu sprechen. Eines guten Morgens sind Knospen abgebissen, fehlen junge Triebe oder sind gar einige frisch gepflanzte Bäume gefegt, wenn ein Bock sein Gehörn daran vom Bast befreit hat. Hasen, die sich im Salatbeet zu schaffen gemacht haben, oder Kaninchen, die ihren Bunker im bestellten Beet eingerichtet haben, sind genausowenig beliebt. Das Wild aber kennt nun einmal Begriffe wie »Eigentum« und »Schädigung« nicht, während der Gartenchef durchaus von den Vorlieben der Vierbeiner weiß und auch eine Menge Mittel zur Verfügung hat, um ihnen zu begegnen.

Noch schlimmer trifft es die Bauern auf ihren Feldern, wenn Hirsche und Wildschweine nächtliche Besuche abstatten. Doch gegen Heimsuchungen dieser Art haben sich mittlerweile allerhand Tricks und technische Erfindungen erfolgreich bewährt. Von automatischen Böllerschüssen, Leuchtkugeln, Duftstoffen bis hin zu Vogelscheuchen, angebundenen Hunden und über Tonband

Oben: Die Zahl der Igel ist so zusammengeschrumpft, daß gelegentliche Eierdiebstähle nicht mehr ins Gewicht fallen; zur Hauptsache leben die Stacheltiere ohnehin von Mäusen, Schnecken, Insekten und Obst.

Links: So possierlich Eichhörnchen auch aussehen und so zutraulich sie sich in Parks den Menschen nähern — nicht wenige von ihnen haben während der Brutzeit die Eier oder Jungen von Singvögeln auf dem Gewissen.

Großbild auf der rechten Seite: Die Waschbären, die sich insbesondere in Hessen stark vermehrt haben, verdanken ihren Namen der Angewohnheit, ihre Nahrung vor dem Verzehr zu waschen. Wo sie zu zahlreich auftreten, können sie eine Gefahr für Vögel und Niederwild werden.

Oben: Rehe leben in erster Linie von Kräutern, die der Mensch als schädlich oder überflüssig betrachtet. Allerdings halten sie sich gelegentlich auch an Stiefmütterchen, Rosen und andere Gartenblumen. Böcke haben die unliebsame Eigenschaft, ihr Gehörn an den Stämmen junger Bäume von der Bastschicht zu befreien, was nicht alle Objekte solcher Fegeleidenschaft überleben.

Unten: Von den Schlafmäusen ist die Haselmaus die harmloseste, da sie eine reine Vegetarierin ist. Nur dort, wo Haselnüsse feldmäßig angebaut werden, kann sie Schaden anrichten. Da sie bei uns sehr selten geworden ist, steht sie unter Naturschutz.

Rechts: Nur in ganz großen Notzeiten wird auch dieser Muffelwidder mal zum »Schädling«. Nämlich dann, wenn er die Rinde junger Weichhölzer schält. Im übrigen sind die Wildschafe bescheidene Kostgänger (siehe S. 22).

abgespielte Warnrufe reicht der Katalog der Möglichkeiten. Als sicherste Abwehrmaßnahmen aber gelten nach wie vor Zäune und nächtliche Ansitze der Jäger. An die technischen Schreckerzeuger gewöhnen sich Wild und Vögel nämlich nach einiger Zeit. So ist es durchaus keine Seltenheit, wenn eine Krähe auf einer windschiefen Scheuche hockt oder eine Rotte Wildschweine zwischen zwei Selbstschußapparaten hindurchzieht.

Auch unter den kleinen, meist als possierlich geltenden Revierbewohnern gibt es eine ganze Reihe von »Bösewichten«. Eichhörnchen sind nicht nur amüsante Wegbegleiter im Park, die ausschließlich von Nüssen leben; finden sie das Nest eines Singvogels, so sind Eier oder Junge schnell zur Beute deklariert. Igel, bedauernswerte Opfer des Straßenverkehrs und wegen ihrer rapiden Dezimierung unter Schutz gestellt, streifen des Nachts durchaus nicht harmlos am Gelege eines Bodenbrüters vorüber. Und Waschbären schließlich, die erst seit wenigen Jahrzehnten unsere Wildbahn bevölkern, leben nicht nur von Wurzelwerk und Abfällen. Die aus Nordamerika stammenden knapp dachsgroßen Kletterkünstler sind hierzulande aus Pelztierfarmen entwichen und stellen mittlerweile schon ein beachtliches Kontingent freilebender Bären dar, die sich weiterhin fruchtbar vermehren. Sowohl Obst als auch Vogelnester zu erreichen, bedeutet ihnen keine Schwierigkeit, doch räumen sie auch unter kleinen »Schädlingen« auf. Ja, selbst insektenvertilgenden Singvögeln müßte man vorwerfen, daß sich unter ihren Opfern solche befinden, die allgemein als nützlich gelten. Ein Sündenregister der Tiere aufzumachen, lohnt nicht. Da er das Gleichgewicht der Natur gestört hat, muß der Mensch nun dafür sorgen, daß die einen »Sünder« nicht das Übergewicht über die anderen bekommen.

Im Brutgebiet der Weihen

Der Sonnenaufgang ist noch weit entfernt, da gaukelt eine große Vogelgestalt bereits über der Schilffläche des verlandenden Sees auf und ab. Es scheint, als drehe eine Schleiereule ihre letzte Jagdrunde in der Morgendämmerung, doch ist das Röhricht eines abgelegenen Moorgewässers kaum das richtige Revier für einen der lautlosen Nachtflieger. Nur wenige Meter über dem hellbraunen Halmdickicht nähert sich der Gefiederte jetzt wie eine Fledermaus im Zickzackflug, macht zwei, drei Rüttelschläge mit den Flügeln, zieht einen engen Kreis und hat im Nu etliche Meter an Höhe gewonnen. Wenige Minuten später berühren die Schwingen fast wieder die buschigen Spitzen der Schilfhalme. Dann hat die Dämmerung den Vogel verschluckt. Oder das Schilf. Doch mit kräftigen Schwingenschlägen erscheint der gaukelnde Flieger wieder über dem Schilfrand. Dieses Mal trägt er einen Gegenstand im rechten Fang, einen kleinen runden Klumpen, den er mit in die Höhe nimmt und mit dem er sich nach einer Richtungskorrektur schnell entfernt.

Jeden Morgen um diese Zeit, wenn die meisten Vögel noch schlafen, ist die Rohrweihe bereits unterwegs. Und gerade in der Dämmerung bringt die Jagd dem bussardgroßen Greifvogel die meisten Erfolge. Weil sich die meisten Beutetiere noch in Sicherheit vor ihren Feinden wiegen. Dieses Mal war es ein junges Bleßhuhn, das den scharfen Krallen zum Opfer fiel, ein anderes Mal muß eine Bisamratte dran glauben oder ein laichender Fisch. Die Beutepalette der Weihen ist groß, und wenn im Juni und Juli zwischen drei und sieben Junge im Nest hocken, muß der Nachschub unaufhörlich »rollen«.

Nicht nur wegen ihrer Vorliebe für die Jagd im Zwielicht stehen die Rohrweihen und ihre Verwandten (in unseren Breitengraden sind es Korn- und Wiesenweihe) den Eulen ziemlich nahe. Ihr beweglicher Kopf mit dem schleierartigen Federkranz, die nach vorne stehenden Augen sowie die Art ihres Fliegens und Beutemachens zeigen Parallelen mit

den Nachtgreifen. Dennoch haben sich die Weihen nicht nur der Dunkelheit verschrieben. Ihr Tag dauert lange und ist, gleich nach der Ankunft aus dem Winterquartier, mit Beschäftigung ausgefüllt.

Die Vögel, die Anfang bis Mitte April aus dem Mittelmeerraum und Afrika in ihre Brutreviere zurückkehren, leisten sich eine aufwendige Balz. Beide Partner taumeln, kreisen, gaukeln, schweben und trudeln auf ihren auffallend langen Schwingen umeinander, daß es eine wahre Pracht ist, ihnen dabei zuzuschauen. Das Männchen stellt während der Flugspiele demonstrativ seine Flügel- und Brustfedernzeichnung zur Schau, um dem nicht ganz so markant gefärbten Weibchen damit zu imponieren. Nicht selten übergibt der Brautwerber seiner Auserwählten während des Balzfluges Beute.

Farbbild linke Seite: Bis eben hat das Wiesenweihenweibchen die fünfköpfige Jungenschar gewärmt, doch kaum vernimmt es die Rufe des Männchens, startet es sofort, um neue Beute in der Luft zu übernehmen. Wie bei allen Greifvögeln herrscht auch bei den Weihen strenge Arbeitsteilung: »Er« sorgt für Nachschub, und »sie« teilt die Mahlzeiten auf.

Oben: Zwischen Schilf und Wasserpflanzen legen Rohrweihen ihr Nest an; gelegentlich kommt es (wie auf diesem Bild) vor, daß zwei Weibchen in ein Nest legen — sieben Eier sind für einen Vogel zuviel.

Links: Junge Rohrweihen sind unersättlich: Hier versucht ein Weihenkind von etwa zehn Tagen, ein junges Bleßhuhn herunterzuwürgen — der Schlund ist so dehnbar, daß solche Gewaltaktionen mit der nötigen Geduld und Anstrengung Erfolg haben.

Oder er legt Spielnester an, um das Weibchen für Hochzeit und Brut geneigter zu machen. Erst wenn die Paarung vollzogen ist, beginnt der gemeinsame Bau des endgültigen Bodenhorstes, fast ausnahmslos im Schilf eines Sees, Moores oder Flußlaufes. Obwohl das Jagdterritorium eines Rohrweihenpaares mit 800–2000 Hektar angegeben wird, kann es vorkommen, daß sich auf einer Fläche von einigen tausend Quadratmetern mehrere Paare niederlassen. Sie dehnen ihre Versorgungsgründe dann bis weit ins Hinterland aus.

So macht es auch das Rohrweihenmännchen, das eben das junge Bleßhuhn am heimischen Nest abgeliefert hat. Da fünf hellgefärbte Daunenkinder halb neben und halb unter dem Weibchen hocken, reicht diese Portion bei weitem nicht zum Frühstück. Der Familienvater »klinkt« daher die Beute nur knapp über der Brutstatt aus, überzeugt sich mit einer Kopfdrehung davon, daß der Bissen richtig ankommt und startet gleich wieder durch. Nach einer weiteren Runde über dem Schilfrand schwingt er sich über den Waldgürtel und strebt — jetzt schon bei etwas besserem Licht — der angrenzenden Feldmark zu. Hier hat er genügend Fläche, über der er mit seinem schwankenden Flug nach Nahrung suchen kann. Eingelegte Rüttelaufenthalte, mancher vergebliche »Gleitstoß« in die Tiefe — doch dann ist eine Feldmaus nicht schnell genug in ihrem Loch verschwunden.

Je älter die Jungen werden, desto mühsamer haben es die Eltern. Der Beutebedarf wächst, und das Weibchen muß einen Teil der Versorgung mit übernehmen. In den ersten Wochen hat es dem Nachwuchs die vom Männchen zugetragene Verpflegung schnabel- und schluckgerecht zerlegt. Später — wenn die Jungen halbstark geworden sind, das zweite Federkleid tragen und den Tag im Schilf rund um das Nest verbringen — darf es sich kaum in die Nähe seiner Sprößlinge wagen. Zu leicht kann die Gier der jungen Weihen einen Angriff auf einen der Elternteile auslösen. Genauso wie die Geschwister nicht davor zurückschrecken, ein unterentwickeltes Nesthäkchen als Beute zu betrachten und zu verschlingen.

Großbild auf der rechten Seite: Sobald das Rohrweihenmännchen mit Beute im Fang landet, nimmt der nächste Jungvogel die typische Bettelstellung ein: Er kippt vornüber und drückt sich flach auf den Boden, wobei er ununterbrochen hohe Rufe ertönen läßt. Im Gegensatz zum Weibchen ist der Familienvater an den dunklen Handschwingen (Flügelspitzen) zu erkennen.

Unten: Deutlich ist zu erkennen, daß die Rohrweihen-Nestlinge mit einigen Tagen Unterschied geschlüpft sind; das Weibchen brütet von der Ablage des ersten Eies an. Während der jüngste Sprößling noch ein reinweißes Dunengefieder trägt, bilden sich bei den älteren bereits richtige Federn.

Großbild auf der linken Seite: Bei der Landung zeigt das Wiesenweihenmännchen sein Gefieder in voller Pracht. Im linken Fang hält es die Beute, die es gleich am Nest abliefert. Deutlich ist zu erkennen, wie der Vogel seinen schnellen Flug mit den Schwingen und dem gefächerten Stoß abbremst.

Unten links: Ein Wiesenweihenmännchen mit einem gewaltigen Brocken, den es — gegen die sonstige Gewohnheit — gleich mit beiden Fängen halten muß.

Unten rechts: Den Blick nach unten zum Nest gerichtet, läßt sich das Männchen im dichten Schilfgras senkrecht nieder. Im linken Fang hält es eine Maus, die den Jungen zum Verzehr gebracht wird. Häufig übergibt das Männchen dem Weibchen die Beute in der Luft und macht sich gleich erneut zu einem Versorgungsflug auf, während die Weihenmutter den Bissen zum Bodennest trägt und unter den Jungen aufteilt.

Viel schwerer als die Rohrweihen haben es die Wiesenweihen, nach der Rückkehr aus den Überwinterungsgebieten noch geeignete Landstriche zu finden, in denen für sie die richtigen Nahrungs- und Brutvoraussetzungen herrschen. Die kleinsten und auch elegantesten unserer drei Weihenarten bevorzugen nämlich einen anderen Biotop als ihre größeren Verwandten in den Schilfgürteln von Gewässern. Sie brauchen ausgedehnte feuchte Moor- und Wiesenlandschaften, in denen eine vielartige Pflanzenwelt die notwendige Lebensgrundlage darstellt. Solche weitgehend unberührten Hochmoor- und Niederungsgebiete, in denen Gräser, Schilf und Wildpflanzen in bunter Mischung durcheinanderwachsen, in denen sich stellenweise Weidengestrüpp und Birken ansiedeln und wo weder Mähmaschine noch Dränierbagger eingesetzt werden, sind so selten geworden, daß man sie in einem Atemzug nennen kann. Und genauso zusammengeschrumpft sind die Zahlen der Wiesenweihen, von denen die letzten in der Bundesrepublik vorkommenden Paare noch in Bayern, Niedersachsen und Schleswig-Holstein brüten.

Die Vögel werden nicht zu Unrecht mit zu den schönsten unserer Krummschnäbel gezählt. Vor allem die Männchen, wie bei fast allen Greifen kleiner als ihre Frauen, fallen durch ihr leuchtend hellgraues, an Bauch und Schenkeln mit braunen Streifen versehenes Gefieder sowie die dunklen Flügelbinden und -spitzen auf. Die überwiegend braun getönten Weibchen lassen beim Abstreichen ihren hellen Bürzelfleck an der »Wurzel« des Stoßes erkennen, ein sicheres Unterscheidungsmerkmal zur Rohrweihe. Die Kornweihe dagegen hat diesen Spiegel noch ausgeprägter, und sogar das Männchen zeigt ihn.

Wer einmal die schlanken Greifvögel bei der Balz über ihren Brutrevieren beobachtet hat oder wer ihren Beuteflug kennt, wird gut verstehen, daß Naturschützer und Ornithologen alles daransetzen, die letzten Lebensräume der Wiesenweihen vor der Zerstörung zu retten. Durch die Sicherung einiger Dutzend Hektar Weihenlandschaft gelingt es meistens, gleich mehrere Paare in einem Gebiet zu halten. Denn Wiesenweihen brüten bei genügendem Nahrungsangebot dicht beieinander. In Norddeutschland gibt es noch eine Gegend, wo auf einer Fläche von rund 200 Hektar jedes Jahr zwischen zehn und zwanzig Paare ihr Bodennest bauen. Da sich rund um das Brutgebiet ausgedehnte — meist bewirtschaftete — Wiesen anschließen, kommen sich die Vögel bei der Jagd nicht ins Gehege, zumal der Aktionsradius der Wiesenweihe um gut die Hälfte kleiner als bei den Rohrweihen ist.

Ähnlich wie diese kreisen oder fliegen die Wiesenweihen pirschend über ihrem Jagdterritorium hin und her. Dabei äugen sie nicht nur sehr scharf, sondern reagieren auch auf die leisesten Geräusche vom Boden. Der wie ein Schleier um die Augen angeordnete Federnhalbkranz dient den Ohren als Schallfänger. Haben die Vögel eine Maus, einen Frosch oder einen Kleinvogel erspäht, winkeln sie die Schwingen leicht an und stoßen in Sekundenbruchteilen in die Tiefe. Was der Fang dieser »Gleitstoßgreifer« einmal gepackt hat, läßt er nicht mehr los. Die Beutetiere werden durch das Zusammendrücken der Klauen getötet, wenn sie nicht durch einen Herzschlag sterben, was meistens passiert.

Solange die drei bis sechs Jungvögel noch im weißen Daunenkleid sind, werden ihnen die Bissen schon angekröpft (angerissen) serviert, denn die rote Farbe des Fleisches dient als Fütterungssignal. Später lassen Männchen und Weibchen die Beute einfach am Nistplatz fallen. Auch hier herrscht anfangs, wie bei vielen Greifvögeln, Arbeitsteilung. Der Familienvater schlägt die Opfer, das Weibchen verfüttert sie. Ein besonders faszinierendes Zeremoniell und eine fliegerische Leistung par excellence

Oben: Unter der Aufsicht des Weibchens versucht ein Jungvogel, einen Fleischbrocken herunterzuwürgen.

Unten: Kaum ist die Beute »ausgeklinkt«, startet das Wiesenweihenmännchen wieder.

ist die Beuteübergabe, die größtenteils in der Luft geschieht. Meistens fliegt das Weibchen dem Männchen entgegen, beide steigen kurz vor der Begegnung etwas in die Höhe, kehren dann die Unterseiten schräg zueinander, und — ohne sich zu berühren — wechselt die Beute vom Fang des einen Vogels in den Fang des anderen. Gelegentlich geschieht es, daß die Zehen und Krallen sich nicht vom Nahrungspaket so schnell lösen. Dann wird das Manöver wiederholt. Oder es kommt vor, daß das Männchen zu früh losläßt, so daß ein kurzer Sturzflug des Weibchens notwendig wird, um die Beute aufzufangen.

Nicht selten befindet sich in der Nähe des Horstes ein Kröpfplatz, an dem die Altvögel sich selbst stärken und — mangels erhöhter Sitzgelegenheit — ausruhen. Da die Weihen wie die anderen Greife während der Brutzeit mausern, kann man hier am ehesten die schönen Federn finden. Diejenigen der Hand- und Armschwingen werden nach und nach verloren und durch neue ersetzt, so daß die Flugfähigkeit jederzeit voll gewährleistet ist.

In den letzten Jahren wurde vermehrt beobachtet, daß sowohl Rohr- wie auch Wiesenweihen ihren Horst in Getreide- und Rapsschlägen anlegen. Das sind vor allem jene Vögel, die mit Verspätung aus dem Winterquartier zurückkehren und wogende Felder vorfinden. Leider werden die meisten dieser Bruten bei der Ernte zerstört. In Gegenden, wo aufmerksame Greifvogelfreunde regelmäßige Revierkontrollen durchführen, kann durch rechtzeitige Benachrichtigung und Aufklärung der zuständigen Bauern erreicht werden, daß der Brutplatz verschont bleibt. Oder daß zumindest die ausgemähten Jungvögel in sachgemäße Obhut gelangen und nach geglückter Aufzucht in die Wildbahn rückgewöhnt werden.

Moorvögel in Wohnungsnot

Oben: Zu den Vögeln, die sich verhältnismäßig gut mit der Veränderung der Landschaft abfinden, gehören die Rotschenkel. Noch ist das unverwechselbare Gedüdel der braun gesprenkelten Gefiederten überall in den Marschenwiesen der norddeutschen Tiefebene und an den Küsten zu hören.

Unten: Genau das Gegenteil zum Rotschenkel stellt der Goldregenpfeifer dar. Die Zahl der Brutpaare dieser Vögel ist in der Bundesrepublik auf rund 20 zusammengeschrumpft. Neben dem Verschwinden des richtigen Biotops mag auch eine artbedingte Verschiebung der Verbreitungsgrenze Ursache dafür sein. Das Bild zeigt einen Vertreter der nordischen Rasse, die mehr Schwarz im Gefieder von Unterseite, Brust und Wangen zeigt.

Daß der Lebensraum für die Menschen auf der Erde immer knapper wird, ist nicht so verwunderlich, wenn man die Vermehrungsquoten liest. Wäre dies der einzige Grund für enger werdende Grenzen, so hätten die meisten Tiere nichts zu befürchten, denn die Zahl fast aller Arten nimmt ab.

Und dennoch geraten viele von ihnen in immer stärkere Verlegenheit, ein geeignetes Waldstück, einen Tümpel, eine Hecke oder gar nur einen hohlen Baum zur Aufzucht der Jungen zu finden; infolge der zunehmenden Besiedlung und Erschließung weiter Landstriche bleiben immer weniger Plätze für ein Refugium übrig. Das vom Jäger gehegte Wild hat es in unserem Land noch verhältnismäßig gut. Mancher Vogel jedoch, der für seine Ernährung einen ganz bestimmten Biotop braucht, wird seiner Lebensgrundlage beraubt. Einige können sich umstellen, werden zu Kulturfolgern und ändern sogar ihre Speisekarte. Der Großteil jedoch muß kapitulieren. Die Natur hat ihm bestimmte Pflanzen und Tiere zum Unterhalt zugedacht. Wenn diese verschwinden, fehlen kurz darauf auch jene Gefiederten, die von ihnen leben.

Besonders deutlich wird dies an den Vögeln, die Moor- und Sumpflandschaften bewohnen. Dort herrscht ein ausgeprägtes »Abhängigkeitsverhältnis« aller Lebewesen voneinander. So wie die Pflanzen auf schwankendem Boden auf bestimmte Mineralien im Erdreich, in erster Linie aber auf viel Wasser angewiesen sind, so sind die meisten Vögel von dem vielen Kleingetier abhängig, das in der weichen, warmen Moorerde gedeiht. Nicht umsonst sind fast alle Gefiederten, die sich den wasserreichen Sümpfen und Brüchen anvertrauen, mit einem langen Schnabel ausgerüstet. Dieses Werkzeug gestattet ihnen, auch unter der Oberfläche nach Nahrhaftem zu suchen. Doch nicht nur solche Langgesichter — wie etwa die große Sippe der Schnepfenvögel — sind mit der Moorlandschaft verheiratet. Auch eine Unzahl von Singvögeln findet hier ideale Lebensbedingungen, weil von Frühjahr bis Herbst der Torfboden Milliarden von Insekten freigibt. Und wo Kleinvögel zu Hause sind, da trifft man auch deren Verfolger: Kein größeres Moor, das nicht regelmäßig von Greifvögeln aufgesucht wird; Falken z. B. sind Stammgäste, Weihen brüten gerne in ihrer Mitte, und die Sumpfohreule hat sogar den Namen nach ihrem bevorzugten Lebensraum erhalten. Die meisten Greifvögel allerdings jagen im Moor kleine Säugetiere.

Die Liste der gefiederten Moorbewohner ist nicht nur lang, sondern auch sehr vielseitig. Jede Art stellt unterschiedliche, manchmal nur sehr geringfügig voneinander abweichende Ansprüche an die feuchte Landschaft. So kommt es, daß an manchen Stellen, die auf den ersten Blick als idealer Biotop für eine Menge verschiedener Vögel erscheinen, nur ganz wenige Arten zu Hause sind, während eine andere, bei flüchtiger Betrachtung einförmig wirkende Umgebung in einzelnen Ecken oder bunt durcheinander gewürfelt diverse Voraussetzungen für eine artenreiche Besiedlung bietet. Neben dem Nahrungsangebot sind während der Frühjahrs- und Sommermonate unter anderem die Balz- und Nistmöglichkeiten, ausreichende Deckung, genügender Wasserstand und die Intensität von Störungen ausschlaggebend.

So wird man nie ein Moor finden, in dem wenige Meter voneinander entfernt der Kra-

nich brütet, der Birkhahn balzt und die Trauerseeschwalbe über der Wasserfläche eines ehemaligen Torfstichs nach Insekten jagt. Denn alle drei – obwohl überwiegend Moorbewohner – benötigen verschiedene Dinge zum Leben, die ihnen nur von unterschiedlichen Moorformen und -typen geboten werden. Innerhalb der einzelnen Vogelarten gibt es nun wiederum unterschiedliche Geschmacksrichtungen. Die einen Kraniche bevorzugen Erlenbrüche, die anderen schilfumsäumte Ufer verlandender Seen, die nächsten von Birken und Kiefern bestandene Moorflecken. Nur eins muß vorhanden sein: genügend Wasser.

Bei Birkhühnern ist es nicht anders. Heideflächen stehen ebenso im Kurs wie aufgelockerter Kiefern- und Birkenbestand, abgelegene Wiesenniederungen genauso wie Ödland, auf dem Gräser, Kräuter und

Großbild linke Seite: Koppelzäune sind für viele Vögel in Wiesen und Moorgebieten nicht nur vertraute, sondern inzwischen notwendige Einrichtungen geworden. Von einzelnen Pfählen aus überwachen manche Arten ihr Brutrevier auf den Meter genau und stimmen Alarmrufe an, sobald ein Feind eine bestimmte Distanz unterschritten hat. Hier hockt ein Rotschenkel in Startposition.

Rechts: Kiebitze gehören zu denjenigen Vögeln, die sich verhältnismäßig gut mit den Landschaftsveränderungen abgefunden haben. Doch die Verlegung der Nester von unberührten Moorwiesen auf Getreidefelder und intensiv bewirtschaftete Weiden wird jedes Jahr mit dem Verlust vieler Gelege und Jungvögel bezahlt.

Unten: Die Moore, in denen während der April- und Maiwochen Birkhähne um die Gunst der Hennen balzen, werden immer seltener. Die dunkelblau schimmernden Hähne mit ihren roten Rosen am Kopf und dem breit gefächerten Stoß brauchen ein ganz bestimmtes Nahrungsangebot. Auf dem Bild stehen sich zwei Hähne in Balzposition an der Grenze ihres jeweiligen »Hoheitsgebietes« gegenüber.

Oben und rechte Seite: Nicht nur durch schönes, rostfarbenes Gefieder, sondern auch durch lautstarkes Konzert fällt die Uferschnepfe in den norddeutschen Wiesen auf. Die Paare grenzen ihr Revier im Frühling und Sommer mit Stimmengewalt ab. Bei Gefahr für Eier oder Jungen bilden sie gemeinsam mit Kiebitz und Rotschenkel eine psychologisch sehr wirksame Abwehrfront. Laut rufend und mit gezielten Flugattacken bringen sie einen Eindringling so sehr in Bedrängnis, daß selbst Füchse schnellstens Reißaus nehmen.

Mitte: Auf einer kleinen Krautinsel hat es sich der Alpenstrandläufer bequem gemacht; mit seinem dunklen Bauch fällt er auch zur Zugzeit zwischen Strand- und Wasserläufern, Knutts und Regenpfeifern auf.

Unten: Der Flußuferläufer ist sowohl in der Luft als auch am Boden nur schwer zu beobachten: Mit pfeilschnellem Flügelschlag saust er Haken schlagend flach über die Wasserfläche seines Reviers, und an den Ufern, wo er seine Nahrung sucht, rast er mit blitzschnellen Schritten wippend und knicksend umher; am ehesten macht er sich durch sein hohes, fast metallisch klingendes »hidi-hidi-hidi« und die weißen Flügelbinden bemerkbar.

ste Detail aufeinander abgestimmten Nahrungskette ist nur äußeres Erscheinungsbild solcher mitunter brutalen Eingriffe in den Wasser- und damit auch in den Lufthaushalt eines ganzen Gebietes. Erst in den vergangenen Jahren, als das Umweltbewußtsein erwachte, hat man begonnen, mehr Planung in die Landerschließung zu bringen. Heute schon endet mancher Kampf der Naturschützer, der noch vor zehn Jahren erfolglos geführt worden wäre, mit einem Sieg für den Fortbestand einiger Hektar stillgelegter Torfstiche oder mit Wollgras und Ried bestandener Niederungsflächen.

Ein solches Tauziehen findet Gebüsch wachsen. Allerdings muß für das Birkwild, das auch in den Alpen lebt, eine ganz bestimmte Mischung von Knospen, Beeren und Samen vorhanden sein. Ist eine solche variationsreiche Kost, deren Zusammensetzung seit langer Zeit Objekt genauer Untersuchungen ist, nicht gegeben, so kann die Landschaft noch so geeignet sein, doch das Birkwild verschwindet.

Aus vielen Gegenden Deutschlands wird seit Jahrzehnten eine stetige Abnahme der schönen Vögel gemeldet, die damit das Schicksal der anderen Rauhfußhühner bei uns (Auer-, Schnee- und Haselhühner) teilen. In Norddeutschland gibt es nur mehr einzelne Reviere, in denen während der Frühlingswochen das Zischen und Kullern der balzenden »Spielhähne« zu hören ist. Nur dort, wo noch größere Moor- und Heideflächen in ihrem ursprünglichen Zustand verblieben sind, haben sich die dunkelblauen Hähne und braun gesprenkelten Hennen gehalten. Heute versucht man den Bestand des seltenen Flugwildes durch gezielte Zuchtmaßnahmen und Erhaltung geeigneter Lebensräume zu stärken.

Doch die Birkhühner sind nicht die einzigen. Viele Vögel, die noch vor zwanzig Jahren in schleswig-holsteinischen und niedersächsischen Mooren regelmäßig brüteten, machen heute allenfalls noch auf ihrer Reise nach Skandinavien kurze Pause auf einer Wiese zwischen Bremen, Hannover und Flensburg.

Grund dafür ist das ständige Schrumpfen der Moore und Sümpfe. Von den 115 Hektar Natur, die nach Angaben des Deutschen Naturschutzringes in der Bundesrepublik täglich bebaut und erschlossen werden, nehmen die feuchten Landstriche einen beachtlichen Teil ein. Das »nutzlose« Moor wird entwässert, drainiert, gepflügt und bebaut. Das damit einhergehende Verschwinden der Pflanzen- und Tierwelt, die Zerstörung einer bis ins klein-

Unten: Das melodische Flöten und der gebogene Schnabel unterstreichen die Eleganz des Großen Brachvogels genauso wie das gesprenkelte Federkleid. Moor und Heide sagen ihm am meisten zu, und dort legt er im Frühjahr auch seine Nestmulde an. Die vielen anderen Namen, die der Brachvogel nebenher hat, zeugen von seiner Popularität. »Heideschnepfe«, »Kronschnepfe« (aus dem plattdeutschen »Kronsnepp«), »Regen- oder Wettervogel« und »Keilhaken« sind nur einige der Synonyme.

seit geraumer Zeit auch in den skandinavischen Ländern statt. Vor allem in Finnland, dem klassischen Land der Moore, treten die widerstreitenden Meinungen deutlich zutage. Von den ursprünglich 10 Millionen Hektar Moorland sind bisher über 4 Millionen drainiert, gedüngt und zum Teil aufgeforstet worden. Die Pläne der dortigen Forstleute sehen vor, weitere 5 Millionen Hektar auf lange Sicht zu erschließen und damit ihres ursprünglichen Charakters zu berauben. Solche Maßnahmen werden nicht ohne Einfluß auf die gesamte europäische Vogelwelt bleiben. Gerade der Norden Skandinaviens mit seinen endlosen Weiten und dem großen Nahrungsreservoir bietet dem weitaus überwiegenden Teil aller Insekten vertilgenden Vögel heute noch geeignete Brutplätze. Die meisten der Gefiederten, die wir im Frühling und Herbst hierzulande zu Gesicht bekommen, haben das Licht der Welt im nördlichen Europa erblickt.

Einen besonders großen Teil macht die Familie der Schnepfenvögel aus, die der Ordnung der Wat- und Möwenvögel angehört und mit 85 Arten eine der weitverzweigtesten überhaupt ist. Sie sind seit langer Zeit Gegenstand aufmerksamer Beobachtung und Forschung. Da die verschiedenen Arten dieser großen Sippe eine Vielzahl von Lebensräumen beanspruchen und von etlichen Folgen der modernen Umweltveränderung betroffen sind, lassen sich an ihrer Entwicklung eine Reihe von Erkennt-

Rechts: Zu den Singvögeln, die bevorzugt in Moorgebieten brüten, gehören die Wiesenpieper. Zusammen mit Lerchen, Braunkehlchen, Ammern, Schwirlen, Rohrsängern, Würgern und anderen kleinen Gefiederten stellen sie ein wichtiges Glied in der Nahrungskette dar, an welche die gesamte Tierwelt innerhalb eines Moores gebunden ist. Hier hat ein Wiesenpieper in der Nähe seines Bodennestes Posten auf einem Koppelpfahl bezogen.

nissen ablesen, die über den Schnepfenrahmen hinaus Bedeutung haben. Und da die meisten von ihnen Zugvögel sind, helfen sie bei der Lösung mancher Rätsel, welche die großen Tierwanderungen noch aufgeben. Schließlich gehören einige zum jagdbaren Wild und sorgen auf diese Weise nicht nur für das Interesse, sondern auch für erhebliche Meinungsverschiedenheiten innerhalb der Jägerschaft.

Die wenigsten Schnepfen tragen den Familiennamen selbst. In unseren Breiten sind es nur die Waldschnepfe, die Uferschnepfe und die Sumpfschnepfe, letztere allerdings vielfach bekannter unter dem Namen »Bekassine«. Auf dem Durchzug aus ihren nördlichen und östlichen Brutgebieten tauchen vor allem an den norddeutschen Küsten Pfuhl- und Zwergschnepfen auf. Gelegentlich ist auch die Doppelschnepfe noch zu beobachten, die in früheren Jahrzehnten in Schleswig-Holstein gebrütet hat und durch ihre eigenartige Balz, bei der die Männchen wie im Orchester mit den Schnäbeln klappern, auffiel.

Wenn sie auch eine andere Bezeichnung führen, so schließen sich an die genannten Arten eine große Zahl von Verwandten an, die nicht weniger »schnepfig« sind. Ihr Namensregister ist vielseitig und gibt häufig Auskunft über Lebensraum und -weise der einzelnen Angehörigen. Ein ganzer Reigen von Strand- und Wasserläufern brütet überwiegend in Skandinavien, Osteuropa und Asien, stellt sich jedoch regelmäßig vom Herbst bis Frühjahr in den friesischen Wattenmeeren ein. Kampfläufer gehören ebenso dazu wie Rotschenkel und Brachvögel. Sie alle haben über den Schnepfenverband hinaus eine große Zahl entferntere Angehörige. Mit Regenpfeifern, Kiebitzen, Austernfischern, Säbelschnäblern, Trielen und vielen anderen sind sie Mitglieder der zoologischen Unterordnung »Regenpfeiferartige«.

Wenn es um die Jagd geht, wird der Bogen jedoch nicht so weit geschlagen. Da spielt die Waldschnepfe die erste Rolle, gefolgt von der Bekassine. Während auf die kleinere Sumpfschnepfe, die wegen ihrer eigenartigen Fluggeräusche auch »Himmelsziege« genannt wird, immer weniger Jäger in Deutschland den Finger krumm machen, steht die Waldschnepfe bei vielen Revierinhabern hoch im Kurs. Nicht, ohne daß dies die Kritik der Natur- und insbesondere der Vogelschützer auf sich zieht. Selbst innerhalb der Jägerschaft ist diesbezüglich die Meinung geteilt, zumindest, was die Frühjahrsjagd betrifft.

Im März und April kommen die Vögel mit dem »langen Gesicht« aus ihren Winterquartieren am Mittelmeer und aus Afrika auf ihrem Weg in die Brutreviere durch deutsche Gefilde. Ein kleinerer Teil legt das Bodennest schon in bestimmten Gebieten zwischen Bayern und Schleswig-Holstein an, die überwiegende Zahl der Langschnäbler sorgt in Skandinavien für Nachwuchs. Auf der Reise lassen sich die Vögel Zeit und beginnen bereits mit der Balz. Da sie Nachtzieher sind, werden sie zur Dämmerstunde munter. Mit »quorrenden« und »murksenden« Rufen (Jägersprache) streichen die Männchen gaukelnd über Lichtungen und Moorflächen, durch Schneisen und über Baumwipfel und machen so die Weibchen auf sich aufmerksam. Die Jäger haben irgendwo Posten bezogen und versuchen, die Schnepfen »auf dem Strich« zu erlegen. Das wird ihnen vielfach übelgenommen, denn die vielerorts in ihrem Lebensraum schon recht eingeengten Schnepfen sollten zumindest während der Balz und des Frühjahrszuges unbehelligt bleiben. Doch solange keine einheitliche europäische Lösung verwirklicht ist, werden auch in der Bundesrepublik noch Schnepfen erlegt werden. Wenn sich auch schon immer mehr Jäger aufs Beobachten beschränken.

Die Abnahme geeigneter Nahrungsgründe setzt einer ganzen Reihe von Schnepfenvögeln mehr und mehr zu. Nicht jedem gelingt es, wie dem Kiebitz, sich mit veränderten Umständen abzufinden und

Unten: Die Bekassine erkennt man an ihrem seltsamen Fluggeräusch, das ihr den Namen Himmelsziege eingetragen hat. Mit Hilfe der äußeren abgespreizten Stoßfedern, durch die sie beim Abwärtsflug den Wind streichen läßt, erzeugt sie Töne wie von einem Saiteninstrument; die schräg gestellten Flügel unterstützen die meckernd anmutenden Laute. Bekassinen sind halb so groß wie Waldschnepfen, die immer noch ein begehrtes Jagdwild darstellen.

dem Wohnort entsprechend anzupassen. Die helldunkel gefiederten Vögel, die ursprünglich nur in feuchten Wiesen und auf sumpfigem Grund zu Hause waren, brüten längst auf Getreidefeldern und Rübenäckern. Manche aus der Sippe reagieren auf Trockenlegung und Kultivierungsarbeiten empfindlicher, brechen ihre Bruten ab und verzichten somit auf Nachkommenschaft. Doppelschnepfe und Goldregenpfeifer sind in Deutschland zwei Beispiele dafür.

Bis auf einen winzigen Restbestand von höchstens zwanzig Brutpaaren in Niedersachsen ist der Goldregenpfeifer völlig aus Westeuropa verschwunden. Im Jahr 1930 wurden noch über 100 Brutpaare in Norddeutschland registriert, und bis 1937 brüteten die Vögel, von denen es eine nördliche (nordische) und eine südliche Rasse gibt, in Holland. Wer einmal auf den skandinavischen Fjälls das ständig wiederholte hohe, melancholisch anmutende Flöten in den hellen Frühlings- und Sommernächten gehört hat, weiß, um welchen akustischen Reiz unsere Landschaft durch das Verschwinden dieser Vögel ärmer geworden ist.

Glücklicherweise haben nicht nur Gold- und Mornellregenpfeifer im Norden vorerst noch genügend Raum und Ruhe, um für die Erhaltung ihrer Art zu sorgen.

Wer im Sommer an einem der vielen Seen des südlichen und mittleren Skandinaviens die Augen offenhält, wird mit Sicherheit einen oder mehrere Wasserläufer beobachten können. Weiter nördlich sind es neben anderen die Strandläufer. Hier leben sie paarweise oder nisten in kleinen Kolonien. Jeder mit eigenem Revier und als Individualist. Gelegentlich mit vertauschten Rollen, denn bei einigen Arten brüten die Männchen alleine und sind auch für die Aufzucht der Jungen verantwortlich.

Wer die vielen Läuferarten dann zur Zugzeit an der Nordsee wiedersieht, erkennt sie kaum wieder. In Wolken zu vielen Tausenden geben sie ein Beispiel für geselliges Leben.

Mit einem Fisch im Schnabel strebt der Eisvogel seiner Bruthöhle entgegen, die im Steilufer eines von Brennesseln bewachsenen Baches liegt. Der schnelle Flügelschlag des farbenprächtigen Gefiederten erinnert an Kolibris und ist mit dem Auge kaum wahrzunehmen.

Tödliches Eis für Eisvögel

Beim Durchblättern eines Vogelbestimmungsbuches stockt die Hand des Betrachters spätestens bei der Seite, auf welcher der Eisvogel abgebildet ist. Sowohl in der Färbung als auch durch seine Gestalt fällt der Gefiederte dermaßen aus dem Rahmen der hierzulande üblichen Vogelwelt, daß man ihn im ersten Augenblick für einen verirrten Bewohner tropischer Gefilde halten mag. Doch der »fliegende Edelstein« gehört in unsere Landschaft, wenn auch seine Sippe wie kaum eine andere um ihre Existenz kämpfen muß. Nicht nur in der Bundesrepublik, sondern in ganz Mitteleuropa gehen die Bestandszahlen in erschreckendem Maß zurück. So kommt es, daß man den Eisvogel tatsächlich meistens nur noch in einem Buch erspähen kann. Die Zahl der Brutpaare in der Bundesrepublik wird gegenwärtig auf nicht viel mehr als hundert geschätzt.

Selbst dort, wo es ihn noch gibt, fällt es schwer, den herrlich bunten Vogel zu Gesicht zu bekommen. Der stahlblau, türkis, rost- bis orangerot und weiß gezeichnete Fischjäger führt ein eigenwilliges und verborgenes Leben an den Ufern beutereicher Gewässer. Nur selten schillert sein Prachtkostüm in der Sonne, denn der Eisvogel sitzt meistens im Schatten von Schilf und Bäumen auf einer seiner festen Warten und beobachtet die Wasserfläche. Hat er einen schnabelgerechten Fisch entdeckt, stürzt er sich kopfüber in die Fluten und versucht, den Stichling oder Weißfisch zu packen. Beobachtungen haben ergeben, daß durchschnittlich zehn vergebliche Versuche auf einen erfolgreichen Vorstoß in die Tiefe kommen. Mit der Beute im Schnabel kehrt der kleinste unserer Fischvögel dann auf seinen Ansitz zurück und schlägt sein Opfer mehrmals gegen das Holz. Dann verschlingt er den Bissen, mit dem Kopf voran. Transportiert ein Altvogel einen Fisch zu seinen Jungen im Nest, so zeigt dessen Kopf immer nach vorne. Andernfalls können die Vogelkinder den Fisch nicht hinabwürgen. Um den Fisch ganz verschwinden zu lassen, bedarf es ohnehin manchmal geraumer Zeit. Nicht selten muß erst das Vorderteil verdaut sein, bevor der Rest nachrutschen kann.

Die Fütterung der Jungen vollzieht sich nach bestimmten Regeln. Meistens sind es fünf bis sieben an der Zahl, die in der von den Eltern in ein Steilufer gegrabenen Bruthöhle heranwachsen.

Sie hocken in Kreisform auf dem sandigen Boden ihrer Wiege, und sobald sich der Eingang des zum Nest führen-

Oben: Trotz höchster Geschwindigkeit vermag der Eisvogel zielsicher die Bruthöhle in der steilen Uferböschung anzusteuern.

Rechte Seite: Stromlinienförmiger, gedrungener Körper mit langem Schnabel und kleinen Füßen zeichnen den bunten Fischjäger Eisvogel aus.

den Tunnels bei der Ankunft eines Altvogels verdunkelt, sperrt der am Tunnelende sitzende Familiensproß automatisch den Schnabel auf. Hat er einen Fisch erhalten, rückt er zur Seite und macht dem nächsten in der Geschwisterrunde Platz. Dieser wartet wieder so lange, bis es dunkel wird und so weiter.

Versuche haben gezeigt, daß die Automatik dieses Eisvogelkarussels angeboren ist. Verdunkelt man das Loch zu der 50 bis 100 Zentimeter dahinterliegenden Nesthöhle mit der Hand, so öffnet das am nächsten sitzende Junge schon kurz nach dem Schlüpfen den Schnabel, rückt aber erst weiter, wenn es auch mit einem Fisch gestopft wurde. Da die Eltern nur jeweils einen Fisch in einigem Zeitabstand bringen, funktioniert der Kreiselrhythmus: Wenn die Runde durch ist, hat das erste Junge wieder Hunger.

Die Reste der Mahlzeiten nehmen den gleichen Weg, den sie gekommen sind. Da die Röhre zum Brutraum schräg von unten nach oben angelegt ist, können die meist flüssigen, ammoniakhaltigen Exkremente abfließen. Sind die Jungen größer, so verläßt gelegentlich ein langer weißer Strahl das Einflugloch in hohem Bogen. Grund genug für einen allzu neugierigen Beobachter, nicht zu nahe an eine Eisvogelwand heranzutreten.

Faszinierend wie sein farbenprächtiges Gefieder ist der außerordentlich schnelle Flug des Eisvogels. Mit sirrendem Schwingenschlag schießt der Angehörige der Rackensippe pfeilschnell über das Wasser oder am Ufer entlang. Schnurgerade, mit zackigen Richtungsänderungen saust er von einem Platz zum anderen und läßt dabei gelegentlich seinen scharfen, hohen Ruf ertönen. Der Flug ist so schnell, daß man den Vogel oft gar nicht richtig erkennen kann. Da die Eisvögel jeweils ein Einzelrevier beanspruchen und nur zur Brutzeit verpaart leben, kommt es nie zu einer größeren Ansammlung.

Daher ist auch das Argument mancher Fischteichbesitzer unsinnig, zu viele Eisvögel würden sie um den Lohn ihrer Arbeit bringen. Meistens sehen sie immer denselben, der mal hier, mal dort im Teichbereich sein Glück versucht. Schießen sie den seltenen Gefiederten, was leider auch heute noch passiert, so besetzt mitunter kurz danach ein anderer Eisvogel das Revier. Und der Fischzüchter greift erneut zum Gewehr, denn nach seiner Meinung gibt es ja so viele Eisvögel. In Wirklichkeit kann auf diese Art ein ganzes Gebiet von Eisvögeln entvölkert werden, denn sie haben die fatale, aber verständliche Angewohnheit, sich dort niederzulassen, wo das Fischangebot am größten ist.

Glücklicherweise haben in den vergangenen Jahren mehr und mehr Fischer diese Zusammenhänge mit Hilfe von Ornithologen erkannt. Doch ist weitere Aufklärungsarbeit dringend notwendig, damit nicht die wenigen Eisvögel auf diese überflüssige und primitive Weise weiter dezimiert werden. Denn es gibt andere schwerwiegende Ursachen für den Rückgang dieser Vogelart, auf die der Mensch nur teilweise — noch — Einfluß hat.

Da natürliche Seen, Teiche, Bäche und Flüsse in zunehmendem Maße verschmutzt werden, verschwindet aus ihnen der Kleinfischbesatz. Dieser jedoch ist die notwendige Voraussetzung dafür, daß sich ein Eisvogel in der Nähe eines Gewässers ansiedelt. Doch selbst wenn sauberes Wasser und genügend Fische vorhanden sind, kann es Probleme geben. Durch die Begradigung von Wasserläufen und Befestigung, häufig sogar Zementierung von Ufern werden geeignete Steilwände für die Anlage der Nisthöhle zerstört. Daher sollten bei Maßnahmen dieser Art ortskundige Ornithologen oder die Kreisnaturschutzbeauftragten gehört werden. Mit geringstem Aufwand lassen sich Ersatzmöglichkeiten schaffen.

Zur Verfolgung und Verdrängung durch den Menschen kommt eine weitere große Gefahr: Ein einziger harter Winter kann bis zu 90 Prozent des gesamten Eisvogelbestandes vernichten. Denn ganz im Gegensatz zu ihrem Namen, der vom blauen Rückengefieder herrühren soll, bedeuten zugefrorene Gewässer den sicheren Tod für die geflügelten Fischer. Sie können nicht mehr an ihre Beute heran. Selbst wenn sie noch eine offene Stelle finden und Jagdglück haben, nützt ihnen das häufig nichts. Ihr vom Tauchen naß gewordenes Gefieder friert fest, und sie können nicht mehr fliegen. Bis sich eine Eisvogelpopulation von einem strengen Winter erholt hat, vergehen Jahre. Sie haben es bisher immer wieder geschafft. Doch die schädlichen Umwelteinflüsse setzen dem verbleibenden Bestand mehr und mehr zu.

Äsung für Feinschmecker

Farbbild linke Seite oben: Wo es genügend Waldwiesen und Wildäcker gibt, hält sich das Rotwild gerne auf. In abseits gelegenen Revieren mit wenig Störung lassen sich vor allem weibliche Tiere auch tagsüber sehen. Hier sind es zwei Alttiere und ein halbjähriges Kalb.

Farbbild linke Seite unten: Hohes Gras genügt den beiden Damschauflern zum Wohlbefinden nicht. Nur wenn die grünen Flächen viele verschiedene Pflanzen anbieten, äsen sie hier länger. Dann stellen sie mit Bedacht ihre Ration zusammen, wie es gerade der rechte Hirsch tut. Die Geweihe sind noch im Bast.

Unten: Diese Ricke hat sich nicht nur wegen der besseren Deckung für den Wald entschieden: Der Boden bietet häufig eine vielseitigere Nahrungsauswahl als Wiesen und Felder.

Das Gras in den Wiesen steht über Kniehöhe, und man muß schon genau hinsehen, um noch die Blüten der anderen Pflanzen und Blumen zu erkennen. Im Gegensatz zu den angrenzenden Getreideschlägen gibt es hier eine Reihe von Wildkräutern und »ungeplante« Gewächse. Während zwischen den monoton verlaufenden Hafer-, Weizen- und Roggenreihen mit Bedacht möglichst alle Konkurrenten durch Gift und Geräte ausgemerzt werden, kann sich in den Wiesen noch eine Vielfalt von Pflanzen behaupten. Nicht immer zur Freude des Landwirts, der dadurch einen Teil guten Futtergrases einbüßt. Aber zum Vorteil des Wildes, das auf ein gutgemischtes Nahrungsangebot angewiesen ist. Jäger wissen längst, daß sie nur dann einen guten Rehwildbestand und Hasenbesatz in ihrem Revier haben und halten können, wenn neben anderen Faktoren der Speisezettel stimmt.

Unter den Vegetariern sind es nämlich diese beiden am häufigsten bei uns vertretenen Wildarten, die einen empfindlichen Magen haben. Neben klimatischen Bedingungen, die wiederum Einfluß auf die Vegetation haben, hängt ihr Gedeihen überwiegend vom leiblichen Wohl ab. Es kommt nicht darauf an, daß die Tiere satt werden. Dafür bieten zumindest vom Frühjahr bis zum Herbst die Felder genügend Grundlage. Wichtiger als die Menge ist die Qualität der Äsung. Denn mit den Mahlzeiten nehmen die vierläufigen Feld- und Waldbewohner nicht nur Vitamine und Aufbaustoffe, sondern gleichzeitig ihre Medizin gegen eine Vielzahl von Krankheiten und Parasiten ein. Jagdbiologische und bakteriologische Untersuchungen beweisen immer wieder, daß das Wild bei einem vielseitigen natürlichen Äsungsreservoir zahlreicher und gesünder ist als dort, wo wichtige Wildpflanzen und -kräuter fehlen.

Viele Revierbesitzer haben daraus Konsequenzen gezogen und für ihr Wild geeignete Äsungsflächen erschlossen. Sowohl in guten Hoch- als auch Niederwildrevieren gehört neben dem Bau von Futterplätzen für den Winter die Anlage von Wildäckern und -wiesen zur selbstverständlichen Hege. Dieser Service für das Wild bringt neben der Stärkung der Bestandszahlen weitere Vorteile: Er hält die Tiere innerhalb der Reviergrenzen und mindert den Wildschaden auf den Feldern der Bauern und im Wald.

Langfristige Anbauversuche auf Probeflächen haben Hinweise auf die Geschmacksrichtungen der einzelnen Wildarten gegeben. In manchen solcher Variationsgärten werden etliche Dutzend verschiedener Gras-, Klee-, Getreide-, Hackfrucht-, Blumen-, Beeren-, Busch-, Baum- und anderer Pflanzensorten angesät, um Vorliebe und Ablehnung der Kostgänger zu untersuchen. Nicht selten ernten die Tiere auf den Millimeter genau die eine Anbaufläche ab, während die andere unberührt bleibt. Auf diese Weise werden wichtige Erkenntnisse über die Nahrungsbedürfnisse des Wildes gewonnen.

Häufig vom Wild besuchte und engbegrenzte Äsungsflächen dienen außerdem für gezielte Maßnahmen gegen Krankheiten. Durch das Bestreichen und Besprühen des »Futters« mit entsprechenden

Rechts: An Waldrändern ist das Pflanzensortiment besonders groß. Wildkaninchen siedeln sich häufig an Hecken, Schonungen und Gehölzrändern an.

Unten: Obwohl von saftigem Gras umgeben, entscheidet sich Mümmelmann für die Rinde des Weidenbusches; es ist eine falsche Vorstellung, daß das meiste Wild überwiegend von Gras lebe — die Tiere haben einen sehr ausgeprägten Geschmackssinn und großen Bedarf an vielseitiger Kost.

Mitteln hat schon mancher Jäger erreicht, daß die Rehe in seinem Revier von Lungen- und Magenwürmern völlig befreit wurden. Dank zusätzlicher Aussaat bestimmter Heilpflanzen, die das Wild gerne annimmt, stärkt man seine Widerstandsfähigkeit gegen eine Reihe anderer Parasiten und Krankheiten.

Eine richtig angelegte Wildwiese braucht nicht weniger als 20 verschiedene Klee- und Grassorten. Dazu kommen etliche »Unkräuter«, die heute nur noch an wenigen Wegrändern, in Gräben, an Waldsäumen und auf unbebauten Flächen wachsen. Daher halten sich Rehe und Hasen auch so häufig in der Nähe von Straßen auf — dort, wo zumindest teilweise noch nicht Unkrautvertilgungsmittel (Herbizide) eingesetzt werden.

So wie es unter den Pflanzen gewisse Sorten gibt, die besonders hoch im Kurs stehen, finden sich beim Wild selbst ebenfalls Spezialisten. Rehe und Hasen, die sich überwiegend im Wald aufhalten, bevorzugen eine ganz andere Menüfolge als ihre Verwandten, die ihr Stammquartier auf den Feldern aufgeschlagen haben. Wenn auch die Kost im Wald nicht so reichlich ist und ihre Beschaffung mehr Zeit kostet, so ist sie in der Regel abwechslungsreicher als auf den Feldern. Mit der Jahreszeit ändert sich das jeweilige Angebot außerdem erheblich.

Die zunehmende »Sozialbrache« schafft in manchen Gegenden vorübergehend einen Ausgleich zur einseitigen Felderwirtschaft. Auf den unbearbeiteten Flächen wächst zunächst eine Vielzahl von Pflanzen und bietet somit eine bunte Nahrungsauswahl. Da es sich überwiegend um karge Böden handelt, auf denen die Bewirtschaftung eingestellt wird, dominieren ohne Regulierung nach kurzer Zeit jedoch einige wenige Gewächse, die keine ausreichende Lebensgrundlage für Pflanzenfresser mehr darstellen.

Gleiches gilt für den Wald. Wo Fichtenmonokulturen das Landschaftsbild beherrschen, geht der Wildbestand zurück, wenn nicht Ausgleich durch Laubbestände, Wiesen und Äcker geschaffen wird. So hat es der Mensch in der Hand, trotz intensiver Nutzung des Bodens eine belebte Wildbahn zu erhalten.

Mit Finten und Farben

Oben: Man muß schon genau hinsehen, wenn man auf diesem Bild zwei Rebhühner entdecken will. Was auf einer Fotografie schon schwer ist, wird in der Landschaft häufig unmöglich. Das linke Rebhuhn drückt sich beim Sonnenbad so tief ins Gras, daß nur noch der Kopf zum Teil herausschaut.

Wäre er ein gewitzter Baummarder, hätte er sich das Erschrecken erspart. Doch der gelbkehlige Kletterakrobat erlebt seinen ersten selbständigen Frühling und sammelt gerade erst allmählich Erfahrungen. In diesem Falle halten ihn seine Branten am Stamm einer Eiche, und sein Kopf ist weit zurückgelehnt. Neugier und Furcht scheinen gleich groß zu sein, denn er verharrt wie erstarrt unterhalb des Astloches, in das er eben hineingeäugt hat. Statt des zarten Vogelzirpens, das er vorher noch vernommen hatte, empfing ihn ein scharfes Zischen, und er sah im Dämmerlicht der Baumhöhle einen Gegenstand hin- und herpendeln. War es das Unerwartete oder ein angeborenes Feindbild der Schlange, das ihn zurückfahren ließ?

Als wollte er es selbst überprüfen, näherte er sich erneut der Öffnung, hebt den Kopf und — schnellte abermals zurück. Dieses Mal war für den Bruchteil einer Sekunde irgend etwas Fauchendes bis an den Rand gefahren, so daß der Marder vor Entsetzen fast den Halt verloren hätte und einige Meter am Stamm heruntergerutscht ist. Einen weiteren Versuch, den Inhalt der Höhle zu untersuchen, machte er nicht, sondern baumte ab und ist mit einigen Sätzen am Fuß der nächsten Eiche verschwunden.

Im Astloch aber hatte eine Kohlmeise ihre Brut wieder einmal mit einem alten Trick gerettet. Wie eine Reihe anderer Höhlenbrüter hatte sie ein ererbtes Rezept angewandt, das auch andere Feinde und selbst Menschen in die Flucht schlägt: Mit Kopfpendeln, Zischlauten und Scheinattacke wird ein gefährliches Tier nachgeahmt. Dank der Dunkelheit im Brutraum kann der Angreifer die Täuschung nicht erkennen und zieht sich meistens vorsichtshalber zurück.

Was kleine Vögel mit solchen Verzweiflungsgesten aus dem Dunkeln heraus erreichen, gelingt anderen Gefiederten mit Flügelspreizen, Aufplustern, Schnabelknacken und Augenrollen. Mehr Schein als Sein verfehlt in diesem Fall nur selten die Wirkung.

Um den täglichen Lebenskampf zu bestehen, hat die Natur den Tieren eine ganze Reihe von Hilfsmitteln zur Verfügung gestellt. Die Vögel sind besonders reichlich und verschiedenartig damit ausgestattet. Die Methoden, mit denen sie ihre Nester tarnen oder von den Jungen ablenken, ähneln sich zwar im Schema, doch hat jede Art ihre besonderen Kniffe. Vielen Gefiederten hilft dabei, daß sie eine hervorragende

Links: Der gegabelte Stoß der Trauerseeschwalbe hat nahezu die gleiche Form wie die Krebsschere, das den brütenden Vogel auf sumpfigem Untergrund umgibt. Die dunkelgrauen bis schwarzen Gefiederten wissen sich hervorragend anzupassen, wenn sie im Binnenland ihre Brutplätze aussuchen.

Unten: Wer weiß, wie Enten fliegen, erkennt sofort, daß diese Stockente etwas Besonderes tut: sie verleitet. Die Schwingen weit ausgebreitet, schwirrt sie mühsam von ihrer Jungenschar davon, um den plötzlich aufgetauchten Fotografen abzulenken.

Großbild rechte Seite: Flechten, Moos, helles und dunkles Gestein sind der Untergrund, auf dem sich Schneehühner gemeinhin aufhalten. Entsprechend »gemischt« ist ihr Gefieder; im Winter sind sie schneeweiß gekleidet.

schmelzen, so wären ihre Arten sicher schon nicht mehr vorhanden. Doch nützen unauffällige Farben wenig, wenn ein darauf abgestimmtes Verhalten fehlt.

Den meisten Vögeln sind daher Heimlichkeit und Listenreichtum bereits in die Wiege gelegt. Eintägige Junge erstarren beim Warnruf ihrer Eltern, bei einer Bodenerschütterung oder ungewohnten Geräuschen. Vogelkinder, die als Nestflüchter gerade den Schlupfort verlassen haben, drücken sich in Gefahr platt auf den Boden und finden instinktiv einen Platz, an den ihr tarnfarbenes Dunenkleid genau hinpaßt.

Altvögel erreichen ihr Nest auf Umwegen und kriechen förmlich die letzten Meter. Auf Schutzfärbung tragen. Nicht von ungefähr sind in erster Linie die Weibchen mit einem Tarnkleid versehen, denn sie sind für die Arterhaltung in besonderem Maß verantwortlich. Wo die Männchen sich an der Brut auf dem Erdboden beteiligen, sind auch sie häufig schlicht gefiedert. Und in jenen Familien, in denen die Ehemänner sogar die Brut alleine bestreiten, sind sie farbloser als ihre Frauen. Bestes Beispiel dafür ist das Odinshühnchen aus der Sippe der Wassertreter, die in der arktischen Zone ihre Jungen großziehen.

Wären Stockente, Lerche, Schnepfe, Rebhuhn, Birkhenne und die vielen anderen Bodenbrüter nicht so gefärbt, daß sie mit Erde, Gräsern, Blättern und Gehölz zu einer Einheit ver-

dem Gelege machen sie sich völlig flach. Werden sie an der Brutstätte überrascht, so fliegen die meisten von ihnen nicht blindlings davon. Sie stellen sich vielmehr flügellahm und lenken laut lamentierend, hinkend oder flatternd die Aufmerksamkeit auf sich und von Eiern oder Jungen ab. Die meisten Feinde fallen auf das »Verleiten«, das einer Konfliktsituation zwischen Flucht- und Bruttrieb entspringt, herein und machen sich an die Verfolgung des scheinbar schnell Greifbaren. Damit hat der Vogel erreicht, was er will: vom Nest fortzulocken, um in genügender Entfernung das Schauspielern aufzugeben und dem verdutzten Verfolger blitzschnell zu entschwinden.

Auch das »Scheinbrüten« ist eine bewährte Methode, ungebetene Gäste zu verwirren und aus der Reichweite von Gelege oder Jungen zu bringen. Der besorgte Vogel setzt sich in einiger Entfernung vom kritischen Ort auf den Boden und tut so, als sei er hier intensiv mit dem Wärmen seiner Eier beschäftigt. Auf diese Weise »rutscht« er langsam immer weiter vom wirklichen Nest fort und erreicht denselben Zweck.

Wo Finten fehl am Platz sind, hilft Unsichtbarkeit. Wer einmal beobachtet hat, auf welche Weise eine Grasmücke zu ihrem Nest gelangt, kennt mindestens eine Variante des Kapitels »Tarnen und Täuschen« mehr. Unter Ausnutzung jeder Deckung und Umgehung jedes sonnenbeschienenen Fleckens rutscht sie förmlich in ihr zartes Geflecht von Grashalmen. Nicht selten geschieht es, daß man das Nest im Auge hat und gar nicht merkt, daß der Vogel plötzlich drinnensitzt.

Ein beliebtes und bewährtes Mittel, möglichst wenig aufzufallen, ist die völlige Bewegungslosigkeit. Eine Fasanenhenne, die sich ins Gras drückt, entdeckt man schwerer als eine laufende oder gar abstreichende Henne. Graugans und Haubentaucher, eben noch rührig auf Nahrungssuche, verharren still, wenn ein Feind naht. Rohrdommeln und Reiher nehmen die »Pfahlstellung« ein. Mit langgestrecktem Hals und emporgerichtetem Körper passen sie sich Schilf und Ästen, die sie umgeben, an. Minutenlang können sie so aushalten und lassen nicht selten Fuchs oder Mensch wenige Schritte an sich vorbeiziehen. Greifvögel wie Habicht, Sperber oder Waldkauz tarnen sich nicht nur mit Hilfe ihres gestreiften und gefleckten Gefieders, sondern auch durch stoische Ruhe während des Ansitzes.

Oben: Ganz so hilflos, wie sie erscheinen, sind die jungen Waldohreulen nicht. Da sie noch nicht aus dem Nest fliehen können, flößen sie einem ungebetenen Gast gehörigen Respekt ein, indem sie ihn mit Augenblinkern, Schnabelknacken und aufgeplustertem Gefieder empfangen. Sind sie etwas älter, so schlagen sie mit den Flügeln ein Rad, das sie dreimal so groß und gefährlich erscheinen läßt.

Unten: Gerade zwei Tage alt ist dieser junge Austernfischer, und schon beherrscht er das Handwerk der Tarnung meisterhaft. Instinktiv drückt er sich in eine flache Mulde des Küstengesteins und rührt sich nicht eher, bevor die laut rufenden Eltern Entwarnung geben.

Hirschbrunft

Nicht nur für den Laien sind manche Ausdrücke der Jägersprache unverständlich. Auch der Waidmann muß bisweilen eine Erklärung schuldig bleiben, wenn man ihn nach dem Sinn oder Ursprung eines Idioms in seinem von ihm gebrauchten und mit Hingabe gepflegten Vokabular fragt. Für die Hirschbrunft, die jedes Jahr in der zweiten Septemberhälfte einsetzt und — je nach Wetter — weit in den Oktober hineinreicht, gilt das in besonderem Maß.

So muß der Zuhörer beim nächtlichen Konzert der Hochzeiter schon ein intimes Verhältnis zur Musik haben, wenn er die heiseren Rufe der Hirsche für Orgeltöne hält: Unter den vielen Bezeichnungen für die Brunftschreie findet man nämlich neben dem »Röhren« und »Knören« auch das »Orgeln«.

Oben: Durch dichtes Unterholz geht oft die wilde Jagd des Hirsches auf ein Alt- oder Schmaltier oder bei der Verfolgung eines Nebenbuhlers.

Unten: Die Nüstern weit zurückgezogen, nimmt der starke Vierzehnender Witterung auf: Der Damenreigen ist nicht allzu fern.

Großbild auf der linken Seite: Idyllisches Familienleben: Während der Hirsch aufmerksam sichert, liefern sich das Alttier und dessen Kalb einen kleinen Zärtlichkeitsbeweis. Während der Brunft sieht man einen starken Geweihten wie diesen nur selten in so geringer weiblicher Begleitung.

Unten: Gebieterisch schmettert ein Platzhirsch seinen Kampfruf in den Buchenwald und schirmt damit sein Kahlwildrudel gegen zudringliche Kavaliere ab. Die Haremsgebieter müssen während der Brunft 24 Stunden ununterbrochen auf der Hut sein, damit ihnen keine Tiere abgeworben oder weggetrieben werden.

Ein Kenner des Brunftgeschehens kann aus Art und Lautstärke allerlei Rückschlüsse ziehen. Nicht nur Alter und Stärke der Hirsche lassen sich an Klangfarbe und Umfang der Stimme abschätzen. Auch die Verfassung, in der sich die Tiere befinden, drückt sich in ihren Rufen aus.

Ein geschultes Jägerohr erkennt sofort, ob es sich um einen Platzhirsch handelt, der ein eigenes Rudel von Tieren hat, oder ob hier ein Geweihter auf der Suche nach Anschluß ist. Hirsche, die einen Rivalen vor Ort vertreiben, äußern sich anders als jene, die einen abseits harrenden Nachbarn zum Kampf herausfordern. Rufe, die lediglich das Revier abgrenzen, unterscheiden sich von solchen, die den weiblichen Tieren zeigen sollen, wer der Herr ist.

Da sich die Hirschbrunft größtenteils während der Nachtstunden abspielt, sind die Jäger allein auf ihr Ohr angewiesen, um das Geschehen zu deuten. Nur wer sich die Mühe macht, mehrere sternklare Nächte hindurch stundenlang Lauscherposten zu beziehen, weiß schließlich, wie viele und welche Hirsche in seinem Revier stehen. Sind die Einstände aber erst einmal lokalisiert, dann ist es auch leichter, die Trophäenträger einmal tagsüber zu beobachten. Doch die stillen Plätze, an denen die Flitterwochen am hellen Tag gefeiert werden, sind selten geworden — allenfalls findet man sie noch im Gebirge und in großen Gatterrevieren.

Jäger, die über einen festen Rotwildbestand in ihrem Revier verfügen, sehen der Brunftzeit gelegentlich mit gemischten Gefühlen entgegen. Hirsche, die über eine lange Zeit herangehegt worden sind, werden dann oft von der Unruhe des Herzens gepackt und ziehen über die Reviergrenzen hinweg. Und wenn der Heger mit seinem Nachbarn nicht auf gutem Fuße steht, dann kann es ihm passieren, daß dieser die Möglichkeit wahrnimmt und den wechselnden »Gast« kurzweg erlegt; vorausgesetzt, daß er einen Hirsch dieser Klasse frei zum Abschuß hat.

Um solchen Ärger zu vermeiden, ist man in vielen Gegenden Deutschlands darangegangen, Rotwildhegeringe zu gründen. Mehrere Revierinhaber tun sich zusammen und bilden eine Interessengemeinschaft, deren oberstes Ziel es ist, auf lange Sicht einen gesunden und guten Bestand von Rothirschen zu erhalten.

Dazu ist erforderlich, daß gemeinsame Zählungen durchgeführt werden, daß man die Wechsel über die Reviergrenzen hinaus kontrolliert, daß man sich über die »Qualität« der Bestände einigt und daß man gemeinsame Abschußpläne aufstellt, um die Zahl der Tiere und den von ihnen auf den Feldern und im Wald angerichteten Schaden in tragbaren Grenzen zu halten.

Für den Jäger, der die Hegearbeit ernst nimmt, ist die Brunftzeit keineswegs primär eine günstige Gelegenheit, den kapitalen Sechzehnender zur Strecke zu bringen oder gar zwei oder drei ansehnliche Trophäen zu erbeuten. Zwar kracht mancher Schuß, wenn der »König der Wälder« hochzeitet, doch gelten viele Kugeln den schwächeren Beihirschen, die den zukunftsträchtigen Platzhirschen das Recht zur Vererbung streitig machen möchten. Erst wenn die Nachfolge durch junge, gut veranlagte Artgenossen gesichert ist, richtet ein verantwortungsbewußter Revierinhaber die Büchse auch auf das starke Stammesoberhaupt. Dann wird die hohe Zeit des Rotwildes auch zur schönsten des Jägers.

Aber nicht nur für die Männer der grünen Farbe ist die Brunft ein aufregendes Ereignis. Naturfreunde und Wissenschaftler nehmen gleichermaßen am Geschehen teil. Die Zoologen und Verhaltensforscher gelangten gerade in den vergangenen Jahren zu neuen Erkenntnissen. So wurde festgestellt, daß die Hirsche nicht etwa nur zur Zeit des Fegens, also wenn sie das Geweih vom Bast befreien, mit ihrem Kopfschmuck an Büschen und Bäumen reiben. Auch während der Brunft ist dies zu beobachten. Dann allerdings werden dadurch gewisse sexuelle Reize ausgelöst. Genauso ist es, wenn die Hirsche mit dem Geweih im Erdboden herumwühlen (forkeln).

Wie beim Kampfstier die Hornspitzen empfindliche »Antennen« darstellen, so befinden sich auch im Hirschgeweih gewisse Nervenstränge, die in erster Linie während der Paarungszeit aktiviert werden. Sie beeinflussen in nicht unerheblichem Maß die Hormonbildung.

Die Erforschung der speziellen Funktion des Geweihs ist längst nicht abgeschlossen. Bis jetzt hat man u. a. lediglich festgestellt, daß die beiden knochenartigen Stangen auf dem Kopf der männlichen Tiere nicht nur als Zeichen der Würde oder als Waffe zu betrachten sind. Sie dienen gleichzeitig als Instrument zur Orientierung und sind außerdem auf besondere Weise mit dem Kleinhirn verbunden, so daß sie mancherlei Reaktion auslösen, die das Verhalten der Unruhe — auch außerhalb der Brunftzeit — beeinflussen.

An steilen Meeresklippen

Wer die Brutkolonie einer Lachmöwengesellschaft, den Schwarm von Mauerseglern oder einen Zugverband von Staren und Kiebitzen mit »Vogelscharen« bezeichnet, muß sich an neue Maßstäbe gewöhnen, sobald er an einen sogenannten Brutfelsen irgendwo an der Meeresküste gelangt. Dort zählt das Vogelleben nicht nach Tausenden oder Zehntausenden, dort kann nur mehr mit sechs- und siebenstelligen Ziffern gerechnet werden. Eine genaue Registrierung ist an den meisten Stellen ohnedies gar nicht möglich, so daß man sich mit vagen Schätzungen begnügen muß.

Ist es an den Lummenfelsen von Helgoland noch verhältnismäßig einfach, sich einen Überblick zu verschaffen, so geht dem Ornithologen schon einige hundert Kilometer westlich und nördlich jedes Einschätzungsvermögen verloren. An der norwegischen Küste bis hinauf zu den Lofoten, aber auch auf den Inselgruppen nordöstlich von England lebt ein Millionenheer verschiedener Vogelarten auf engem Platz beisammen. In ihrer Massierung werden sie nur noch übertroffen von den gefiederten Scharen, die vor den südamerikanischen und westafrikanischen Küsten für die »Guanoproduktion« verantwortlich zeichnen.

Einblick in die steil zum Meer abfallenden Brutwände mit ihren dicht aneinandergereihten Nisthöhlen und -mulden genommen zu haben, hinterläßt einen Eindruck für das ganze Leben. Unvorstellbar ist nicht nur der gewaltige Flugverkehr, der von den Klippen unentwegt vor sich geht, sondern genausowenig zu beschreiben ist der Lärm, der unaufhörlich von den Brut- und Ruheplätzen aufsteigt.

Man braucht ein wenig Zeit, um sich an das gewaltige Schauspiel zu gewöhnen, um überhaupt einen Überblick zu gewinnen und einzelne Vogelarten voneinander zu unterscheiden, um An- und Abfliegende zu erkennen, Entfernungen abschätzen und sich auf Einzelbeobachtungen konzentrieren zu können – doch wer so weit gekommen ist, kann sich von der Szenerie nicht wieder losreißen.

Großbild auf der linken Seite: Die auf einem Grashang ruhenden Eissturmvögel gehören einer Sippe an, die ihren Ordnungsnamen der merkwürdigen Form und Konstruktion des Schnabels verdankt; lange Hornröhren, die auf der Oberhälfte sitzen und in Nasenlöchern enden, brachten Ornithologen dazu, sie Röhrennasen zu nennen.

Unten: Die Krähenscharben, Angehörige der Kormoranfamilie, pflegen nicht nur gemeinsam Siesta zu halten, sie gehen auch gemeinsam auf Jagd, indem sie schwadronartig auf dem Wasser ausschwärmen, gleichzeitig tauchen und sich so gegenseitig die Fische zutreiben.

Links: Bei Tordalken, die besser schwimmen und tauchen als fliegen können, setzt sich die Schwarzweißfärbung des Gefieders auf dem Schnabel fort. Hier ein Paar beim Ausruhen auf einem vorspringenden Felsen.

Unten: Blick von oben auf einen Vorsprung in einer Lummenwand. Auf nacktem Felsen bebrüten die Vögel ihr einziges Ei, das dank eigenwilliger Kreiselform nur selten wegrollt. Im Hintergrund ist eine Dreizehenmöwe zu sehen, die sich — ebenfalls in großen Kolonien — in der Nähe von Lummen und Alken ansiedelt.

Nicht jeder Felsen an der Küste und nicht jede Insel, die auf den ersten Blick dazu geeignet scheinen, werden von den Vögeln als Brut- und Rastplatz erkoren. Gerade vor der norwegischen Küste läßt sich gut feststellen, daß eine Menge von Voraussetzungen gleichzeitig erfüllt sein müssen, bevor sich die Vögel irgendwo häuslich niederlassen. Die Beschaffenheit und Struktur des Gesteins, das sich aus dem Meer erhebt, geben ebenso ein Kriterium ab wie die Wind- und Strömungsverhältnisse des Wassers. Weniger bedeutungsvoll ist die Frage, ob in unmittelbarer Nähe für genügend Nahrung gesorgt ist. Die meisten der hier ansässigen Vögel wie Lummen, Alke, Sturmvögel, Kormorane und Möwen fliegen ohnehin weit hinaus auf die See, um dort auf Jagd zu gehen. Direkt vor der Tür zu fischen, ist für eine Million Vögel ein Ding der Unmöglichkeit.

Im Verlauf von Jahrtausenden haben Wasser und Luft auf das Gestein mancher Insel so eingewirkt, daß sich an den einstmals glatten Wänden, die nicht selten einige hundert Meter steil aus dem Meer ragen, viele Rillen, Absätze, Furchen, Löcher, Stufen und andere Verformungen ergeben haben, die den Vögeln als Nist- und Landeplätze dienen. Da meistens mehr Anwärter als geeignete Stellen vorhanden sind, befindet sich ein Teil der Gefiederten in ständigem Kampf ums Miniaturterritorium. Oft sind die beanspruchten Plätze so klein, daß sich gerade ein einziger Vogel darauf halten kann. Und es ist verwunderlich, an welchen unmöglichen Orten die Vögel es fertiggebracht haben, ein Nest zu errichten. Dicht an dicht sitzen Dreizehenmöwen, Trottellummen und Baßtölpel auf ihren Eiern. Manche Vogelart, wie etwa die Lummen und Tordalke begnügen sich mit einem einzigen Ei, das ohne jegliche Unterlage auf einen Felsenvorsprung gelegt wird und dessen besondere Kreiselform verhindert, daß das Ei allzuleicht abwärts rollt.

Nicht alle Bewohner der Vogelberge leben vom Fischfang und dem Sammeln von Abfällen und Plankton. In unmittelbarer Nähe der großen Kolonien haben sich etliche Schmarotzer angesiedelt, die sich besonders während der Brutzeit schadlos halten. Silber- und Mantelmöwen rauben nicht wenige Eier und Jungvögel, die Schmarotzerraubmöwen jagen den Krähenscharben, Papageitauchern, Lummen und Alken in der Luft die Beute ab, und manchmal holt sich sogar der selten gewordene Seeadler seinen »Zehnten«. Wo das Festland nicht allzu fern ist, sind auch Kolkrabe und Krähen zur Stelle.

Nur ein Teil der Vögel, die einen Felsen bewohnen, brüten jedes Jahr. Viele kommen nur während einiger Stunden am Tage oder bei Nacht, um sich auszuruhen und zu verdauen. Die meisten Arten sind nicht nur gute Taucher, sondern entweder ausdauernde Flieger oder Schwimmer. Sie können viele Tage auf hoher See verbringen. Die Eissturmvögel beispielsweise sehen manchmal wochenlang kein Land. Wenn sie dann aber wieder festen Boden ansteuern, dann machen sie es genauso wie alle Mitbewohner der Vogelsilos: Mit Sicherheit wollen sie sich dort niederlassen, wo schon andere vorher gelandet sind. Oder aber unmittelbar daneben. Vielleicht geht dieses unglaubliche Drängeln auf einen Schutzinstinkt zurück. Einen dichten Vogelverband greift nämlich nur selten ein Feind an.

Das gemeinschaftliche Handeln fängt schon frühzeitig an: Wie auf ein geheimes Kommando stürzen sich in einer einzigen Nacht sämtliche jungen Lummen von den Brutfelsen in die Tiefe, um die restliche Zeit bis zum Flüggewerden in großen Familien- und Sippenverbänden auf dem Wasser zu verbringen. Das gehört zu den vielen Rätseln, die das Leben auf den Vogelfelsen den Ornithologen noch aufgibt.

Tauchtalente

Bild unten: Zu den farbenprächtigsten Wasservögeln gehören die Ohrentaucher mit ihren goldgelben Büscheln am Kopf und einem rostroten Hals; in diesem Schmuck sieht man die Vögel allerdings nur in Nord- und Osteuropa. Bei uns erscheinen sie im schlichten Ruhekleid.

Einige langsam größer werdende Ringe zeigen dem verdutzten Beobachter die Stelle an, wo er eben noch einen kleinen dunklen Gegenstand auf dem Wasser schwimmen gesehen hatte. Erst nachdem mehr als eine halbe Minute vergangen ist, taucht er wieder auf — allerdings fast hundert Meter weiter flußabwärts. Jetzt verrät die runde Miniaturgestalt etwas mehr von ihrem Aussehen: Kopf und Hals werden sichtbar, und ein kurz nach hinten über der Wasserfläche ausgestrecktes Bein läßt den letzten Zweifel verschwinden, daß es sich um einen Vogel handelt. Unsicherheit und Rätselraten kommen nicht von ungefähr, denn den kleinsten aller Taucher bekommt man äußerst selten zu Gesicht. Nicht, weil es zuwenig von ihnen gibt, sondern weil die Zwergtaucher ein scheues und — vor allem während der Brutzeit — sehr zurückgezogenes Leben führen. Und selbst wenn sie sich blicken lassen, werden sie dank ihrer geringen Körpergröße vielfach gar nicht gesehen. Im Sommer fallen sie kaum zwischen Schilf und Seerosenblättern auf, im Winter gehen sie meistens in größeren Vogelansammlungen unter, obwohl auch sie an gut besuchten offenen Wasserstellen nach Nahrung tauchen.

Mit der Jahreszeit wechselt nicht nur der Aufenthaltsort der schwarzbraunen »Liliputaner«, sondern auch die Speisefolge. Vom Frühjahr bis in den Herbst überwiegen kleine Fische, Weich- und Krustentiere sowie Insekten. Während der Wintermonate machen Pflanzen einen größeren Anteil aus. Zu dieser Zeit halten sich die Vögel auf Flüssen und eisfreien Seen auf, die sie trotz ihrer winzigen Stummelflügel in zum Teil langen Reisen von ihren Sommerresidenzen her erreichen. Balz, Brut und Jungenaufzucht finden nicht selten auf ganz kleinen Weihern und Tümpeln statt, die mitten in einer Feldmark liegen. Aber auch bewachsene Baggerseen und voll Wasser gelaufene Schuttkuhlen werden, solange sie genügend Nahrung hergeben, als Wohnort akzeptiert.

Anspruchsvoller sind da

schon die größeren und häufiger zu beobachtenden Verwandten, die Haubentaucher. Auch sie gehören zu den »Lappentauchern« und sind mit fast 50 Zentimetern deren größte Vertreter in Europa. Die Bezeichnung verdanken diese Süßwassertaucher (Ohren-, Rothals- und Schwarzhalstaucher gehören ebenfalls dazu) ihren durch lappige Hornplatten verbreiterten Zehen, die dadurch zum Rudern geeignet sind. Doch nicht nur die Füße sind eigenwillig konstruiert. Um für die Unterwasserjagd hervorragend ausgerüstet zu sein, befinden sich die kurzen Beine weit hinten am Körper. Mit dem Erfolg, daß die »Steißfüße« (unter diesem Begriff wurden die Taucher früher von Zoologen zusammengefaßt) sich an Land nur sehr unbeholfen fortbewegen können.

Wie ihre übrigen Verwandten sind die Haubentaucher während der Paarungszeit besonders aktiv. Reviersuche und Balzzeremoniell können sich über Wochen erstrecken, und es gibt nur wenige andere Vogelarten, bei denen die Partner mit soviel Ausdauer und mit solch ausgeprägtem Ritual umeinander werben wie die Taucher. Das reicht von minutiös aufeinander abgestimmten Bewegungen über Schwimmspiele, Geschenküberreichungen und anhaltendes Rufen bis zur Anlage von etlichen Spielnestern. Alle Taucher tragen während dieser Zeit herrliche Federkleider mit auffallenden Kopfhauben.

Das Nest wird aus Schilfhalmen, Seerosenblättern und Schlickstoffen errichtet. Auch während der Brut wird noch daran gebaut, und vor allem bei länger anhaltendem Regen stocken die Besitzer ihre Brutstätte auf. Nicht immer können sie verhindern, daß ihre Gelege dennoch durch den Wellenschlag vorbeifahrender Motorboote zerstört werden, denn die Nester schwimmen nur lose verankert im Schilfgürtel unweit von der offenen Wasserfläche entfernt. Da die Taucher bei einer nahenden Störung häufig ihr Nest sehr früh und heimlich verlassen, erkennt man den Schlammhaufen gar nicht als Vogelnest. Die Eier bedecken die Tiere nämlich jedesmal mit Pflanzenteilen. Das hat einen weiteren Vorteil: In dem warmen, weil fauligen Nistmaterial können die Eier einige Stunden unbebrütet bleiben, ohne daß das werdende Leben abstirbt.

Um die Jungen in den ersten Tagen nach dem Schlüpfen zu entdecken, muß man schon sehr genau hinsehen. Meistens haben sie sich im Federkleid der Altvögel verkrochen und schwimmen auf dem Rücken oder unter den kurzen Schwingen mit. Nur die gestreiften Köpfe der kleinen Passagiere erscheinen hin und wieder. Später schwimmen die Dunenjungen mit langgestrecktem Hals bettelnd ihren Eltern entgegen, wenn diese mit einem kleinen Fisch im Schnabel zur Fütterung herankommen. Es dauert viele Wochen, bis sie selbständig tauchen und überwiegend auf — fischereiwirtschaftlich unbedeutende — Oberflächenfische Jagd machen können. Doch im Gefieder der Alten machen sie lange Tauchausflüge gleich nach dem Verlassen des Nestes.

Nicht nur junge Taucher machen es sich während der ersten Lebenstage auf dem Rücken der Erwachsenen bequem, sondern auch die Kinder von Gänse-, Mittel- und Zwergsäger wissen um die Vorzüge solcher Transportmöglichkeiten. Wo immer man auf ein Weibchen trifft, das eine Jungenschar auf dem Wasser führt, kann man sicher sein, daß ein Teil der Nachkommenschaft die eigene Bewegung scheut. Die Vögel fallen durch ihr schönes Gefieder und einen leichten Schopf am Hinterkopf auf. Weiteres Merkmal dieser speziellen Gruppe innerhalb der Entenvögel ist der dünne

Großbild auf der linken Seite: Nur wenige Meter von der freien Wasserfläche entfernt legt der Haubentaucher sein Nest im Röhricht von Fluß- und Seeufern an; die Eier sind unsichtbar, da der Vogel beim Verlassen der Brutstätte das Gelege zudeckt.

Oben: Junge Haubentaucher fallen durch ihren gestreiften Kopf und Hals auf. Diese Färbung verhilft ihnen zu einer besseren Tarnung.

Unten: Junge Tafelenten sehen schon nach dem Schlüpfen ihrer Mutter sehr ähnlich. Wie diese beherrschen sie auch das Tauchhandwerk von der ersten Stunde an: Bei Gefahr sind sie von der Wasseroberfläche verschwunden. Doch auch zum Nahrungserwerb tauchen sie — im Gegensatz zu den »Schwimmenten« — auf den Grund der Gewässer, um ihn nach Genießbarem zu durchforschen.

Oben: Noch wagt sich das junge Bleßhuhn erst bis zum Rand der »Treppe«, die die Eltern im Lauf der Brutzeit zum Nest gebaut haben. Hier wird es vom Männchen mit feiner vegetarischer Kost, gelegentlich von Wasserinsekten durchsetzt, versorgt. Die Mutter wärmt auf dem Nest die restliche Jungenschar. Wenige Tage später ist die ganze Familie auf dem Wasser, und die rotköpfigen Jungen beweisen, daß sie das Tauchen nicht erst zu lernen brauchen.

Farbbild rechts: Auch wenn die jungen Gänsesäger schon zu groß sind, um noch alle Platz auf dem Rücken der Mutter zu finden, versuchen sie, der bequemen Gewohnheit treu zu bleiben. Sind die Sägerkinder wenige Tage alt, kommen bis zu einem Dutzend unter.

Schnabel mit rückwärts gebogenen, sägeartigen Zähnen an den Rändern. Mit ihrer Hilfe und einem Haken am Oberschnabel, dem »Nagel«, gelingt es ihnen, ihre Fischbeute unter Wasser fest zu packen.

Auf ihrer Jagd im nassen Element sind die Säger unschlagbar. Der Körper, der vor allem beim Gänsesäger an den des Kormorans erinnert, ist für lange Tauchfahrten und Verfolgungsjagden unter der Wasseroberfläche hervorragend eingerichtet: Fast wie eine Schlange schießt der Vogel viele Meter in die Tiefe. Mitunter tun sich mehrere nach Pelikanart zu Jagdgesellschaften zusammen und treiben sich die Beute gegenseitig zu.

Die Brutgewohnheiten der drei Sägerverwandten sind recht unterschiedlich. Der fast 70 Zentimeter große Gänsesäger legt sein Nest in Baumhöhlen, Erd- und Felsspalten und sogar unter Dachfirsten von Bootshäusern an. Die Jungen müssen ihr Leben gleich mit einer Mutprobe beginnen und einen riskanten Sprung in die Tiefe wagen. Dank ihres federleichten Gewichtes verletzen sie sich jedoch auch dann nicht, wenn sie aus einer Höhe von zehn Metern und mehr auf den Erdboden fallen.

Solche luftige Brutstätte kann sich der 15 Zentimeter kleinere Mittelsäger nicht leisten, denn im Gegensatz zum Gänsesäger macht das Weibchen während der Brutzeit seine Mauser durch. Es sitzt daher auf dem Erdboden in der Nähe des Wassers und wärmt seine bis zu zehn Eier.

Der Zwergsäger, mit rund 40 Zentimetern der kleinste und dank seines fast weißen Gefieders (das Männchen) der auffälligste dieser Wasserspezialisten, sucht zur Brut waldumsäumte Seen auf, denn auch er braucht Baumhöhlen. Die Vögel sind bei uns nur im Winter zu beobachten, da sie für die Arterhaltung in Nordostfinnland und vor allem in Rußland sorgen. In einem späten Winter kann man jedoch gelegentlich ihre eindrucksvolle Balz auf unseren Gewässern beobachten. Hoch aufgerichtet laufen die Partner und Rivalen dann über das Wasser und sehen in ihren weißen Federgewändern dabei wie Ballettkünstler aus. – Das Verbreitungsgebiet des Gänsesägers außerhalb der Zugzeit liegt vornehmlich in Ost- und Nordeuropa, doch gibt es auch eine Ansiedlung in Süddeutschland. Der Mittelsäger brütet von Niedersachsen an nordwärts.

Zusammen mit Gänsen, Schwänen, Wasserhühnern und Enten sind Säger und Taucher ans Wasser gebunden und damit von der Entwicklung unserer Seen, Flüsse und Teiche abhängig. Verschmutzung der Gewässer werden für sie genauso gefährlich wie Kanalisierungsmaßnahmen, zu intensive Fischwirtschaft und anhaltende Beunruhigung. Das Verschwinden natürlicher Wasserflächen in Mitteleuropa läßt die Zahlen der empfindlichen unter ihnen am ehesten schrumpfen. Und die Erschließung der letzten Buchten für den Fremdenverkehr nimmt manchem Vogel die für die Brut notwendige Ruhe. Die wachsende Forderung nach Erholung ohne Motorbootlärm läßt die Chancen vieler Wasservögel wieder steigen. Denn gegen Ruder- und Segelboote sind die meisten der Gefiederten unempfindlich. Die Bilder auf diesen Seiten beweisen es, denn sie wurden fast alle vom Boot aus aufgenommen.

Vögel auf der roten Liste

Farbbild linke Seite: Neben den Waldohreulen gehört der Waldkauz zu denjenigen Vertretern in der Eulensippe, die es noch einigermaßen zahlreich gibt. Ihre Bestandsstärke steigt und fällt mit strengen Wintern und mäusereichen Jahren. Dieser junge Waldkauz hat Pech gehabt: Er ist aus der Nisthöhle gefallen, wird aber auch am Stamm der Buche so lange von den Eltern versorgt, bis er sich flatternd ins Geäst retten kann.

Rechts: Am längeren, schmaleren Stoß und der auffälligen Bänderung des Gefieders läßt sich der Wespenbussard vom Mäusebussard unterscheiden. Die Insektenfänger unter den Greifvögeln suchen ihre Nahrung hauptsächlich auf dem Boden: Wie ein Huhn scharren sie Wespen- und Hummelnester frei.

Unten: Sechs bis sieben Wochen hocken die jungen Mäusebussarde im Horst, bevor sie den ersten Ausflug wagen können. Aus dem sehr hellen Dunenkleid wächst ihnen bereits das Jugendgefieder. Man kann fast weiße, hell- und dunkelbraune und fast schwarze Bussarde beobachten. Die Vögel ernähren sich zu 88 % von Mäusen, Ratten, Hamstern, Maulwürfen und Reptilien.

Wie die Raubtiere unter den Säugetieren, so stellen bei den Vögeln die Greife das größte Kontingent der in ihrer Existenz bedrohten Tiere im »Red Data Book«, der roten Liste, die von der Internationalen Union für die Erhaltung der Natur (IUCN) geführt wird. Es ist sicher kein Zufall, daß zur Zeit gerade viele jener Lebewesen vor dem Aussterben stehen, die der Mensch als Nahrungskonkurrenten betrachtet. So heißen die Greifvögel bis in unsere Tage auch noch »Raubvögel«. Mit dieser Bezeichnung hat man für das naturgemäße Verhalten der Tiere Regeln des menschlichen Zusammenlebens zugrunde gelegt — sie ist genauso unsinnig und lächerlich wie die Einteilung in »Fried- und Schadwild«, von der ein Teil der Jägerschaft nicht loskommt.

So sind auch die Jäger nicht ganz unschuldig daran, daß der Greifvogelbestand in den letzten zwanzig Jahren stark zurückgegangen ist. Wäre in den meisten Bundesländern wie auch in anderen europäischen Staaten nicht in letzter Stunde ein ganzjähriger Schutz für Adler, Habicht, Sperber, Falken, Bussarde, Milane, Weihen und Eulen verfügt worden, so sähe es heute noch schlechter um die Krummschnäbel bestellt aus. Seitdem Gesetze dafür sorgen, daß die gefiederten Jäger von den flintenbewaffneten Jägern unbehelligt bleiben, haben sich manche Arten leicht erholt. Doch kaum sieht man wieder mehr als einen Bussard am Firmament, beginnen etliche Revierinhaber zu klagen. Die Gedanken fest auf große Fasanenstrecken und reichliche Hasenbeute ausgerichtet, versuchen sie, die Schutzmaßnahmen zu umgehen. Entweder legal, indem sie von »übermäßigem Raubvogelbestand« in ihrem Revier berichten und eine Ausnahmegenehmigung zum Abschuß oder Fang von Bussarden oder Habichten beantragen, oder nach dem Motto: »In meinem Revier bestimme ich, was leben darf!« Solche »Greifvogelregulatoren« von Gottes Gnaden schaden nicht nur dem Naturschutz, sondern auch der Jägerschaft. Da gerade die Greifvögel hier-

Links: Um den Habicht vor der totalen Ausrottung zu bewahren, stellten ihn die Gesetzgeber in den meisten Ländern unter Schutz. Der gefiederte Ansitzjäger, den »man daran erkennt, daß man ihn nicht sieht«, leistet im Naturhaushalt wichtige Regulatorendienste.

Rechts: Sumpfohreulen sind Tageulen, die auch bei Helligkeit, mit Vorliebe aber bei Dämmerung, gaukelnden Fluges über ihrem Revier Jagd machen. Hier ein gerade ausgeflogener Jungvogel.

zulande von einer Schar gut orientierter Ornithologen überwacht werden, bleiben die meisten Meuchelmorde im Revier nicht unentdeckt. Doch solange Jagdbehörden nicht mit der erforderlichen Strenge gegen solches gesetzwidriges Verhalten vorgehen und Staatsanwaltschaften einen unerlaubten Greifvogelabschuß als Bagatelle abtun, sind auch jene Jäger betrogen, die es ernst mit der Schonung aller Krummschnäbel meinen. Glücklicherweise ist das die Mehrheit, und sie wird von den Verbänden unterstützt. Wer heute die Jägerprüfung macht, muß alle Greifvogelarten richtig ansprechen können. In der Praxis können das leider viele Jäger nicht.

Auch hat sich noch längst nicht bei allen das Bild vom Habicht und Sperber, vom Mäusebussard, von der Rohrweihe und vom Roten Milan gewandelt, obwohl langfristige Beobachtungen und Untersuchungen die Greifvögel heute in einem anderen Licht erscheinen lassen als noch vor einigen Jahrzehnten. Längst haben Biologen und Jagdwissenschaftler den Gefiederten einen sehr sinnvollen und notwendigen Platz im Kreislauf des Revierlebens zugewiesen. Als sogenannte Regulatoren sorgen sie in erster Linie für die Entwicklung eines gesunden Niederwildbestandes, indem sie kranke Tiere schlagen. Da die meisten Greife ein großräumiges Jagdrevier kontrollieren, fällt die Wildentnahme nicht ins Gewicht. Denn je dünner die Besiedlung mit Hasen und Fasanen, mit Rebhühnern, Wildkaninchen oder Enten, desto weiter werden die Grenzen für Pirschflug oder Ansitz ausgedehnt. Wo sich allerdings Hasen und Fasanen, letztere besonders nach künstlicher Aufzucht, massieren, da holen sich die Greife ihre Zehnten. Und Jäger, die das nicht bis zu einem gewissen Grad dulden, verlieren in den Augen von Naturschützern die Berechtigung, ihre Wildbestände nach Gutdünken zu vermehren.

Nun wäre es ungerecht, in den Jägern die Schuldigen dafür zu suchen, daß es um unsere Greifvögel schlecht bestellt ist. Manche Sünden der Vergangenheit wurden durch intensiven Schutz ausgeglichen, doch sind in den letzten Jahren auf der ganzen Welt andere Ursachen für den Rückgang dazugekommen. Was zuerst beim nordamerikanischen Weißkopf-Seeadler mit Erschrecken registriert wurde, gilt inzwischen für nahezu alle Greifvögel: Der ständig wachsende Einsatz von chemischen Insekten- und Unkrautvertilgungsmitteln sowie der unaufhörlich steigende Grad der Wasserverschmutzung durch Industrierückstände hat sich zur größten Gefahr entwickelt. Wenn die Hersteller der Gifte es auch nicht wahrhaben wollen, so haben doch Untersuchungen und vergleichende Beobachtungen ergeben, daß die massierte Anwendung chemischer Mittel katastrophale Auswirkungen auf die Fortpflanzung von Seeadler, Wanderfalke und Sperber hat.

Diese drei Arten sind besonders von den Umweltgiften betroffen, da sie sich als Nahrungsspezialisten ziemlich einseitig mit bestimmter Beute versorgen. Wanderfalke und Sperber leben vom Vogelfang, beim Seeadler kommen Fische hinzu. Rückstandsuntersuchungen bei Altvögeln, Jungen, Embryonen und unbebrüteten Eiern haben in fast allen Fällen hohe Gehalte an nicht abgebauten Fremdstoffen, in erster Linie chlorierte Kohlenwasserstoffe und Quecksilber, ergeben. Während die erwachsenen Vögel davon eine ziemlich starke Portion vertragen können, ohne zu sterben, sind die Jungen, sofern sie überhaupt aus einem vergifteten Ei schlüpfen, häufig nicht lebensfähig. In Schweden hat man 1972 Rückschlüsse aus dem Bruterfolg der etwa 15 Wanderfalkenpaare gezogen: Je weiter nördlich die Vögel brüteten, desto größer war die Jungenzahl im Nest. Nach Ansicht schwedischer Umweltschutzexperten ist das auf den geringeren Pestizideinsatz im Norden Schwedens zurückzuführen, zumal alle Horste gleichmäßig frei von Störungen waren.

Wie Wanderfalke, Seeadler und Sperber, so nehmen auch andere Greifvögel in zunehmendem Maß über die Nahrungskette Pflanzen—Nagetiere bzw. Vögel oder Insekten—Vögel jene Herbizide und Insektizide auf, von denen allein im EWG-Raum heutzutage 4000 verschiedene Sorten eingesetzt werden. Zwar scheinen nicht alle von ihnen schädlich zu sein, doch solange auch nur eins noch verwendet wird, dessen Nebenwirkungen unbekannt sind, geht es auch mit den Greifvögeln weiter bergab. Bei einigen ist das Verschwinden augenfällig, bei anderen merkt man es weniger schnell.

Zu letzteren zählen auch die Eulen. Wegen ihrer nächtlichen Lebensweise ist die Bestandsdichte und deren Veränderung schwerer festzustellen als bei den Taggreifen. Doch haben in den letzten Jahren zwei Arten derartig stark abgenommen, daß es trotz aller Heimlichkeit aufgefallen ist: Schleiereule und Steinkauz sind selten geworden, und auch die Sumpfohreule ist nicht mehr so häufig anzutreffen wie früher. Der fast ausgestorbene Uhu vermehrt sich dank Wiedereinbürgerungserfolgen und konsequenter Bewachung der Horstplätze allmählich wieder.

Bei den Eulen, die nicht mit den Greifvögeln verwandt sind, aber vieles mit ihnen gemeinsam haben, spielen die eingreifenden Veränderungen ihres Lebensraumes eine zusätzliche Rolle. Schleiereulen, früher als Kulturfolger par excellence in jeder Scheune zu Hause, finden dort dank moderner Felderte keine Mäuse mehr vor. Mit dem Kultivieren von Moor- und Heidelandschaften gehen der Sumpfohreule Jagd- und Brutgründe verloren. Das Verschwinden hohler Kopfweiden nimmt dem Steinkauz die letzten Nistmöglichkeiten.

Aber auch die Eulen sind Opfer der Vergiftungslawine, die alljährlich in immer größerem Ausmaß über die Felder, Wegränder und Wälder rollt. Der Steinkauz, in erster Linie ein Insektenvertilger und erst danach ein Vogelfänger, findet vor allem zur Zeit der Jungenaufzucht nicht mehr genügend Nahrung. Die früheren Hauptlieferanten waren Maikäfer, die inzwischen Seltenheitswert besitzen. So hat für ihn die Insektenbekämpfung doppelten Nachteil, denn von der Beute, die er noch findet, ist ein großer Teil bereits »präpariert«. Den Schleiereulen, auf Mäuse und Fledermäuse spezialisiert, geht es nicht anders. Beide Opfer sind dank Vertilgungsaktionen selten geworden, und mit beiden neh-

men die Vögel Schadstoffe auf. Fand man früher häufig Schleiereulenpaare mit sieben bis zehn Jungen, so haben sie heute eine durchschnittliche Jungenzahl von zwei bis drei.

Oben: Noch sind die Turmfalken häufig zu beobachten, doch haben sie einen Feind, der immer zahlreicher wird: das Auto. Wegen ihrer Vorliebe, an Straßenrändern zu jagen, werden viele der eleganten Vögel überfahren. Kennzeichnend für den Turmfalken ist sein Rüttelflug, weshalb er im Volksmund auch »Rüttelfalke« genannt wird.

Links: Keine Schußlücken in den Schwingen, wie es früher häufig vorkam, sondern Mauserlücken zeigt dieser Rote Milan beim Abstreichen. Die Vögel, wegen ihres gabelten Stoßes auch Gabelweihe genannt, leben hauptsächlich von Aas.

Steinwild liebt Geselligkeit

Oben: Während der Siesta vergessen die Steinböcke die Welt um sich herum. Solche Arglosigkeit kann sich das Wild nur leisten, weil es seit Jahrzehnten nicht mehr bejagt wird.

Unten: Was hier zum Spaß betrieben wird, kann bei der winterlichen Brunft zu einer echten Kraftprobe ausarten. Bei Auseinandersetzungen wie dieser handelt es sich um Spielerei oder Imponiergehabe, das die Steinböcke mehr als alles andere freilebende Schalenwild an den Tag legen.

Es hätte nicht viel gefehlt, und die Alpensteinböcke stünden heute auf der Liste der ausgestorbenen Tiere. Das bis ins Mittelalter zahlreich in den Alpen vorkommende Wild wäre damit ein weiteres Opfer von Aberglaube und falschen Vorstellungen geworden. Nur der Tatsache, daß es in Norditalien ein schwer zugängliches Tal gibt, in dem sich ein Restbestand von etwa 60 Böcken und Geißen jahrzehntelang gehalten hat, verdanken wir das Überleben des schönen Gebirgswildes. Heute gibt es in den Alpenländern wieder mehr als 5000 Tiere. Der weitaus größte Teil lebt in jenem einstmals abgelegenen Tal, dem heutigen italienischen Nationalpark »Gran Paradiso«, nicht weit von Aosta entfernt.

Weil man dem Gehörn, den Magensteinen, dem Blut und anderen Organen Heilkraft nachsagte und die Jagd auf die klettergewandten Tiere Mut erforderte, wurden die Steinböcke jahrhundertelang verfolgt. Um die Mitte des vorigen Jahrhunderts, als es in den angrenzenden Staaten schon zu spät war, traten auf Initiative des damaligen italienischen Königs Vittorio Emmanuele II. Schutzbestimmungen für die kümmerliche Restkolonie am Gran Paradiso in Kraft. Seitdem wird das seltene Tier gehegt, bewacht, bewundert und andernorts wieder ausgesetzt. In der Schweiz, in Österreich und in der Bundesrepublik gibt es, meistens auf private Initiative hin, erste Ansiedlungen. In Italien mußte vor einiger Zeit ein Rückschlag verzeichnet werden: Als die Wildhüter des Nationalparkes für drei Tage streikten, erlegten Wilderer mehr als 100 der langhornigen Böcke.

Dazu bedurfte es nicht einmal großer Mühe, denn vor allem das männliche Wild ist innerhalb des Nationalparkes außerordentlich zutraulich. Während die Gemsen eine ansehnliche Fluchtdistanz einhalten und die Steingeißen mit ihren Kitzen sich während der Sommermonate in felsige, unzugängliche Regionen zurückziehen, stehen die Böcke in Rudeln auf den Grashängen beisammen. Morgens und abends ziehen sich während der Äsung mitunter zwischen 50 und 100 Gehörnträger zusammen, während der Mittagsstunden sitzen sie dösend herum oder schlafen flach auf den Boden gestreckt. Dabei vertragen sich jung und alt recht gut.

Solche Geselligkeit ist auch bei den Geißen zu finden. Jedes zweite Jahr stellt sich Nachwuchs ein, meistens ein Kitz, gelegentlich Zwillinge. Nicht selten tun sich mehrere Mütter zusammen und hüten den Kinderreigen abwechselnd: Während der Rest auf Äsung zieht oder der Ruhe pflegt, wacht eine über das Wohl des Nachwuchses. Zwar kann den Steinwildkindern außer dem Steinadler kein Tier mehr gefährlich werden, doch geschieht es mitunter, daß sich ein Kitz im ersten Kletterübermut versteigt und nicht mehr weiterweiß. Dann bedarf es der Führung einer erfahrenen Geiß.

Die Weiblichkeit ist leicht an den viel kürzeren Hörnern zu erkennen. Bei den Böcken kann der Kopfschmuck über einen Meter lang werden, bei den Geißen höchstens 30 Zentimeter. Auch im Wildbret ist das männliche Wild stärker. Wenn sie auch kaum größer als Gemsen sind, so werden Steinböcke doch wesentlich stämmiger. Die kurzen kräftigen Läufe legen Beweis dafür ab, daß sie den Gemsen auch im Klettern überlegen sind.

Das soziale Verhalten der

Steinböcke untereinander wird nur einmal unterbrochen. Zur Brunftzeit, die vom November bis in den Januar dauert, ihren Höhepunkt jedoch im Dezember hat, gibt es gelegentlich heftige Kämpfe der Brautwerber untereinander. Mit ungeheurer Wucht schlagen die Rivalen dann ihre Gehörne zusammen und versuchen einander rückwärts fortzuschieben. Zwar finden solche Auseinandersetzungen häufig an steilen Felsabhängen statt, doch nur selten stürzt einer der Kämpfenden ab. Sie haben ein gutes Standvermögen und einen Instinkt für den »letzten Millimeter«.

Auch während der Sommermonate, in denen sich das ocker- bis hellbraune »Fahlwild« eine ansehnliche Feistschicht für die Brunft- und Winterszeit anmästet, sind das Zusammenschlagen der Gehörne, senkrechte Stehübungen auf den Hinterläufen, Drohgebärden und Wettläufe an der Tagesordnung. Doch alle diese »sportlichen Ertüchtigungen«, die den Betrachter erheitern, entspringen einem spielerischen Imponiergehabe. Zu einem ernsthaften Streit kommt es nicht.

Steinböcke scheinen den Übermut bis ins hohe Alter gepachtet zu haben. Wenn sie sich unbeobachtet fühlen, führen selbst langhornige Veteranen von 15 und mehr Jahren akrobatische Tänze auf. Meistens stellen sie sich auf ihre Hinterläufe und drehen sich mehrmals im Kreis herum, machen wie ein Säbelfechter Ausfälle nach links und rechts, berühren mit dem Gehörn den Boden und scheinen mit einem imaginären Partner einen Schlagabtausch zu vollführen. Häufig genug erzeugt einer der Bockstänzer eine wahre Kettenreaktion im Rudel. Vor allem beim morgendlichen und abendlichen Troll zu den Äsungsflächen lassen sich herrliche Bewegungsstudien treiben.

Harte Winter setzen dem Steinwild sehr zu. Da die Tiere keine Fütterung annehmen, sind sie auf ihre Kraftreserven und die spärliche Äsung auf aperen Hängen angewiesen. Auch im Sommer leben die »Steinziegen« mit einer Besonderheit: Sie trinken kein Wasser, sondern decken ihren Flüssigkeitsbedarf ausschließlich mit pflanzlicher Kost und dem morgendlichen Tau.

Oben: Wegen seiner hellbraunen Sommerfärbung wird das Steinwild auch Fahlwild genannt. Zum Winter wächst den Tieren ein dichtes Haarkleid; auch bei Schnee und Frost hält sich dann das Wild in Höhen bis über 2000 Metern auf.

Unten: Grasflächen zwischen den Geröllhalden bieten im Sommer genügend Äsungsflächen; im Winter geraten die Steinböcke häufig in große Not, denn sie nehmen keine künstliche Fütterung an.

Großbild rechte Seite: Manchmal aus Übermut, manchmal als Droh- und Abwehrgebärde gegen einen Nachbarn erheben sich Steinböcke bis zu einer Minute auf die Hinterläufe und drehen sich wie bei einem Tanz mehrfach im Kreis herum.

Auf weißen Schwingen

Es ist ein müßiges Unterfangen, die Zahl der Vögel auf unserer Erde zu schätzen. So sind auch die Ornithologen nur zu einer pauschalen Summe gelangt: auf die runde Zahl von 100 Milliarden als einen ungefähr den Tatsachen entsprechenden Wert.

Diese gewaltige Zahl ergab sich, nachdem man den Durchschnittswert für einzelne Gebiete durch Flächenuntersuchungen in den verschiedenen Lebensräumen und Kontinenten ermittelt hatte.

In weiten Teilen Europas und der Vereinigten Staaten sind die Reihen der Gefiederten im Lauf der letzten Jahrzehnte allerdings stark gelichtet worden. Das kann schon jeder Gartenbesitzer und winterliche Futterstreuer bestätigen.

Die Meisen beziehen nicht mehr in der alten Stärke die Nistkästen, viele Sänger kommen kaum noch in den Scharen von einst an die Vogelhäuser. Die Auswirkungen der chemischen Pflanzenschutzmittel und die Zerstörung ursprünglicher Lebensräume sind hierfür die Hauptursache.

Ist es unmöglich, den Bestand der fliegenden Weltbevölkerung genau zu ermitteln, so hat man dagegen einen ziemlich sicheren Überblick über die verschiedenen Arten. Dennoch läßt sich auch hier keine exakte Zahl nennen, denn es gibt mehrere Systeme, nach denen die Klassifikation vorgenommen, die Arten spezifiziert werden. Die Zahl der Arten bewegt sich daher zwischen 8570 und 8700, von denen die Sperlingsvögel mit über 5000 den weitaus größten Teil ausmachen.

Daß die Vögel sich im Lauf der Entwicklungsgeschichte nicht nur alle Erdteile, sondern auch sämtliche Weltmeere erobert haben, daß viele von ihnen zweimal pro Jahr den halben oder ganzen Globus umkreisen, verdanken sie nicht allein ihren Flügeln. Die umgebildeten Arme wären wenig von Nutzen, wäre nicht der ganze Vogelkörper für ein Leben in der Luft eingerichtet. Die Knochen sind leicht, die Muskeln an wenigen Stellen, dafür aber konzentriert angebracht. Besonders wichtig sind die Lungen mit ihren vielen Luftsäcken, die sich über das ganze Rumpfinnere erstrecken, das Gewebe mit dem nötigen Sauerstoff versorgen und für geringes spezifisches Gewicht sorgen. Selbst diese vielen besonderen Einrichtungen würden den Vögeln jedoch nicht zu ihrer überragenden Stellung im Tierreich verhelfen, fehlte das Gefieder. Aus den Schuppen der Fische und Reptilien bildeten sich in langen Prozessen die Federn, mit deren Hilfe die Flugkünstler die Schwerkraft überwinden können.

Federn erfüllen mehrere wichtige Aufgaben. Sie wärmen, isolieren, tragen, treiben vorwärts, bremsen und dienen durch ihre Färbung und Stellung außerdem noch als Erkennungszeichen und Verständigungsmittel. Anzahl, Form und Art der Anlage richten sich nach Lebensraum und den Anforderungen, die an das Gefieder gestellt werden. So gibt es Vögel, die keine 1000 Federn besitzen. Andere dagegen tragen bis 30 000 auf ihrem Körper. Viele haben im Winter ein Drittel mehr Dunen- und Konturfedern als im Sommer. Die Konturfedern geben dem Vogel Form und Gleitfähigkeit, die Dunen sorgen für den Temperaturausgleich.

Zum Fliegen brauchen die Beherrscher der Lüfte jedoch die Schwung- und Steuerfedern an Flügeln und Stoß. Durch die unterschiedlichen Einsatzmöglichkeiten von Handschwingen (äußere Flügelfedern) und Armschwingen (innere Flügelfedern), deren Spreizen und Schließen, Schrägstellen, Heben und Niederschlagen, können die Vögel jedes beliebige

Oben: Schwäne verständigen sich im Flug durch leise Zurufe, die jedoch vom Flügelschlag meist übertönt werden.

Großbild auf der rechten Seite: Abstreichender Seidenreiher — fast scheint es so, als löse er sich von aller irdischen Schwere.

Unten: Mit hochgestellten Flügeln landet die Küstenseeschwalbe in der Nähe ihres Nestes. Da sie fliegend und stoßtauchend auf Fischjagd geht, ist sie auch außerhalb der Zugzeit viel in der Luft. Am linken Flügel läßt sich gut die Anordnung der verschiedenen Federn studieren.

Bild auf der rechten Seite oben: In einer Lachmöwenkolonie geht es lebhaft zu; hier startet gerade ein Ehepartner, während der zweite in Abschiedspose verharrt.

Rechte Seite unten: Wer einmal eine Seereise unternommen hat, weiß, welche ausdauernden Segelflieger die Silbermöwen sind.

Manöver ausführen. Dabei haben sich einzelne Arten auf verschiedene Methoden spezialisiert. Die einen segeln oder gleiten mit Vorliebe, die anderen sind Rüttel- oder Sturzflieger, manche fliegen geradlinig, andere wellenförmig, einige mit hoher, etliche mit niedriger Schlagzahl. Dementsprechend hart oder weich sind auch die Federn der Schwingen.

Nicht unerhebliche Zeit verwenden die Vögel auf die Pflege ihrer lebensnotwendigen Gefiederausstattung. Manche fetten ihr Gefieder ein, so daß es Wasser abstößt und Wärme speichert. Andere pudern sich mit mikroskopisch kleinen Federteilchen oder stäuben sich ein. Viele Arten brauchen ein tägliches Bad, um ihre Federnpracht einsatzbereit und parasitenfrei zu halten. Dennoch nutzen die Federn ab, so daß die Vögel jedes Jahr eine Mauser durchmachen, bei der ein mehr oder weniger großer Teil der Federn erneuert wird. Bei denjenigen, die fliegend ihrem Lebenserwerb nachgehen, fallen die Schwungfedern nacheinander aus und wachsen entsprechend nach. So bleiben die Tiere auch während der Mauser flugfähig. Andere verlieren das Großgefieder auf einen Schlag. Die Erpel müssen sich im Sommer einige Wochen im Schilf versteckt halten, da sie nicht fliegen können. Auch den Kranichen geht es alle drei bis fünf Jahre so.

Viele Vogelkunde-Fachleute haben sich darauf verlegt, Mauserfedern zu sammeln, um mit ihrer Hilfe Populationsstu-

dien zu betreiben. Jeder Vogel hat nämlich eine spezielle Gefiederzeichnung, die nach der Mauser wieder in gleichem Maß auftritt. So lassen sich an Hand der Federn Vorkommen, Stärke, Vermehrung und Wanderungen vieler Vogelarten gut verfolgen.

Große Kontinuität in der Gefiederentwicklung zeigen die Greifvögel. Die meisten tragen nach dem Ausfliegen ein Jugendkleid, das sich vom späteren Alterskleid stark unterscheidet. Da Hand-, Arm- und Stoßfedern nicht nur bei jeder Art, sondern auch bei jedem Individuum eine eigene Bänderung und Färbung zeigen, kann der Kenner daraus — wie aus einer Kartei für Fingerabdrücke — seine Schlüsse ziehen. Solche Erkenntnisse sind nicht zuletzt für den Vogelschutz von Bedeutung, denn es ist wichtig zu wissen, ob an einem angestammten Brutplatz mehrere Jahre hindurch dieselben Partner erscheinen oder ob immer wieder neue Vögel sich anzusiedeln versuchen.

Viele von denen, die ein weißes Federkleid tragen, zählen zu den ausdauerndsten Fliegern. Das ist kein Zufall, denn sie alle leben in der Nähe des Wassers, und manche verbringen mehr als die Hälfte ihres Daseins in der Luft. Möwen, Seeschwalben und Sturmvögel können stundenlang ohne große Bewegungen der Schwingen in der Luft segeln.

Zu den Langstreckenfliegern gehören auch solche Giganten wie Albatrosse und Schwäne. Unter letzteren liegen die Höckerschwäne mit ihrem großen Gewicht an der Grenze der Flugfähigkeit. Fliegende Schwäne machen auch akustisch auf sich aufmerksam. Der Schwung, mit dem sie ihre mächtigen Schwingen durchschlagen müssen, ist so stark, daß ein manchmal über große Entfernung vernehmbares Singen laut wird.

Vom Irrgast zum Pionier

So mancher Ornithologe und Vogelkenner gerät gelegentlich in Unsicherheit, wenn ihm bei einem Beobachtungsgang durch das Revier plötzlich ein Gefiederter vor den Feldstecher gerät, den er nicht auf Anhieb unterzubringen weiß. Zur Zugzeit, wenn Millionen von Vögeln mit nördlichem oder südlichem Kurs unterwegs sind, ist das nicht außergewöhnlich. Dann lassen sich in unseren Breiten manche Arten blicken, die sich nur vorübergehend aufhalten. Auch im Winter gibt es hin und wieder Fremdlinge an offenen Gewässern oder Futterstellen. Auf all jene Gäste und Durchzügler ist man eingestellt, und wenn es Schwierigkeiten beim richtigen Ansprechen gibt, hilft ein Bestimmungsbuch weiter.

Als viel schwieriger erweist sich die Situation im späten Frühling und Sommer. Dann sind in der Regel hierzulande nur noch jene Flugkünstler anzutreffen, die seit jeher auf ihrem angestammten Gebiet balzen, brüten und ihre Jungen

Oben: Bei der Blauracke, einem gelegentlichen Gast aus Südeuropa, steht der kastanienbraune Rücken in herrlichem Kontrast zum leuchtenden Blau des übrigen Gefieders.

Großbild auf der rechten Seite: Wie große Kolibris sehen die Bienenfresser aus, die auch in Deutschland von Zeit zu Zeit Brutversuche unternehmen.

großziehen. In jedem April und Mai machen sich Naturfreunde und Vogelbeobachter mit klopfendem Herzen erneut auf die Suche nach ihren bevorzugten Studienobjekten. Vorsichtig und ohne viel Aufsehen zu erregen. Denn Lärm und Störung können allzu leicht die Vögel veranlassen, ihre Quartiere zu verlegen.

Bei solcher behutsamen und genauen Erkundung von Feld, Wald, Strand und Gewässern geschieht es denn auch, daß man plötzlich einen Ruf hört und ein Gefieder erblickt, die nicht ins gewohnte Bild passen. Und dann beginnt häufig genug ein Abenteuer, das sich über Wochen und Monate erstrecken kann.

Für Ornithologen bedeutet es vielfach eine Sensation, wenn die erfolgreiche Brut eines bestimmten Vogels in einem Gebiet nachgewiesen wird, in dem die Art gewöhnlicherweise nicht vorkommt. Und Deutschland mit seiner zentralen, mitteleuropäischen Lage ist nicht nur ein Dorado für Abenteurer auf Schwingen, sondern es stellt häufig auch ein Refugium für verirrte und verschlagene Flieger dar. So vergeht keine Brutsaison, in der nicht für den Fachmann höchst aufregende Nachrichten die Runde machen.

Ist irgendwo ein Vogel beobachtet worden, der sonst nur am Mittelmeer lebt oder im hohen Lappland brütet, so geht es zunächst darum, seinen Aufenthaltsraum mehrmals hintereinander genau zu bestimmen und seine Anwesenheit zu bestätigen. Erst wenn das gelingt, wird es richtig spannend. Denn Vögel, die im Sommer weit entfernt von ihrem Ursprungsland umherstreifen, kommen häufiger vor. Das sind entweder Jungvögel, welche die Abenteuerlust in die Fremde gezogen hat und die nach einiger Zeit zurückkehren, oder vom ursprünglichen Zugkurs abgekommene Weltenwanderer, die nicht lange bleiben.

Unter beiden Gruppen gibt es jedoch solche, bei denen plötzlich die Reiselust vorüber ist und denen es in einem unbekannten Gebiet gefällt. Ein reiches Nahrungsangebot kann ebenso der Grund dafür sein wie das Zusammentreffen mit einem Partner und anschließendes Balzvergnügen. Das passiert kleinen Sängern, Enten, Tauchern, Reihern und Greifvögeln gleichermaßen. Die Palette derer, die als Irrgäste einige wenige Male in Deutschland gebrütet oder sich länger aufgehalten haben, ist groß und vielfarbig. Im Lauf der Jahrzehnte haben die Ornithologen eine lange Liste zusammengestellt. Daß sie ziemlich genau ist, dafür sorgen die Vogelbeobachter selbst. Ein ausgeprägtes »Erfolgsdenken« bei vielen von ihnen schafft in manchen ihrer Kreise eine gesunde Portion Skepsis allen aus dem Rahmen fallenden Meldungen gegenüber. Nur wer sichere Nachweise für seine Behauptungen erbringen kann oder ein anerkannter, glaubwürdiger Fachmann ist, kann sicher sein, daß seine Beobachtungen von Vogelwarten und Fachbuchautoren niedergelegt werden.

So setzt mancher Feldornithologe mitunter Monate hindurch sein ganzes Bestreben daran, die Brut eines einzigen kleinen Vogelpaares in einem bestimmten Schilfgürtel eines abgelegenen Teiches zu überwachen. Wer eine Kohlmeise für einen Spatzen hält, dem mag solches Unterfangen unbegreiflich sein. Wer sich jedoch mit Tieren beschäftigt und ihr Leben beobachtet, der kann sich vorstellen, welches Abenteuer eine solche Aktion sein kann. Entdecker- und Forscherdrang sind die Triebfedern für Mühen und Ausdauer, die häufig genug mit einer Enttäuschung belohnt werden. Die meisten der gefiederten Irrgäste, die bei uns an Familiengründung denken, brechen nämlich ihr Vorhaben schon nach kurzem Anlauf oder aber auf halber Strecke wieder ab. Ungewohnte Wetterumschwünge und unvorhergesehene Wechsel im Nahrungsangebot kommen für jene Einwanderer zu den vielen Gefahren hinzu, von denen auch die heimische Vogelwelt ständig bedroht ist.

Dennoch wird mancher Irr-

Großbild links: Türkentauben, die sich im Lauf von wenigen Jahren über ganz Deutschland ausgebreitet haben, fallen weniger durch ihr dezentes graubraunes Gefieder auf als durch die schrillen Rufe, die sie besonders während der Balz in monotoner Folge unentwegt hören lassen. Und da sie mehrmals im Jahr brüten, können sie zu einer echten Nervensäge werden. Von keinem anderen Vogel ist eine so schnelle Besiedlung Mitteleuropas bekannt wie von den Türkentauben, die man leicht am dunklen Nackenband erkennt.

Unten: Stelzenläufer gehören mit ihren überlangen Beinen zu den skurrilsten Vogelgestalten; diese Mittelmeerbewohner haben auch schon in Bayern und Niedersachsen gebrütet. Das Bild zeigt drei der Vögel beim Landen im flachen Ufergewässer, wo sie im Schlick nach Nahrung suchen.

gast, der vielleicht nur durch Zufall in unsere Breiten gelangt ist, zum Siedlungspionier. Mehr als eine Vogelart, die vor Jahrzehnten überhaupt nicht oder nur sehr selten in Deutschland oder den umliegenden Ländern vorkam, hat sich inzwischen etabliert. So wurden gerade in den letzten Jahren in zunehmendem Maß in Norddeutschland die Bruten von Bartmeisen nachgewiesen. Mehrere Jahre hindurch waren sowohl in Bayern als auch in Niedersachsen Stelzenläufer zu beobachten. Einige zogen sogar Junge auf. Bienenfresser, die wie die Stelzenläufer in Südeuropa zu Hause sind, haben ebenfalls mit Erfolg in Bayern und bei Hamburg gebrütet. Schon einige Male wurde in Norddeutschland die erfolgreiche Familienvermehrung eines Sibirischen Tannenhäherpaares beobachtet. Die Tannenhäher haben bereits mehrfach Schles-

wig-Holstein und Niedersachsen invasionsartig überfallen.

Die meisten Versuche fremder Vögel, bei uns seßhaft zu werden, schlagen fehl. Dafür sind viele von ihnen zu sehr auf ein bestimmtes Nahrungsvorkommen spezialisiert, das sie in einem günstigen Jahr vielleicht einmal zufällig vorfinden. Schließlich aber ist die Besiedlung weiter Räume durch die verschiedenen Vogelarten im Lauf der Geschichte nur solchen Pionieren auf Schwingen zu verdanken. Das beste Beispiel in jüngster Zeit lieferten die Türkentauben. Innerhalb von nur drei Jahrzehnten stießen sie, die ursprünglich aus Indien stammen, vom Bosporus bis nach Skandinavien vor.

Die Ausbreitung einiger Vogelarten hat in erster Linie zwei Ursachen. Einmal kann eine starke Vermehrung in der ursprünglichen Heimat einen so starken Populationsdruck erzeugen, daß die Vögel zwangsläufig in neue Gebiete vorstoßen. Das ist nur für solche Gefiederte möglich, die nicht auf spezielle Biotope angewiesen sind. Zum anderen spielt auch die Veränderung der Landschaft eine Rolle. Zwar hat die Umgestaltung der Natur in Zivilisationsland meistens negative Auswirkungen auf die Vogelwelt, doch beweisen Türkentaube und Kanadagans auch das Gegenteil.

Nicht unwesentlich ist zudem der Wandel in der Waldbewirtschaftung. Die starke Zunahme von Nadelbäumen und die damit einhergehende »Verfinsterung« der Landschaft haben einen Wechsel in der gefiederten Bewohnerschaft zur Folge. Nicht umsonst hat die Zahl der Fichten-

Oben: Nachdem Kanadagänse von Bengt Berg in Schweden eingebürgert wurden, haben sie sich im Lauf der vergangenen Jahrzehnte gut vermehrt und tauchen in ganz Mittel- und Südschweden auf. Auch in Norddeutschland sind sie immer häufigere Gäste, wobei nicht festzustellen ist, ob darunter auch solche sind, die in Deutschland aus Parks und Zoos in die Freiheit gelangten. Deren Zahl ist besonders in Süddeutschland stark im Wachsen begriffen.

Farbbild rechte Seite oben: Die Rotdrossel läßt sich hauptsächlich nur im Winter bei uns sehen. Zusammen mit Wacholderdrosseln, den Krammetsvögeln, durchstreift sie in großen Scharen das Land, zieht aber im Frühling wieder nordwärts. Jedes Jahr bleiben jedoch einige Paare zur Brut und sorgen so langsam für eine Ausdehnung der Besiedlung. Von der Wacholderdrossel, die ebenfalls in immer stärkerer Zahl in Deutschland brütet, unterscheidet sich die Rotdrossel durch geringere Größe, rostrote Flanke, braunere Färbung und einen auffallenden Augenstreif.

Darunter: Girlitze breiten sich ständig weiter gen Norden aus. Die auf gelbem Untergrund braun gestreiften Finkenvögel tauchten erst vor 150 Jahren im Südwesten Deutschlands als Brutvögel auf und haben heute Südschweden besiedelt. Hier füttert im Männchen zunächst sein Weibchen, das jedoch die vorverdaute Samenkost den noch blinden Jungen weitergibt. Bei der Wahl ihres Nistplatzes sind Girlitze nicht sehr wählerisch.

kreuzschnäbel und Goldhähnchen zugenommen. Der farbenfroheste Pionier unter den Singvögeln allerdings erobert sich unabhängig von Landschaftsveränderung und Nadelholzkulturen den europäischen Kontinent nordwärts: In gut hundert Jahren hat der Girlitz sein Verbreitungsgebiet von Süddeutschland bis Südskandinavien ausgeweitet.

Hochgeschätztes Niederwild

Seit jeher teilen die Jäger das Wild in zwei »Klassen«, die unabhängig von zoologischer oder wildkundlicher Zugehörigkeit geführt werden: in die Begriffe »Hochwild« und »Niederwild«. Sie sind so feste Bestandteile der Waidmannssprache geworden, daß der historische Hintergrund der »Hohen« und »Niederen« Jagd kaum mehr bekannt ist. Heute geben neben der Körpergröße der Tiere in erster Linie Lebensraum, Hege, Jagdmethoden, Trophäenwert und Pachtpreise für die entsprechend besetzten Reviere die Klassenmerkmale ab. Rot-, Dam- und Sikahirsche, Wildschweine, Mufflons, Gemsen, Steinböcke und Seehunde zählen zum Hochwild, von jagdbaren Vögeln, die teilweise ganzjährig geschützt sind, gehören Adler sowie Auer- und Birkhuhn dieser »oberen Schicht« an.

Alle übrigen jagdbaren Tiere (mit Ausnahme des Raubwildes) und damit der überwiegende Teil der Wald- und Feldbewohner, sind Vertreter des Niederwildes. An oberster Stelle steht das Rehwild, das viele Jäger jedoch insgeheim aus der jagdrechtlichen Gesellschaft von Hasen, Wildkaninchen, Fasanen, Rebhühnern, Wildtauben und -enten (um nur die häufigsten Angehörigen der »niederen Kaste« zu nennen) ausklammern.

In den meisten Revieren nämlich, in denen weder Hirsche, Gemsen noch Wildschweine vorkommen, nehmen Rehe als unsere häufigste Schalenwildart die Stelle des Hochwildes ein. Vergangen sind die Zeiten, in denen die europäischen Gazellen noch mit Schrot geschossen und wie Hasen vor die Schützenketten getrieben wurden. Manchem Jäger ist das Gehörn eines nach langem Ansitzen erbeuteten Bockes lieber als das Geweih eines Rothirsches, und auf die Hege des zierlichen Wildes wird mindestens ebensoviel Wert gelegt wie auf die seiner großen Verwandten.

Es gibt viele Gegenden, in denen Hochwild unbekannt ist. Wo Felder und kleine Gehölze allein die Landschaft kennzeichnen, hält sich kein großes Schalenwild auf. Niederwild dagegen gehört zur Strecke eines jeden Revierinhabers, denn zumindest Hasen, Fasanen, Ringeltauben oder Wildenten bewohnen einer der möglichen Lebensräume. Je nach Nahrungsangebot und Klima kommen andere niedere Wildarten hinzu.

So ist der Oktober auch für alle Jäger ein besonderer Monat, denn in ihm geht die Jagd auf die beiden neben dem Rehwild klassischen und jagdwirtschaftlich bedeutendsten An-

Farbbild auf der linken Seite: Rehe werden in zunehmendem Maß die Sorgenkinder der Jäger: Der Einsatz chemischer Mittel auf den Feldern beeinträchtigt die Ernährung und erhöht die Anfälligkeit gegenüber Krankheiten, der Straßenverkehr fordert von Jahr zu Jahr mehr Opfer.

Unten: Wo Wildkaninchen die richtigen Bodenverhältnisse vorfinden, haben sie bald ein ganzes System unterirdischer Baue und Röhren erstellt.

Links: Wo mildes Klima herrscht und große Felder das Land kennzeichnen, sind die Rebhühner zu Hause.

Unten: Nicht wenige Hasen verlegen ihren Aufenthaltsort je nach Wetter mal hierhin, mal dorthin; die größten Strecken werden allerdings in weiträumigen Feldrevieren erzielt. Das Bild zeigt zwei »Waldhasen«.

Großbild rechts: Für einen »importierten« Vogel hat der Fasan eine rasante Entwicklung bei uns hinter sich. Während die Durchschnittsjahresstrecke von 1936—1939 gut 340 000 betrug, stieg sie bis zum Jagdjahr 1971/72 auf 1 387 512. Die ursprüngliche Heimat der Fasanen liegt östlich des Schwarzen Meeres, von wo aus sie im 15. Jahrhundert — zunächst als Ziervögel — nach Mitteleuropa kamen.

gehörigen des Niederwildes auf. Ab 16. Oktober müssen sich Hasen und Fasanen vor den Nachstellungen der Waidmannsgilde in acht nehmen. Immerhin bringen mehr als 230 000 bundesdeutsche Jagdscheininhaber rund 1,3 Millionen Hasen, etwa ebenso viele Fasanen und über 500 000 Rehe alljährlich zur Strecke.

Diese Zahlen sind durchaus keine konstanten Größen, denn trotz Abschußplänen (die beim Niederwild nur für Rehe gemacht werden), trotz intensiver Hegemaßnahmen und langer Schonzeiten gibt es von Jahr zu Jahr bei den einzelnen Niederwildarten große Schwankungen in der Bevölkerungsdichte. Viele Faktoren spielen eine Rolle, ob ein »Hasenherbst« für erfolgreiche Treibjagden sorgt, ob reichlich Wildenten zwischen Seen, Tümpeln und abgeernteten Getreidefeldern umherstreichen oder die Rebhuhnvölker stark sind.

In erster Linie hängt es vom Wetter im Frühling und Sommer ab, wie reich der Nachkommensegen der einzelnen Sippen ist. Regen und Kälte sind sowohl für Meister Lampe wie auch für alle am Boden brütenden Wildhühner von großem Nachteil. Die stärksten Verluste unter dem Wild treten in den ersten Lebenstagen ein, wenn die kleinen Körper noch sehr empfindlich sind. Wärmemangel und die mit Feuchtigkeit sich vermehrenden Bakterien sind schuld daran, daß ein Großteil des Wildnachwuchses nicht einmal die erste Woche überlebt. Während dieser Zeit kommen noch viele Gefahren durch Raubwild, Raubzeug, Menschen, landwirtschaftliche Maschinen, chemische Feldbehandlung und Autos hinzu. Auch in die Reihen des aufgewachsenen Wildes reißt der Straßenverkehr immer größere Lücken — er ist Niederwildfeind Nummer eins. Neben Igeln beenden vor allem Hasen zu Hunderttausenden ihr Leben vorzeitig auf dem Asphalt. In manchen Revieren werden mehr Rehe überfahren als geschossen.

Die Natur hat für die normalen Verluste durch reichliche Vermehrung einen Ausgleich vorgesehen. Eine Häsin schenkt im Jahr bei drei bis vier Geburten mehr als einem Dutzend Kindern das Leben. Rebhühner brüten zwischen zehn und zwanzig Eier aus. Doch die Unmenge von unnatürlichen Eingriffen durch Kultivierung, Technik und Vergiftung machen die natürliche Geburtenregelung weitgehend wirkungslos.

Die beträchtlichen, gleichmäßigen Bestandszu- und -abnahmen, die sich fast in der gesamten Tierwelt in unterschiedlichem Rhythmus mehrerer Jahre bemerkbar machen und auf natürliche Art eine Überbevölkerung verhindern, sind beim Niederwild heute weitgehend vom Menschen abhängig. Jäger, die eine ausgewogene Hege und künstliche Nachzucht betreiben, haben ein besser besetztes Niederwildrevier als solche, die allein auf Mutter Natur und ihre große Fruchtbarkeit vertrauen.

Reiherleben mit Kontrasten

Tiere unterliegen wie Menschen einem bestimmten Lebensrhythmus, der jedoch weniger von individueller Veranlagung geprägt oder durch persönliche Umstände beeinflußt wird, sondern vielmehr jeder Art vorgegeben ist. Daher lassen sich zumeist aus den Beobachtungen einzelner Vertreter einer Sippe auch allgemeingültige Regeln für die gesamte nächste Verwandtschaft ableiten. Zwar gibt es innerhalb der Tierfamilien durchaus Persönlichkeiten, die ihre eigenen Marotten und Angewohnheiten haben und damit vom Gros der Artgenossen in mancherlei Hinsicht abweichen, doch bleiben grundsätzliche Verhaltensweisen davon in der Regel unberührt.

Solche angeborenen Verhaltensweisen können sich innerhalb des Daseins nach ebenfalls vorgegebenem Schema ändern. Viele Tiere führen in der Jugend ein ganz anderes Leben als in gesetzterem Alter. Die Geschlechtsreife nimmt auf Gewohnheiten und Zeiteinteilung entscheidenden Einfluß, und der Verlauf der Jahreszeiten ist ausschlaggebend für immer wiederkehrende Veränderungen des täglichen Lebens. Bei Zugvögeln und Winterschläfern finden sie sich am ausgeprägtesten.

Doch auch andere Vierläufer und Gefiederte zeigen erheblichen Sinneswandel im Jahreslauf. Eindrucksvolles Beispiel für ein variationsreiches Leben geben die Reiher, die zu den ältesten Vogelfamilien überhaupt zählen. Schon vor 40 Millionen Jahren gab es die Stelzbeiner auf unserer Erde, und bis auf den heutigen Tag ist der vielästige Familienverband damit beschäftigt, seine Existenz trotz der veränderten Umwelt zu behaupten.

Großbild auf der linken Seite: Schon die Jungen tragen den Hals in der typischen S-Haltung. Die Reiher sind dadurch in der Luft leicht von Störchen und Kranichen zu unterscheiden, die mit ausgestrecktem Hals fliegen.

Unten: Daß man Tiere, deren Überleben in Frage gestellt ist, durch gezielte Schutzmaßnahmen erhalten und vermehren kann, zeigte sich in den letzten Jahren an den Graureihern. Hier begrüßt sich ein Paar am Horst.

Die große Sippschaft wird in unseren Breiten hauptsächlich von den Graureihern repräsentiert. Abgesehen von einigen Purpur-, Silber- und Seidenreihern, die sich gelegentlich aus ihren südlichen und südöstlichen Heimatgefilden nach Deutschland verirren und teilweise sogar hier brüten, sind noch die Rohrdommeln als nächste Verwandte zu nennen. Sie bewohnen die Schilfgürtel von Seen, doch kommen sowohl die Große Rohrdommel als auch die Zwerg(rohr)dommel immer seltener vor.

Selten geworden war vor einigen Jahren auch der Graureiher. Sicher trug sein zweiter Name, »Fischreiher«, dazu bei, daß er auch nach dem zweiten Weltkrieg noch übermäßig stark verfolgt wurde. Erst genaue Beobachtungen und Analysen seiner Nahrungspalette haben bewiesen, daß er gar kein so großer Fischvertilger ist, wie man es ihm früher anlasten wollte. Frösche, Lurche, Mäuse, vor allem aber auch die der Fischzucht gefährlichen Larven des Gelbrandkäfers machen einen großen Teil seiner Beute aus. Da die tägliche Ration eines Graureihers zwischen 300 und 400 Gramm beträgt, läßt sich sogar ein Fischmenü verschmerzen. Diesem Umstand tragen heute die stärkeren Schutzbestimmungen Rechnung, die ein langsames Erholen der Reiherbestände zur Folge haben. Und dennoch werden die Zahlen früherer Jahrzehnte nicht mehr erreicht werden. Tümpel und Teiche, verlandende Seen, Sümpfe, Moorblänken, saubere und damit beutereiche Bäche und Flüsse werden von Jahr zu Jahr

weniger, und damit verschwinden die Jagdgebiete der großen silbergrauen Gefiederten, deren Erfolg in der unendlichen Geduld liegt, die sie beim Anstand im seichten Wasser beweisen. Stundenlang können sie reglos stehen, um plötzlich blitzschnell ihren spitzen Schnabel in die Tiefe zu stoßen. Die eigens für solche Katapultbewegungen konstruierten Halswirbel verleihen dem Kopf solche Kraft und Zielsicherheit, daß schon mancher zu vorwitzige Jäger oder Beobachter durch einen fluchtunfähigen Reiher ein Auge eingebüßt hat.

Das kann vor allem geschehen, wenn man fast flüggen Jungvögeln im Horst zu nahe kommt. Da man nicht die Länge des meist eingezogenen Halses berücksichtigt, gibt es mit etwas Glück nur schmerzhafte Überraschungen. Doch auch untereinander wissen die Reiher ihre Horndolche trefflich zu benutzen. Allerdings arbeiten sie bei internen Auseinandersetzungen immer mit gebremster Kraft. Schnabelstöße verletzen den Gegner nie ernsthaft, entscheiden aber häufig über den Besitz eines Reisighorstes oder gar einer Ehefrau.

Solche vielfach turbulenten Kämpfe finden im Februar und März statt, wenn die Graureiher ihr Einzelgängertum aufgeben und aus allen — meist südlichen — Richtungen ihrer angestammten Brutkolonie in hohen Bäumen zustreben. Nicht selten bestehen solche gemeinsamen Kinderaufzuchtplätze an revierstrategisch günstigen Orten schon seit einigen hundert Jahren. Manchmal sind nur ein knappes Dutzend flacher Nester aus trockenen Ästen und Zweigen in den Baumkronen verankert, mitunter sind es Hunderte, davon etliche auf engstem Raum in einem einzigen Wipfel.

Das Leben in einer Reiherkolonie spielt sich mit viel Zeremoniell ab. Ehepartner untereinander sowie Eltern und Junge erkennen sich in dem ständig herrschenden Betrieb an bestimmten Grußlauten und Willkommensgesten, die für den Beobachter gleich erscheinen, jedoch für Reiherauge und -ohr entscheidende winzige Nuancen enthalten. Mit Stimmgewalt wird auch der enge Nest- und Hoheitsbereich gegen Zudringlinge verteidigt. Die größten Feinde in der Kolonie sind die Krähen, die dauernd auf eine Möglichkeit lauern, Eier zu stehlen. Daher können Störungen, die die abwechselnd brütenden Partner von den Horsten treiben, katastrophale Folgen haben.

Mehr als drei Monate dauert es vom Instandsetzen des Horstes bis zum Ausfliegen der Jungen, meistens drei bis vier an der Zahl. So sozial und gesellschaftsfreudig es in dieser Zeit zugeht — so schlagartig wandelt sich das Verhalten nach dem Verlassen des Brutortes. Dann werden die großen Vögel wieder zu Einzelgängern — jeder mit eigenen Wegen und Zielen. Die Jungvögel zieht es zunächst in ferne Gebiete und Erdteile. Wenn sie nicht dem Jagdeifer der Menschen zum Opfer fallen (früher waren sie begehrtes Beizwild der Falkner), können sie älter als 25 Jahre werden.

Unten: Nachtreiher (links) und Seidenreiher (rechts vorne) brüten häufig in Kolonien zusammen. Wie die Graureiher errichten sie ihre Horste auch in Bäumen, Silber- und Purpurreiher nisten dagegen im Schilf.

Generationswechsel

Oben: Zwei Hirschkälber, die auf einer übersonnten Lichtung die Entdeckungsreise in ihre Welt beginnen.

Unten: Einen neugierigen Blick wagt das nahezu schwarze Kalb eines Damtieres — erst auf ein Signal der Mutter hin verläßt der wenige Stunden alte Sprößling das Versteck.

Knapp zwei Stunden ist das Muffellamm auf der Welt, da macht es erste Anstalten, auf seine Läufe zu kommen. Die Decke ist noch feucht, die Flanken heben und senken sich beim ungewohnten und anstrengenden Luftholen, und der Kopf sinkt immer wieder zu Boden. Doch der Instinkt befiehlt dem kleinen Wildschaf aufzustehen. So schnell wie möglich muß es beweglich werden, denn langes Verharren im Wochenbett kann tödliche Folgen haben. Die Mutter, kaum von den Strapazen der Geburt gezeichnet, ermuntert ihr Kind mit leichten Nasenstübern. Sie will nicht viel Zeit verlieren und möglichst schnell wieder unterwegs sein. Würde sie nicht diesen Drang nach Mobilität verspüren und auf ihren Sprößling übertragen, so überlebte manches Lamm nicht die ersten Lebenstage, sondern würde das Opfer von Raubwild oder Erkältung.

Beim anderen Schalenwild ist es ähnlich. Hirsche, Rehe, Elche, Gemsen, Antilopen, Büffel haben keine Nester und bauen keine »Burgen«, um ihrem Nachwuchs ein festes Zuhause zu geben. Die Geburt findet irgendwo im Revier statt, und schon bald darauf folgen die Jungen ihrer Mutter, auf die sie während der ersten Lebensstunden »geprägt« sind.

Bis zur Selbständigkeit bleiben sie an deren Seite, doch danach gibt es mitunter eine abrupte Trennung. Viele Tiermütter vertreiben ihre Kinder nach einer gewissen Zeit sogar mit Gewalt, sie »schlagen« sie ab. Manche leben zwar später in der Großfamilie, im Rudel, weiter zusammen, doch bei vielen Arten muß sich der Nachwuchs zunächst einzeln auf eigene Wege begeben. Diese Form der Familienpolitik gibt es sowohl bei

Unten: Bei den Wildschweinen gibt es nur selten Generationskonflikte. Als sehr gesellige Tiere leben die verschiedenen Jahrgänge häufig in großen, vom Jäger als »gemischt« bezeichneten Rotten zusammen. Nur wenn im Frühling die Bachen ihre Frischlinge zur Welt bringen, ziehen sie sich für einige Zeit von den Artgenossen zurück.

Großbild auf der rechten Seite: Bis zum Alter von einem knappen Jahr bleibt das Muffellamm im Gefolge des Mutterschafes. Wenn sich neuer Nachwuchs bei der Mutter ankündigt, trennt sie sich von ihrem Vorjahrskind. Unser Bild zeigt ein Schaf mit einem viermonatigen Widderlamm.

den Säugetieren als auch im Vogelreich.

Hinter solchem Verhalten, das für den Menschen auf den ersten Blick grausam und unverständlich erscheinen mag, wird bei näherer Betrachtung eine sehr sinnvolle Einrichtung der Natur deutlich. In jedem Wald, jedem Moor und jedem See gibt es eine durch bestimmte Pflanzen und Tiere gekennzeichnete Lebensgemeinschaft. Irgendwie sind alle aufeinander angewiesen und voneinander abhängig. Nur wenn die Regeln des natürlichen Kreislaufes in einem solchen Landschaftsgebiet nicht durchbrochen werden, bleibt die gesamte Bewohnerschaft am Leben. Zwar ist es heute der Mensch, der diesen Kreislauf fast überall zerstört, doch würden sich auch viele Tiere ihrer Existenzgrundlage berauben, wenn sie nicht rechtzeitig Vorsorge treffen würden. Das Verdrängen der Jungen durch die Alten ist dabei ein bewährtes Mittel. Auf diese Weise wird die Überbevölkerung eines Gebietes durch eine bestimmte Tierart verhindert.

Die Jungen wandern, dem »Populationsdruck« weichend, in fremde Gebiete ab und besiedeln auf diese Weise manchen von ihrer Art bisher unerschlossenen Landstrich. Besonders auffällig ist diese Erscheinung in der Vogelwelt zu beobachten. Während für die meisten gefiederten Arten zwar ein Rückzug und ein Schrumpfen der Bestandsdichten verzeichnet werden muß, sind einige Sippen mitten in der Eroberung neuer Länder begriffen. Im Kapitel »Vom Irrgast zum Pionier« (Seiten 96 bis 101) wird von denen berichtet, die starke Ausbreitungstendenzen zeigen. Würde ihnen vom Menschen nicht von vornherein jede Möglichkeit verwehrt, so zählten u. a. auch heute noch Adler und Falken zu ihnen. Bei diesen Greifvögeln werden die Jungen aus dem Heimatrevier vertrieben, sobald sie selbständig sind. Nach einem Vagabundenleben von einigen Jahren suchen sie beim Erreichen der Geschlechtsreife eigenes Territorium, auf dem sie keiner Nahrungskonkurrenz durch Artgenossen ausgesetzt sind.

Was sich bei den Vögeln sehr viel auffälliger abspielt, läßt sich beim vierläufigen Wild nur schwer beobachten. Aber auch in seinen Reihen gibt es Generationskonflikte, die mit der Ausweisung und Vertreibung der Jungen enden können. Zwar findet hier der Standortwechsel nicht über so große Entfernungen statt wie bei den Vögeln, doch ziehen

Oben: Das Hirschkalb ist noch nicht einmal von der Geburt getrocknet, da trennt sich das Alttier, die Mutter, für die Tagesstunden bereits von ihm, um den Aufenthaltsort nicht zu verraten.

Unten: Junge Rentiere leben zwar inmitten der Herden, doch verlaufen sich die einzelnen Tiere im Sommer über weite Flächen. Hier zieht ein Zwillingspaar durch den finnischen Moorwald.

Großbild auf der rechten Seite: Grünes Gras und bunte Wiesenblumen stellen ein farbenfrohes Kinderbett dar, doch bedeutet die gute Tarnung gleichzeitig Gefahr für das Rehkitz — Mähmaschinen richten mehr Schaden an als alle tierischen Feinde zusammen.

Hirsche, Rehe, Gemsen, Steinböcke mitunter über etliche Gebirgstäler hinweg.

Viele der Tiere werden solcher Notwendigkeit allerdings heutzutage durch die Jäger enthoben. Diese nehmen die frühere Aufgabe des Großraubwildes wahr und lichten die Bestände — notwendigerweise — immer um die Zahl des jährlichen Zuwachses, so daß die Gefahr einer Überbevölkerung und eines daraus entstehenden Populationsdrucks von vornherein gebannt ist. Da bei der Jagd nach Möglichkeit ältere Tiere erlegt werden, ist das Nachwachsen der jungen Generation gewährleistet.

Einmal im Jahr kommt beim Schalenwild allerdings auch ohne zu dichte Besiedlung Bewegung in die Bestände. Die Liebe oder die Eifersucht der stärkeren Artgenossen treibt während der Paarungszeit manchen Rehbock und Hirsch über die Grenzen des heimatlichen Einstandes hinaus und läßt sie ihr Glück auf fremder Scholle suchen. Dadurch wird ein gesunder Blutaustausch gewährleistet.

In manchen Familien ist die nachwachsende Generation eine direkte Ablösung der Eltern. Vor allem bei »kurzlebigen« Tieren wie Insekten, Lurchen, Singvögeln und Kleinwild — Tieren also, die anderen bevorzugt als Beute dienen — gibt es überwiegend nur einen bis zwei Jahrgänge der Art. Bei anderen leben viele Generationen über große Zeitspannen nebeneinander. Man muß nicht gerade an die vielhundertjährigen Schildkröten denken. Raben können siebzig, Geier fünfzig, Möwen gut und gerne fünfunddreißig, Bären dreißig, Hirsche und Wildschweine zwanzig Jahre alt werden.

Biologische Schädlingsbekämpfer

Die vielen Nistkästen in manchen Stadtwäldern und Forsten können nicht darüber hinwegtäuschen, daß es um den Bestand unserer Singvögel schlecht bestellt ist. Zwar helfen die mit Nummern versehenen und regelmäßig kontrollierten künstlichen Brutstätten den Förstern, die Truppe der gefiederten Insektenvertilger in ihren Wäldern zu halten und stellenweise zu mehren, doch beschränken sich solche Schutz- und Hegemaßnahmen zwangsläufig auf jene Arten, die ihr Leben hauptsächlich im dichten Baumbestand verbringen. So profitieren vom »Siedlungsprogramm« der Forstverwaltungen und Vogelschutzwarten in erster Linie Höhlen- und Halbhöhlenbrüter, allen voran die Meisen.

Im Vergleich zu den übrigen Singvogelarten machen aber die an den Wald gebundenen einen geringen Anteil aus. Der Großteil unserer Sänger bewohnt die übrigen Landschaftsformen, wie Felder, Wiesen, Heide- und Buschregionen, Sümpfe, Schilfzonen, Parks, Gärten usw. Sie sind in der Mehrzahl keine Höhlenbrüter, sondern errichten ihre Nester frei im Gezweig von Bäumen, Hecken und Sträuchern, im Röhricht, an Wänden und am Erdboden. Um viele dieser Arten machen sich Biologen, Ökologen, Ornithologen und Naturschützer ernste Sorgen. Denn in den vergangenen Jahren ist eine derartig alarmierende Abnahme einzelner Kleinvogelarten festgestellt worden, daß bereits um das Überleben einzelner Sippen gebangt werden muß.

Zwar spielen bei Populationsveränderungen im Tierreich immer mehrere Faktoren eine Rolle, doch gibt es im Fall der Singvögel — leider — einige unwiderlegbare Indizien. Da der kontinuierliche Bestandsrückgang in auffälligem Maß bei den Insektenvertilgern zu verzeichnen ist, liegt der Schluß nahe, die Gründe dafür im Zusammenhang mit deren Nahrung zu suchen.

Schon immer gab es Schwankungen in der Bestandsdichte und im Vorkommen der Singvögel. Das stellten Wissenschaftler und Amateur-Vogelkundler sowohl beim Beringen während der Zugzeit wie bei vergleichenden Untersuchungen von Probeflächen während der Brutperiode fest. Solches Auf und Ab, das im Durchschnitt bei 12 Prozent lag und in speziellen Fällen nie 35 Prozent überstieg, hing in erster Linie vom Wetter ab. Vor allem für die Insektenfänger unter den Gefiederten sind Regen und Kälte während der Jungenaufzucht Ursache für eine Verknappung des Nahrungsangebots, denn das Insektenleben ist unter solchen Voraussetzungen weniger aktiv. So kann es passieren, daß in Schlechtwetterjahren oder bei Temperaturstürzen fast flügge Junge in den Nestern verhungern müssen.

Als in den vergangenen Sommern auch bei günstigen Aufzuchtbedingungen in den Nestern von Grasmücken und Fliegenschnäppern, bei Bachstelzen, Rotschwänzchen und Schwalben vermehrt eingegangene Jungvögel entdeckt wurden, suchte man nach einer Erklärung. Der Vorgang war um so rätselhafter, da etliche der Vogelkinder einen guten Ernährungszustand aufwiesen. Untersuchungen ihrer Körper ergaben, daß diese hohe Rückstände chemischer Substanzen enthielten. Und bei Befragungen stellte sich heraus, daß in der Umgebung eifrig mit Mitteln gegen Schädlinge (Insektizide) und Unkräuter (Herbizide) gearbeitet worden war. Die Vögel hatten zu viele Käfer, Raupen, Fliegen und anderes Kleinstgetier, die vorher »behandelt« worden waren, verfüttert. Da sich viele der chemischen Verbindungen im Vogelkörper nicht abbauen, ist es nur eine Frage der Zeit, bis eine tödliche Dosis erreicht wird. Dies ist bei Jungvögeln um so leichter der Fall, weil sie keinerlei Bewegung haben und vor dem Ausfliegen Übergewicht erreichen müssen, um den Sprung über den Nestrand wagen und die ersten Lebenstage bestehen zu können.

Daß durch den Einsatz chemischer Mittel die Vögel nicht nur direkt umgebracht werden können, beweisen die verhungerten Jungen: Beim Spritzen werden die Insekten entweder unmittelbar getötet oder ihnen wird durch den Einsatz von Herbiziden mit den Wirtspflanzen die Lebensgrundlage entzogen. Das hat ungenügende Vermehrung zur Folge, was wieder für die Vögel unzureichende Versorgungsmöglichkeit nach sich zieht: Der Teu-

felskreis ist geschlossen. Was bei der Vogelbrut festzustellen ist, gilt auch für die Zugvögel. Auf ihren Zwischenstationen finden sie keine Auftankmöglichkeiten mehr, denn viele der auf der vorgeschriebenen Zugstraße gelegenen Rastplätze geben aus oben erwähnten

Großbild linke Seite: Wer den Hals am längsten macht, bekommt den dicken Käfer in den Schnabel gestopft. Meistens ist immer einer der Gartengrasmücken-Elternteile mit neuer Nahrung zur Stelle.

Oben: Kohlmeisenpärchen kommen innerhalb einer Stunde bei günstiger Ernährungslage rund jede Minute einmal zur Nisthöhle, meistens mit einer Raupe im Schnabel.

Links: Der Graue Fliegenschnäpper fängt von einer erhöhten Warte aus seine Beute in der Luft. Anhaltendes Regenwetter bringt ihn in Schwierigkeiten.

Gründen ebenfalls nicht mehr genügend Nahrung her.

Die chemische Bedrohung unserer Singvögel beschränkt sich nämlich nicht nur auf ihre Heimat. Schwedische Forscher stellten fest, daß Grasmücken, die aus dem Winterquartier zurückkehren, hohe Rückstände an chemischen Substanzen, vor allem von DDT und PCB, aufwiesen. Es ist bekannt, daß gerade diese fettunlöslichen Verbindungen selbst in einer geringen Konzentration, die das Überleben noch ermöglicht, negativen Einfluß auf die Fortpflanzung der Tiere haben.

Großbild links: Beim ersten Ausflug des jungen Hausrotschwanzes hat die Flügelkraft gerade bis zu einem Johannisbeerbusch gereicht. Aber auch dort wird der Sprößling von den Eltern noch fleißig mit Insekten versorgt.

Oben: Mit Bedacht teilt die Heckenbraunelle ein langbeiniges Insekt zwischen den beiden bettelnden Jungen auf.

Unten: Die hellgelb gefärbten Schnabelränder und der rote Rachengrund der jungen Wiesenpieper wirken für die Eltern als Schlüsselreize, die eine entsprechende Fütterungsaktivität auslösen.

Viele der Vögel, die uns im Herbst verlassen, weil sie sich während des Winters nicht auf vegetarische Nahrung umstellen können, kommen nicht einmal mehr mit Vergiftungserscheinungen zurück. Der übermäßige Einsatz von Pestiziden in vielen Mittelmeerländern und afrikanischen Staaten, wo vor allem — im Gegensatz zu den meisten europäischen Ländern — DDT noch eifrig benutzt wird, läßt ihr Exil zur Endstation werden. So mußte die Vogelwarte Radolfzell aus einem Forschungsprogramm über die Bestandsentwicklung der Singvögel zwei Arten streichen, weil sie aufgrund ihrer zu gering gewordenen Zahl keine schlüssigen Daten mehr liefern können. Die gleiche Untersuchung brachte zutage, daß innerhalb von drei Jahren bei 26 von 27 Arten ein ungewöhnlich hoher Bestandsrückgang eingetreten war, bei 14 Arten sogar um die Hälfte.

Der bitteren Ironie des Schicksals, daß durch die Bekämpfung von Tierschädlingen auch deren natürliche Feinde, die Insektenfresser unter den Vögeln, weitgehend ausgerottet werden, wollen Biologen und Umweltexperten damit begegnen, daß sie zu einem normalen biologischen und damit für Menschen und Tiere unschädlichen Pflanzenschutz zurückkehren. Dabei wollen sie das gestörte Verhältnis der Insekten untereinander in Ordnung bringen, denn die Natur hat es so eingerichtet, daß sich auch die Kleinsttierwelt weitgehend selbst reguliert. Doch da der Mensch das natürliche Gleichgewicht mehr als erträglich gestört und mit den Schädlingen auch die Nützlinge vernichtet hat, muß er jetzt versuchen, die Dinge wieder ins Lot zu bringen. In einem solchen biologischen Mammutprogramm, dessen Gelingen noch in Frage steht, nehmen die Singvögel, von denen jede Art wiederum auf bestimmte Insekten spezialisiert ist, eine wichtige Rolle ein.

Im Wald sind die Voraussetzungen für eine Reorganisation der Natur am günstigsten, denn dort finden gerade die Kleinvögel noch am ehesten ursprüngliche Verhältnisse und in der Regel wenig Chemie vor.

Daher auch die verstärkten Bemühungen der Forstleute um den Vogelschutz, der sich jedoch nicht nur mit dem Aufhängen von Nistkästen begnügen darf, sondern bis hin zum Angebot eines gemischten Baumbestandes gehen muß.

In der übrigen Landschaft ist noch viel für die Erhaltung der Kleinvogelwelt zu tun, denn neben der chemischen Bedrohung spielen noch eine Reihe anderer Umweltfaktoren für den Singvogelbestand eine Rolle. So gilt es, neben dem Abbau oder der Veränderung chemischer Pflanzenschutzmittel genügend Lebensraum zu erhalten. Für beide Voraussetzungen kann jeder Gartenbesitzer sofort und ohne großen Aufwand einen entscheidenden Beitrag leisten: durch den Verzicht auf chemische Mittel zur Insekten- und Unkrautbekämpfung sowie durch das Pflanzen geeigneter Büsche, Bäume und Hecken. Kein Gärtner bleibt unbelohnt, wenn er an Gesang und Beobachtung Freude hat. Und schließlich bleiben seine Gewächse auf natürliche Weise schädlingsfrei. Unerwünschte Wildpflanzen werden mit Gartengeräten kurzgehalten.

Oben links: In kurzen Abständen landen Männchen und Weibchen vom Trauerfliegenschnäpper an der Baumspalte, in der ihre Jungen heranwachsen. Jedes Mal haben sie den Schnabel voller Insekten. — Daneben: Der Baumläufer ist einer der gründlichsten Insektensucher. Vor allem für die Forstleute ist er ein wichtiger Schädlingsbekämpfer, weil er die Rinde der Bäume nach Larven, Eiern und Puppen absucht. Der feine Schnabel ermöglicht es Wald- und Gartenbaumläufern, in dem verborgensten Winkel zu stöbern.

Unten: Einige hundertmal am Tag fliegt ein Schwalbenpärchen das aus Lehm, Strohhalmen und Speichel unter der Stalldecke erstellte Nest an; in günstigen Jahren brüten Schwalben bis zu viermal.

Farbbild rechte Seite: Zu den Insektenjägern, die außerhalb der Wälder leben, gehören die Rohrsänger und Schwirle. Sie stellen eine weitverbreitete Vogelsippe dar, die durch den Rückgang der Schilfflächen in immer größere Bedrängnis gerät. Bei chemischen Mückenbekämpfungsaktionen, wie sie auch in Deutschland (z. B. am Niederrhein) geplant sind, gehen ganze Populationen zugrunde. Doch auch ohne solche wahnwitzigen Maßnahmen nimmt die Zahl der Vögel mit einem teilweise sehr eigenwilligen Gesang ständig ab. Hier versorgt ein Männchen der Rohrbewohner seine Jungen, die vom Weibchen zwischendurch noch gewärmt werden. Rohrsänger und Schwirle zählen zur Familie der Grasmücken, von der sich einige Mitglieder so ähnlich sehen, daß selbst erfahrene Ornithologen mitunter Schwierigkeiten haben, die Vögel alleine vom Ansehen zu unterscheiden. Nicht selten gibt der Gesang erst letzte Gewißheit, ob es sich um einen der vielen Rohrsänger- oder Schwirlartigen oder um die Gartengrasmücke handelt.

Frischer Fisch – von Adlern serviert

Farbbild linke Seite: Nicht mehr lange und der fast flügge Jungadler wird sich zum ersten Mal über den Horstrand schwingen. Noch wartet er hoch über dem See, der im Hintergrund zu sehen ist, auf den Vater, der ihm regelmäßig frische Beute bringt. Die Hilfe der Mutter beim Zerteilen des Fisches hat der Jungvogel in diesem Stadium kaum mehr nötig.

Unten: Bei Störung im Horstgebiet steigt einer der Altvögel entweder laut rufend in die Luft, oder er streicht ebenso weit vernehmbar »gibbernd« ganz flach über die Wasserfläche, wobei die Fänge häufig naß werden. Solches Verhalten ist eine typische »Übersprunghandlung«, bei der Nestbindung, Fluchttrieb und Jagdeifer eine ungewohnte Reaktion auslösen.

Hoch spritzt das Wasser auf, und der Beobachter sieht gerade noch zwei Flügelspitzen unter der Seeoberfläche verschwinden. Doch er hat keine Zeit zum Rätseln. Sekunden später teilen sich erneut die Fluten, und tropfensprühend hebt sich mit schnellem Schwingenschlag ein großer Vogel aus dem nassen Element. Im rechten Fang trägt er einen silbern glänzenden Fisch. Schnell gewinnt der Gefiederte an Höhe. Während der Vogel in seinem hell- und dunkelbraunen Federkleid den hohen Kiefern am Ufer zustrebt, muß er noch zweimal den Griff korrigieren, einmal sogar mit Hilfe des gekrümmten Schnabels: Der Fisch hat sich noch nicht in sein Schicksal ergeben und versucht durch kräftiges Schlagen der tödlichen Umklammerung zu entgehen. Doch wo die scharfen, stark gekrümmten Krallen des Fischadlers einmal zugepackt haben, da lassen sie nicht wieder los. Dafür sorgen nicht nur die dolchartigen Spitzen und die stachelartigen Schuppen an der Innenseite der Zehen, sondern auch die Außenzehe, die — wie bei den Eulen — nach hinten drehbar ist.

Der Fischadler, mit einer Spannweite von gut eineinhalb Metern um ein Viertel größer als ein Mäusebussard, schwingt sich in den Baumbestand am Ufer ein und blockt auf der abgebrochenen Spitze einer der wenigen Fichten auf. Die helle Brust und der fast weiße Kopf leuchten kräftig in der Sonne auf und bilden einen schönen Kontrast zum schokoladenbraunen Rücken. Eine kleine Federnhaube am Hinterkopf wird vom Wind leicht aufgeplustert. Nach kurzer Sicherung beginnt der Greifvogel mit dem »Kröpfen«, d. h. mit dem Verzehr der Beute. Wie immer macht er sich zunächst an den Kopf seines Opfers.

Doch ist nicht die ganze Portion für ihn bestimmt. Nach zehn Minuten hingebungsvollen Atzens schüttelt er plötzlich das Gefieder zurecht und hebt ab. Im gleichen Moment wird einige hundert Meter entfernt ein helles ununterbrochenes Rufen laut: »Jib, jib, jib, jib« lockt es in einem fort von einer Kiefer, die unmittelbar am Ufer des einige Hektar großen Binnensees steht. Auf ihrer stumpfen Krone ist ein mächtiger Reisighorst »aufgesetzt«, von dem jetzt das Weibchen den Ehegemahl willkommen heißt. Die Fänge weit vorgestreckt, die Flügel zum Bremsen nach oben gestellt, landet der Ehemann auf der Brutstätte. Augenblicklich übernimmt das etwas größere Weibchen die verbliebenen zwei Drittel des Fisches und beginnt, kleine Stücke vom Fleisch abzureißen. Nur wer sich auf dem Nachbarbaum im Lauf vieler Tage ein Versteck gebaut hat, kann jetzt miterleben, wie das Weibchen geduldig die Atzung der beiden Jungen vornimmt.

Bei Fischadlern geht es genauso zu wie bei allen anderen Greifvögeln: Das Männchen schafft die Beute heran, die Mutter ist für die Fütterung zuständig. Während der Aufzuchtzeit des Nachwuchses ist der Beute- und Jagdtrieb des Weibchens gehemmt. Andernfalls müßte es den Horst zu lange verlassen und könnte die eigenen Jungen nicht genügend bewachen.

Junge Fischadler haben ein hervorragendes Tarngefieder. Die weißen Streifen und Flecken auf dem bräunlichen Rücken lösen die Konturen des Körpers nahezu auf und lassen sie auf dem Nestboden, der meistens mit Kiefernborke ausgelegt ist, aufgehen. Ertönen die Warnrufe der Eltern, drücken sie sich zudem noch ganz platt auf den Untergrund. Die Zahl der Adlerkinder schwankt zwischen eins und vier.

Die Vögel, Nahrungsspezialisten par excellence, brüten auf deutschem Boden nur in Mecklenburg, Pommern und Ostpreußen. In drei Unterarten sind sie jedoch über die ganze Welt verbreitet. In Europa kommen sie noch verhältnismäßig häufig in Schweden vor, wo sie an den vielen fischreichen Seen ideale Jagdgründe vorfinden. Ihr Bestand wird dort auf 1200 bis 1500 Paare geschätzt. In der DDR sind es einige Dutzend Paare, und intensive Schutz-

maßnahmen der letzten Jahre haben die Bestandsverkleinerung aufgehalten. Doch sowohl dort als auch vor allem in Skandinavien und Nordamerika macht die zunehmende Verschmutzung der Gewässer den Adlern zu schaffen. Mit der Beute nehmen sie Giftstoffe auf, die in vielen Fällen auf die Dauer Unfruchtbarkeit zur Folge haben.

Noch vor einigen Jahren wurden auch in der Bundesrepublik, wo zahlreiche Fischadler während der Zugzeiten im Herbst Station auf der Reise ins Mittelmeergebiet und nach Afrika machen, viele von ihnen an Fischteichen und Seen erlegt. Dabei halten sich die gefiederten Jäger gerade nur so kurz auf, daß sie allenfalls ein halbes Dutzend mittelgewichtiger Fische erbeuten. Genaue Untersuchungen haben ergeben, daß ein Fischadler pro Tag 300 Gramm Fisch braucht. Nach der Berechnung eines Fischadlerexperten, Karl Heinz Moll, beträgt die »Ernte« eines Paares mit drei Jungen während ihres Aufenthaltes von Ende März bis zum August in unseren Breiten drei Zentner. Vögel, die in unmittelbarer Nähe ihrer Jagdgründe brüten, fangen mehr. Dadurch wachsen die Jungen aber auch schneller und werden bis zu drei Wochen früher flügge. In der Regel bemißt sich die Nesthockzeit auf zwei Monate.

Das Gewicht der Beutefische schwankt zwischen 50 und 1500 Gramm. Bisweilen verschätzt sich der Adler beim Anblick eines Opfers, wenn er rüttelnd über der Wasseroberfläche steht und sich mit vorgestreckten Fängen und nach hinten gestellten Schwingen in den See stürzt. Dann muß er plötzlich einen mehrere Pfund schweren Fisch anheben. Schon häufiger wurde beobachtet, wie Adler von zu großen Fischen in die Tiefe gezogen wurden und ertranken. Sie konnten sich dann nicht schnell genug lösen. So etwas kann sogar dem viel größeren Seeadler, der eine Flügelspanne von 2,40 m erreicht, passieren.

Wenn die Wasseroberfläche vom Wind gekräuselt wird oder gar Wellen schlagen, gerät der Fischadler in Schwierigkeiten. Dann kann er nämlich entweder gar keine Fische sehen oder aber er verrechnet sich durch die unregelmäßige Brechung der Strahlen. Dann geht mancher Stoß daneben, und wenn es keine stille, windgeschützte Bucht gibt, kann mehrere Tage hindurch Schmalhans Küchenmeister sein. In solchen Fällen soll der Fischadler Beobachtungen zufolge auch Jagd auf Mäuse, Frösche und sogar Wasservögel machen. An Aas und tote Fische geht er nie heran, wohl aber räumt er kräftig unter kranken Fischen auf. Daher haben heutzutage viele Fischer ihr Urteil über den Fischadler revidiert. In Amerika ist er seit jeher geschützt. Dort brütet er nicht selten in unmittelbarer Nähe menschlicher Ansiedlungen. Auch in Ostdeutschland und Skandinavien zeigen viele der Vögel, die mit den eigentlichen Adlern gar nicht verwandt sind, sondern eher den Eulen nahestehen, wenig Scheu vor Menschen.

Großbild linke Seite: Mit einem Fisch im Fang landet das Männchen auf dem Horst; der Adler ist beringt — durch eine solche Kennzeichnung versprechen sich die Forscher nähere Aufschlüsse über die Zugwege und mögliches Alter der Vögel: Wiederfunde von Adlern, die in Schweden beringt worden sind, wurden aus Italien, Frankreich, Afrika und Rußland gemeldet, der älteste Fischadler war 15 Jahre geworden.

Unten: Vom Jungen (Mitte) in Bettelstellung und vom Weibchen (rechts) erwartet, schwingt sich der »Terzel« (Männchen) mit weit ausgebreiteten Flügeln auf den Nestrand. Einige Zeit nach dem Ausfliegen der ein bis drei Jungvögel bleibt die Familie noch zusammen — kurz vor Beginn der Abreise in den Süden vertreiben die Alten ihre Kinder jedoch unbarmherzig aus ihrem Revier.

Nordseenatur

Erst die Stimme des Kapitäns im Lautsprecher gibt dem Fahrgast letzte Gewißheit: »Steuerbord auf der Sandbank liegen drei Seehunde. Wer gute Augen oder ein Fernglas hat, kann auch die Köpfe von vier oder fünf weiteren im Wasser sehen. Das sind die vorsichtigen. Die kommen erst an Land, wenn wir vorbei sind.« Währenddessen tuckert das Schiff bis auf rund 200 Meter an die Robben heran und zieht seitwärts in der Fahrrinne an ihnen vorbei, ohne daß sie flüchten. Nur eine hebt den Kopf und macht zwei kurze Gleitsprünge zum Wasser hin. Dann bleibt sie liegen und äugt dem Schiff neugierig über den Rücken nach. Beim Zurückblicken auf die kleiner werdende Sandbank stellt der Nordseebesucher noch fest, wie sich nacheinander drei weitere Seehunde auf den hellen Buckel schieben, um hier während der Ebbe auszuruhen. Dann wird die Aufmerksamkeit von anderen Tieren in Anspruch genommen: Vom Rand des breiten Priels, in dem der kleine Küstendampfer tieferes Wasser und zwei der nordfriesischen Inseln ansteuert, erhebt sich ein Trupp Austernfischer im schwarzweißen Flügeltakt. Hunderte von Eiderenten ziehen sich mit langen Hälsen ein Stück weiter ins trockenfallende Watt zurück. Eine Handvoll Möwen hält unbeirrt in Schornsteinhöhe den Kurs bei.

Zu welcher Jahreszeit auch immer man die Meeresküste besucht, sie erweist sich mit ihrer immensen Bewohnerschar von Tieren als einer der letzten großen Lebensräume, in denen das Gleichgewicht der Natur noch vorhanden zu sein

Möwen und Austernfischer sind Charaktervögel der norddeutschen Küsten. Wo die Sturmmöwe (oben links) zu häufig vorkommt, muß der Mensch regulierend eingreifen. Das gilt vor allem auch für die Silbermöwen, die den übrigen Seevogelbestand gefährden. Der Austernfischer (Mitte links) ist zwar laut und zänkisch, doch vergreift er sich nicht an den Gelegen anderer Gefiederter. Das Bild zeigt ihn auf einer mit Strandhafer bewachsenen Düne.

Seehunde (unten und rechts) brauchen während der Tiden (Gezeiten) genügend Ruhe, die sie nur an einsamen Stränden oder auf Sandbänken finden. Neben der zunehmenden Verschmutzung des Wattenmeeres wird auch die wachsende Beunruhigung ihres Lebensraumes zum Problem.

Inmitten eines Muschelfeldes haben die Zwergseeschwalben ihre Nistmulde am Strand angelegt. Die beiden Jungen sind erst vor wenigen Stunden geschlüpft. Während das Weibchen eins der Küken vor der Hitze schützt, bringt das Männchen dem anderen die erste Fischnahrung. Die kleinsten und seltensten von den an der Nord- und Ostseeküste brütenden Seeschwalben ziehen ihren Nachwuchs in lockerem Gruppenverband auf (Bild links). Die gute Tarnung wird den Gelegen der Seevögel oft zum Verhängnis, wenn sie sich auf einem vielbesuchten Strand befinden. Das gilt nicht nur für das Nest des Sand- oder Halsbandregenpfeifers (unten), sondern auch für den jungen Säbelschnäbler (rechts), der sich bei Gefahr flach auf den Boden drückt. Obwohl er erst wenige Tage alt ist, erkennt man schon den nach oben gebogenen Schnabel.

ten, als auslösendes Alarmsignal. Privatleute, Vereine, kommunale und staatliche Stellen wurden aktiv, und im Laufe der Zeit gelang es, die Initiativen zum Schutz des nordfriesischen Wattenmeeres teilweise zu koordinieren und auf einen Nenner zu bringen: Rund 160 000 Hektar Wattenmeer zwischen der Halbinsel Eiderstedt und der dänischen Grenze sollen Deutschlands zweiter Nationalpark werden.

Nicht nur von deutschen Wissenschaftlern werden Landschaftsstruktur, Fauna und Flora des Wattenmeeres als einmalig auf der Welt bezeichnet. Alljährlich sind die Inseln Amrum, Föhr, Nordstrand, Pellworm und Sylt das Ziel internationaler Biologen, Geologen und Zoologen, um nur einige der Forschungsbereiche zu nennen, für die das Wattenmeer von unschätzbarem Wert ist. Halligen wie Hooge, Langeneß, Norderoog, Oland, Südfall u. a. sind ebenso Ausgangsorte für Beobachtungen und Untersuchungen wie für Wattwanderungen.

Die zunehmende Zahl von Besuchern, insbesondere von Feriengästen während einer immer weiter ausgedehnten Urlaubssaison, bringt nicht geringe Probleme mit sich. Vor allem die Seevögel, die an den Küsten für die Erhaltung ihrer Art sorgen und ausnahmslos ihre Nester am Boden anlegen, sind vielerorts von angestammten Brutplätzen verdrängt wor-

scheint. Zwar haben Ölpest, Fremdenverkehr und die Ausrottung einiger Tierarten manche Lücke gerissen und Störungen verursacht, doch geht vom Meer und den dünnbesiedelten Küsten und Eilanden des Nordens gleichermaßen eine ständige Erneuerung aus. Besonders im Frühling und Herbst beleben sich Strände und Watt mit einer Unzahl von Vögeln verschiedenster Herkunft. Viele von ihnen benutzen den Meeressaum als Zugstraße, andere wählen die nord- und ostfriesische Küste als Winterquartier. Im Sommer kehren etliche Arten aus dem Süden auf die Inseln und Halligen, in die Kooge und Marschen zurück, um zu brüten.

Die geologische und faunistische Beschaffenheit des Wattenmeeres ist so einmalig, daß schon seit geraumer Zeit Pläne verfolgt werden, den nördlichen Teil unter besonderen Schutz zu stellen. Obwohl einige Halligen, Inselpartien und Wattzonen schon seit langem als Natur- oder Landschaftsschutzgebiete ausgewiesen sind, waren sogar sie in vergangenen Jahren ständig der Gefahr von Be- oder Zersiedlung und massentouristischer Erschließung ausgesetzt. Jene Gebiete im nordfriesischen Wattenmeer, die keinen besonderen Status genießen, sind ohnehin zum Objekt der Geschäftemacher geworden. So wirkte die Nachricht, daß Tragflügelboote in einigen Jahren die nordfriesischen Inseln untereinander und mit dem Festland verbinden soll-

den oder haben unter ständig wachsenden Störungen zu leiden.

Nicht anders geht es den zur Zeit rund 2700 Seehunden an der niedersächsischen und schleswig-holsteinischen Nordseeküste. Durch zunehmenden Schiffsverkehr und die Besetzung abgelegener Strände und Sandbänke durch Badegäste finden die Tiere nicht mehr genügend Gelegenheit, zwischen den einzelnen Fluten auszuruhen oder ihre Jungen abzulegen. Das haben sie heutzutage um so nötiger, da die Fischjagd für sie sehr viel mühsamer geworden ist, als sie es vor Jahrzehnten war. Intensive Bewirtschaftung der Küstengewässer durch den Menschen und ihre wachsende Verschmutzung oder gar Vergiftung durch Industrieanlagen, die seit etwa einem Jahrzehnt im norddeutschen Küstenvorland unverhältnismäßig dicht angesiedelt werden, verschlechtern die Ernährungsmöglichkeiten sowohl für Seehunde wie auch für viele Seevögel laufend.

Da beide die augenfälligsten Bewohner des Wattenmeeres sind, konzentrieren sich die Schutzmaßnahmen in besonderem Maße auf sie. Nicht nur aus Idealismus, denn letztlich profitiert auch der Fremdenverkehr von der Tierwelt, die eine Ferienlandschaft belebt und ihr zusätzlichen Reiz verleiht. Viele Freizeitmanager haben das noch nicht erkannt und sind weiterhin dabei, genau auf das Gegenteil hinzuarbeiten.

Sicher hätten sie und manche Gemeinde und Kreisverwaltung schon mehr zerstört, wenn es nicht bereits seit dem

Die Brandseeschwalben brüten an der deutschen Nordseeküste in drei großen Kolonien unter völligem Schutz. Nur auf diese Weise ist es gelungen, die lachmöwengroßen, zu Beginn der Brutzeit sehr empfindlichen Vögel in unseren Breiten zu erhalten. Die Zahl der Brutpaare schwankt von Jahr zu Jahr beträchtlich; 1973 betrug sie über 5000. Das Bild bietet einen Blick in eine Kolonie nach dem Schlüpfen der Jungen. Das bei einer solchen Ansammlung herrschende Gekreische ist unbeschreiblich laut, denn mit ihren schrillen Rufen halten die eng nebeneinander brütenden Vögel Kontakt und grenzen gleichzeitig dadurch ihren Revieranteil ab.

Jahr 1907 den »Verein Jordsand zum Schutze der Seevögel e. V.« gäbe, der im Lauf der Zeit zu einer wichtigen Institution geworden ist. Getragen von einigen tausend Mitgliedern, die das Interesse an und die Liebe zu der Seevogelwelt verbindet, hat der Verein vorbildliche Schutzgebiete geschaffen und sorgt alljährlich dafür, daß Seeschwalben, Regenpfeifer, Austernfischer, Säbelschnäbler, Enten, Möwen und viele andere gefiederte Arten mehr unter der Aufsicht von Vogelwärtern ungestört ihre Brut großziehen können. Auch der »Deutsche Bund für Vogelschutz e. V.«, der sich um den gesamten heimischen Vogelbestand kümmert, hat Wesentliches für die gefiederten Küstenbewohner getan. Ohne beide Vereine, darüber hinaus den Mellumrat, die staatlichen Vogelschutzwarten und eine Reihe weiterer privater Institutionen und Einzelpersonen gäbe es sicher heute nicht einige vollkommen geschützte Inseln wie z. B. Norderoog und Trischen und eine Vielzahl von Vogelreservaten an der Küste. Mancher teure Landkauf mußte getätigt werden, um letzte Zipfel unberührter Nordseenatur retten zu können.

Doch mit der Schonung der Vogelbestände ist es heute nicht mehr getan. An den Küsten ist das Gleichgewicht unter den einzelnen Tierarten genauso gestört wie anderswo. So geht es beim Seevogelschutz heute neben der Bewahrung geeigneter ökologischer Voraussetzungen und der Sammlung wissenschaftlicher Erkenntnisse über die einzelnen Arten auch um eine Abstimmung der Bestände aufeinander. Vor allem dort, wo die Zahl der Möwen wegen fehlender natürlicher Feinde (Greifvögel) und dank ständigen Nahrungsangebotes (Abfälle usw.) zu stark angestiegen ist, greifen die Vogelwärter vorsichtig regulierend ein. Ohne eine solche Bestandslenkung gäbe es an vielen Stellen keine Seeschwalben oder Regenpfeifer mehr, denn Silber-, Sturm- und sogar Lachmöwen halten sich an Eiern und Jungen der kleineren Seevögel schadlos. Daher müssen jedes Jahr vor allem an solchen Orten, wo sich Silbermöwen konzentrieren, deren Gelege so behandelt werden, daß die Vögel zwar weiterbrüten, aus den Eiern aber keine Jungen schlüpfen. Nicht immer läßt es sich vermeiden, Altvögel schmerz- und geräuschlos mit Hilfe vergifteter Köder zu töten. Eine Maßnahme, für die auch konsequente Tierfreunde Verständnis haben müssen.

Ganz ohne Bestandsregulierung geht es ebensowenig bei den Seehunden. In letzter Zeit sind Jäger und Jagdbehörden wegen allsommerlicher und herbstlicher Bejagung der Seehunde unter öffentlichen Beschuß geraten, denn es ist nur schwer einzusehen, daß die verbliebene Schar der schwimmgewandten Säugetiere auch noch dezimiert werden muß. Doch es ist erwiesen, daß der Seehundbestand einer Hege (zu der auch das Gewehr gehört) bedarf. Die Zahl der Tiere ist in den vergangenen Jahren bei gezielter und maßvoller Bejagung konstant geblieben. Die Jäger werden allerdings bei der Bestandsregulierung in dem Maß weniger wichtig, wie sich die Zahl der Seehunde aufgrund verschlechterter Umweltbedingungen von selbst verringert. Daran wird auch die alljährlich in besonderen Stationen mit Erfolg betriebene Aufzucht von »Heulern« (verlorengegangene oder von den Müttern abgelegte und zu früh von unkundigen Menschen aufgelesene Seehundkinder) und deren spätere Wiederaussetzung im Wattenmeer nichts ändern können.

Doch Vögel und Seehunde sind nur der kleinere Teil der Tierwelt in jenem Gebiet, in dem das Wasser im Wechsel von sechs Stunden kommt und geht, wo bei ablaufendem Wasser weiße Sände trockenfallen und dunkle Schlickebenen sich auftun. Unzählig ist das

Wo das Wasser den Strand wenige Zentimeter überläuft, halten sich die Regenpfeifer besonders gerne auf. Hier ist ihre Nahrungszone, die sie pausenlos in kleinen Trippelschritten absuchen. Im Herbst bekommt der heimische Seeregenpfeifer (oben links), der noch in zwei- bis dreihundert Paaren an der Nordseeküste brütet, Gesellschaft durch eine Unzahl von Strandläufern, die auf dem Zug nach Süden Station im Wattenmeer machen. Dazu gehört der Sanderling (oben rechts), der immer wenige Zentimeter vor dem heranrollenden Flutsaum herläuft und vor allem Insekten aufliest. Aber auch kleine Krebse, Schnecken und Würmer stehen auf der Speisekarte der Limicolenartigen. — Unten: Stark zugenommen haben in den letzten Jahren die Bestände der Eiderenten, die im nordfriesischen Wattenmeer ihr südlichstes Brutvorkommen haben. Zur Mauserzeit werden ihre Reihen — ähnlich wie bei den Brandgänsen auf dem Großen Knechtsand — durch Verwandte aus anderen Gebieten verstärkt. Das Bild zeigt eine Schar von Enten und Erpeln, wobei viele der Erpel bereits deutlich das Mausergefieder zeigen. Sandbänke sind während der Ebbe beliebte Aufenthaltsorte der großen Meeresenten, die vornehmlich vom Miesmuschelfang leben.

Heer von Würmern. Schnecken, Krebsen, Muscheln, Polypen, Quallen, Seesternen, Seeigeln und Fischen. In den Dünentälern wachsen seltene Gewächse und Blumen, auf Heideflächen und Marschwiesen der Inseln finden sich verschiedenste Insekten, die nicht selten hierher verdriftet werden und dank unvergifteter Nahrung gedeihen. In keiner Landschaft der Bundesrepublik gibt es noch einen solchen Artenreichtum von Lebewesen wie im Watt der Nordsee.

Elche im Vormarsch

Elchkälber sind während ihrer ersten Lebenswochen hell- bis ocker- oder rotbraun gefärbt. Im Gegensatz zu anderen Hirschkälbern tragen sie keine Flecken. Lichter und Lauscher sind reizvoll dunkel abgesetzt. Ein Jahr bleiben sie im Gefolge der Mutter (unten) und werden von dieser meistens abgeschlagen (verstoßen), bevor sich neuer Nachwuchs einstellt. Die europäischen Elche haben sehr viel öfter Zwillings- oder gar Drillingsgeburten als die sehr viel stärkeren Verwandten in Nordamerika.

Nicht die drei oder vier Elche, die während der letzten zehn Jahre in freier Wildbahn westlich der Elbe aufgetaucht sind und manchen Wirbel verursacht haben, lassen den Schluß zu, daß sich diese mächtige Hirschart auch unter veränderten Lebensbedingungen gut behaupten kann. Es sind vielmehr die wachsenden Bestände und damit steigenden Abschußzahlen aus Osteuropa und vor allem Skandinavien, die gewisse Parallelerscheinungen zu unserem Rotwild deutlich werden lassen: Trotz zunehmender Erschließung der Landschaft, die aus der einstmals freien Wildbahn riesige Gatterreviere zu machen droht, vermehrt sich das Schalenwild nicht unbeträchtlich. Einer der Hauptgründe für die Stärkung der Elchbestände ist das Fehlen des Großraubwildes.

Das wird besonders deutlich in Schweden, wo im Jagdjahr 1972 38 910 Elche zur Strecke kamen. Fachleute meinen, daß es sich bei dieser Zahl nicht einmal um 50 Prozent des Gesamtbestandes handele. Und da vor allem in Skandinavien die meisten Elchkühe alljährlich Zwillinge zur Welt bringen, gibt es keinen Anlaß zur Sorge, daß trotz bisher noch unbefriedigendem Jagdsystem die Zahl der großen Hirsche abnehme. Wie in Schweden sind auch in Norwegen die Jagdergebnisse von Jahr zu Jahr besser. 1972 waren es 6222 und damit 92 Elche mehr als im Vorjahr.

In Polen nimmt der Elchbestand ebenfalls zu. Hier zeigen die Tiere eine ausgeprägte Wanderlust, die sie vor allem nach Westen ziehen läßt. Längst ist das einstmals deutsche »Elchland« Ostpreußen wieder von den bis zu zweieinhalb Meter hohen Tieren besiedelt, und es besteht Grund zur Annahme, daß von jenen, die den Eisernen Vorhang überwinden, einige aus dem Osten kommen und nicht etwa aus zoologischen Gärten entwichen sind. Daß die Tiere auch in bundesdeutschen Revieren überleben können, bewies ein Elch, der über ein Jahr lang in Westfalen seine Fährte zog, bis er im September 1973 von einem Auto angefahren und getötet wurde. Ein anderer gelangte davor weiter südlich, wurde jedoch von einem Jäger in »vermeintlicher Notwehr« erlegt. Ein weiterer war den Aufregungen einer Jagd mit dem Nar-

richtige Lebensraum. Allerdings zeigen die Elche auch eine gute Anpassungsfähigkeit an Nadelwälder, solange genügend Weichhölzer, Sumpfpflanzen oder auch Feldfrüchte in der Nähe vorhanden sind.

Der Körperbau der Tiere ist dem Aufenthalt in moorigen Gebieten angepaßt. Die großen Schalen (Zehen) lassen sich weit spreizen und verhindern damit ein Einsinken im weichen Untergrund. Da Elche lange Läufe und einen kurzen Hals haben, rupfen sie mit ihrer großen, überhängenden Oberlippe gerne Blätter und dünne Zweige von den Bäumen; um vom Boden Äsung aufzunehmen, müssen sie entweder nach Giraffenart die Vorderläufe auseinanderstellen oder aber — was sie meistens tun — sich hinknien. Elche sind vorzügliche und ausdauernde Schwimmer.

Die ungewöhnlich hohen Läufe machen es den Tieren nicht nur möglich, in einer einzigen Nacht etliche Dutzend Kilometer zurückzulegen, sondern stellen auch eine hervorragende Waffe dar. Wölfe, Bären und Menschen können mit den starken Vorderläufen buchstäblich erschlagen oder zu Tode getrampelt werden.

Trotz ihrer gewaltigen Größe sind Elche äußerst heimliche Tiere. Dank graubrauner Färbung und vorsichtiger Bewegungen sind sie Meister der Tarnung. Das Geweih des Hirsches (unten) befindet sich noch im Bast; der Schatten auf dem Körper läßt eine beginnende Schaufelbildung ahnen. Viele Elche bleiben Zeit ihres Lebens Stangenelche. Gigantisch sind die Trophäen der Alaska-Elche, die auch bei europäischen Jägern in hohem Kurs stehen. Während der Brunft, die meistens im September stattfindet, sind die Hirsche weniger kämpferisch als andere Arten. Im Gegensatz zum Rotwild scharen sie auch keine größeren Kahlwildrudel um sich, sondern wenden sich einzelnen weiblichen Tieren zu. Das linke Bild zeigt eine »Elchkuh«.

kosegewehr bei Lübeck nicht gewachsen.

Ausgrabungen haben wiederholt bewiesen, daß in gar nicht allzu ferner Vergangenheit Elche in unseren Breiten Standwild waren. So zeugen Funde von Schaufeln und Knochen davon, daß sie noch vor 1800 Jahren in den Rheinauen bei Basel vertreten waren. Das jüngste Auftauchen einzelner Tiere über anscheinend uralte Fernwechsel hat Spekulationen aufkommen lassen, ob sich nicht auch bei uns gewisse Landschaften heute noch für eine Elchbesiedlung eignen. Daß solche Überlegungen Phantasie bleiben müssen, zeigt ein Blick auf die Lebensgewohnheiten des Wildes, vor allem aber auch ein Vergleich zwischen ihren heutigen Lebensräumen und unserer dicht besiedelten Zivilisationslandschaft. Alleine die Gefahr für den Straßenverkehr würde einen Elchbestand verbieten. Der Zusammenstoß eines Autos mit einem erwachsenen »Bullen«, die über 800 Kilogramm schwer werden, geht häufig zum Nachteil des Autos aus. Davon abgesehen, würde es in Westeuropa auch an den geeigneten Biotopvoraussetzungen fehlen. Große, mit Laubbäumen bewachsene Sümpfe und weiträumige Wälder mit viel Wasser sind der

Oben: Merkwürdig ist die Landhaltung des Prachttauchers. Auf seinen weit hinten angewachsenen Beinen kann er nur fast senkrecht stehen. Hier wendet der brütende Vogel seine beiden großen olivfarbenen und mit braunen Sprenkeln versehenen Eier.

Heimlicher, unheimlicher Rufer am See

Mancher Angler läßt erschrocken die Rute fahren, wenn er an einem skandinavischen See zum ersten Mal in der Abenddämmerung plötzlich eine Folge schauerlich anmutender Rufe vernimmt. »Kuuik, kuuik, kukuuik, kukuuik« hallt es über das Wasser und ist noch in einer Entfernung von mehreren Kilometern zu hören.

Doch so sehr er seine Augen auch anstrengt und umherspäht, selten nur wird er den Urheber der geisterhaft erklingenden Schreie entdecken. Die Besitzer der durchdringenden Stimme, die auf großen Binnengewässern früh morgens und am späten Abend akustisch ihre Reviergrenzen abstecken, halten es mit der Heimlichkeit. Jedenfalls im Sommer, wenn Brut und Jungenaufzucht im Vordergrund stehen, bleiben die eigenwillig gefiederten Prachttaucher am liebsten unsichtbar. Nur jene, die noch nicht mit der Familienplanung beschäftigt sind, schwimmen in der Mitte großer, klarer Seen spazieren. Dies kann in manchen Gegenden eine erkleckliche Zahl sein, denn die großen Vögel mit der graphisch reizvollen Gefiederzeichnung werden erst mit fünf bis sieben Jahren fortpflanzungsfähig.

Wer einmal versucht hat, einen Prachttaucher am Nest zu beobachten und zu fotografieren, weiß für alle Zeiten, welche Eigenschaften einen scheuen Vogel ausmachen. Er kennt auch die vielen Tricks, mit denen die etwa gänsegroßen Wasserbewohner arbeiten, um Gefahren von sich und der Brutstätte fernzuhalten. Das beginnt bereits mit der Anlage des Nestes. Hart an einer etwas erhöhten Stelle des Seeufers wird eine flache Mulde in den Boden gedreht. Höchstens einen Meter vom Wasser entfernt liegen die beiden großen olivbraunen Eier mit dunklen Sprenkeln. So können die Taucher mit einem einzigen Satz ins nasse Element springen. Das nämlich ist ihr großes Problem: Auf dem Land können sie sich kaum fortbewegen. Ihre Beine mit den Schwimmfüßen sind zu weit hinten am Körper angewachsen, so daß sie schräg aufgerichtet nur schwerfällig stehen.

Im Wasser dagegen sind sie Könige. Sie tauchen ohne

Unten: Aufmerksam äugend schwimmt der Taucher vor seinem Nest auf und ab. Auf der Aufnahme hat er sein Gewicht durch Luftregulierung so spezifiziert, daß sein Körper nur knapp über den Wasserspiegel ragt.

Farbbild auf der rechten Seite: Gut getarnt: Nicht nur aus Schönheitsgründen zeigt das Gefieder des an die 70 cm großen Prachttauchers verschiedene Strich-, Flächen- und Punktmuster.

Schwierigkeiten Strecken von mehr als einem halben Kilometer und können bis zu fünf Minuten unter Wasser bleiben. Auch danach strecken sie manchmal nur ihren Kopf über den Wasserspiegel, um Luft zu schöpfen und sofort wieder zu verschwinden. Durch entsprechende Regulierung des Luftinhaltes in ihrem Körper können die Prachttaucher, wie alle anderen Seetaucher und die Lappentaucher auch, ihren Tiefgang beim Schwimmen verändern. Mal liegen sie verhältnismäßig hoch mit dem Körper auf, mal bleibt der ganze Rumpf unter Wasser, und nur Hals und Kopf sind sichtbar. Bei solchen großartigen Schwimm- und Tauchfähigkeiten ist es kein Wunder, daß die Vögel gut 95 Prozent ihres Lebens im Wasser verbringen. Außerhalb der Brutperiode erheben sich die Prachttaucher gelegentlich in die Lüfte. Dort zeigen sie sich während des Zuges ins Winterquartier als ausdauernde schnelle Flieger. Bisweilen werden sie dann mit Gänsen verwechselt. Doch wer genau hinsieht, erkennt ihr charakteristisches Flugbild: Alle Seetaucher (Pracht-, Eis- und Sterntaucher) machen in der Luft einen Buckel, indem sie den vorgestreckten Hals etwas abwinkeln. Außerdem ragen ihre Beine über den kurzen Stoß hinaus.

Müssen die Gefiederten plötzlich ihr Nest verlassen, so tauchen sie sofort eine lange Strecke vom Brutplatz fort. Als zusätzliche Täuschung dient die Anlage von Scheinnestern. Es kann Stunden dauern, bis die Vögel mit der Gitterzeichnung auf den zusammengelegten Flügeln wieder zu den Eiern zurückkehren. Mitunter schwimmen sie erst eins der »falschen« Nester an. Bevor sie schließlich zu ihren Eiern an Land steigen, kreuzen sie Ewigkeiten vor dem Ufer auf und ab und betrachten mit ihren kleinen Augen aufmerksam die gesamte Uferzone, ob sie auch nicht beobachtet werden. Dann rutschen sie plötzlich aufs Nest, rücken grätschbeinig das Gelege zurecht und setzen die Brut fort.

Noch interessanter mitzuerleben, doch nur aus der Ferne zu beobachten, sind die großen Hochzeitsmärkte im Herbst. Dann sammeln sich auf großen Binnenseen Dutzende von Prachttauchern und veranstalten mit lauten Rufen und vielen Gesten ein aufwendiges Balzzeremoniell. Rivalisierende Männchen schwimmen mit an die Brust gedrücktem Schnabel aufeinander zu und versuchen durch Imponiergehabe den Gegner einzuschüchtern. Lange Verfolgungsjagden mit Schwingenschlagen und Wassertreten gehören ebenso zum Turniergeschehen wie gegenseitiges Untertauchen. Bei der Brautwerbung, die nur im Herbst stattfindet, wird auch deutlich, warum die Prachttaucher nie auf kleinen Seen im Sommer zu finden sind: Zum Starten brauchen sie eine lange Anlaufbahn. Um eine Höhe von fünfzig Metern zu erreichen, müssen sie fast zwei Kilometer fliegen. Dabei können sie nicht Schleifen ziehen, wie es den startschnelleren Enten und Gänsen möglich ist.

Sind die Balzspiele beendet, begeben sich die Fischverbraucher auf große Ströme und lassen sich von ihnen zu den nördlichen Meeresküsten treiben. Den Winter verbringen sie entweder an der See (daher die Gruppenbezeichnung »Seetaucher« — im Gegensatz zu den »Lappentauchern«, deren bekanntester Vertreter der Haubentaucher ist), oder sie ziehen an westlich und südlich gelegene Flüsse. Früher wurden sie häufig am Rhein beobachtet; an Nord- und Ostseeküste tauchen sie regelmäßig auf. Dann allerdings tragen sie ihr schlichteres Winterkleid und lassen auch nicht ihre eigenwilligen Rufe erklingen. Und dennoch erscheinen sie durch ihre merkwürdige Körperform dem Beobachter als Vertreter uralter Vogelformen. Die zunehmende Verschmutzung der Seen und Flüsse macht es auch ihnen immer schwerer, geeignete Fischgründe zu finden. An vielen Orten ist ihr Verschwinden zum Gradmesser für die Vergiftung der Gewässer geworden. Nicht nur in Nord- und Osteuropa, auch an deutschen Flüssen und Küstenstrecken während der Überwinterungszeit. In den vergangenen Jahren hat man unter den vielen anderen betroffenen Seevögeln auch immer wieder Pracht-, Stern- und Eistaucher mit ölverklebtem Gefieder gefunden.

Wenn die Kraniche brüten

Farbbild linke Seite: Nur selten sieht man ein Kranichpaar zusammen in der Nähe seines Nestes. Vorsicht und Heimlichkeit der Großvögel lassen allenfalls für kurze Zeit nach, wenn die Jungen schlüpfen. Doch kaum haben die (meistens) zwei schwimmfähigen Kinder das Nest verlassen, trennen sich die Eltern mit jeweils einem von ihnen. Auf dem Bild ist links der Hahn, rechts die Henne zu sehen. Die Geschlechter sind nur schwer voneinander zu unterscheiden.

Oben: In Keilformation ziehen die Kraniche im Rückflug vom Weißen Nil bis hoch nach Skandinavien.

Unten: Nur wenn die Küken kurz hintereinander ausschlüpfen, bleiben sie einige Stunden zusammen auf dem Nest.

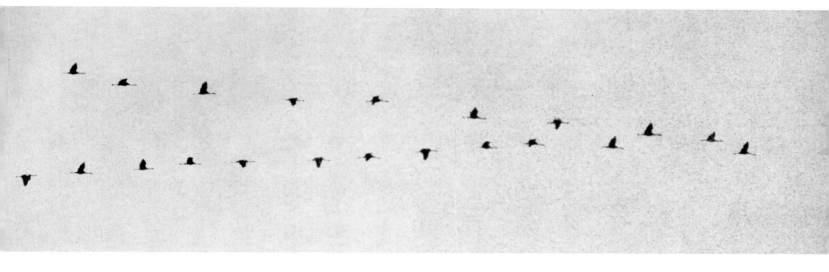

Noch ist ein Frühling in Nordeuropa ohne die großen Zugkeile und die heiseren Rufe der Kraniche undenkbar, noch geben sie zusammen mit Kiebitz und Schnepfe das Frühlingssignal für die Natur. Wer die letzten fünf Märztage an bestimmten Plätzen in Niedersachsen und Schleswig-Holstein verbringt, dem wird ein unbeschreibliches Schauspiel geboten. In wohlgeordneter Formation mit ständig wechselnder Spitze ziehen diese unsere größten Vögel, von Afrika kommend, ihren nördlichen Brutplätzen entgegen. Seit Menschengedenken benutzen die mächtigen Flieger dieselben Flugstraßen, und so ist es nicht schwer, ihre Reise zu beobachten. Je länger sich der Winter in unseren Breiten Zeit gelassen hat, desto massierter sind die Gesellschaften.

Die Flughöhe hängt vom Wetter ab: Bei klarem Himmel sind die Kraniche oft so hoch, daß man sie nur hören, nicht mehr aber sehen kann. Und bei Vögeln, die 1,20 m Körpergröße erreichen, will das schon etwas heißen. Ist das Firmament mit Wolken bedeckt, so halten sie sich dagegen nicht selten an eine Höhe von nur wenigen hundert Metern. Für den Flugverkehr ist während der Zugzeit erhöhte Aufmerksamkeit vonnöten. Schon mehrere Verkehrsmaschinen gerieten in einen Kranichzug und stürzten ab. Daher werden die Wanderbewegungen der Großvögel seit einigen Jahren genauestens beobachtet, die Keile von Kontrollturm zu Kontrollturm weitergemeldet.

Es steht zu befürchten, daß die Zahl der Kraniche im entsprechenden Verhältnis abnimmt, wie die Zahl der Flugzeuge wächst. Zwar trägt die Luftfahrt nicht direkt Schuld daran, wohl aber die fortschreitende Technik und Zivilisation. Kraniche sind Kulturflüchter und brauchen zum Brüten weite Moore und Sumpflandschaften. Ihr Bodennest aus Schilf muß von Wasser umgeben sein, so daß es möglichst weder von anderen Tieren noch vom Menschen erreicht werden kann. Mit ihren langen Beinen können die Kraniche immer noch dorthin waten, wo Fuchs und Wildschwein aufgeben müssen.

Solche Lebensräume, in denen Erlen aus dem Wasser ragen, Binsenbüschel und Heidebülten sich abwechseln, wo der Boden nachgibt und alte Torfstiche sich mit Wasser vollgesogen haben, werden bei uns immer seltener. Trockenlegung, Urbarmachung, Kultivierung, Bebauung sind auch in einer Zeit erhöhten Umweltbewußtseins schwer aufzuhalten. Das Brutvorkommen der Kraniche ist danach: In der Bundesrepublik sind es knapp 30 Paare, die versuchen, an verlandenden Seen, in Erlenbrüchen und zwischen Torfstichen ihre Jungen auszubrüten und großzuziehen. In Mitteldeutschland ist die Situation erfreulicher. Im Jahr 1968 sind noch über 250 Brutpaare nachgewiesen worden, 229 allein in Mecklenburg, seit jeher ein »Kranichland«.

Wie die Störche jedes Jahr wieder auf denselben Dächern

Unten: Ganz vorsichtig läßt sich der Altkranich auf einem seiner Jungen nieder; deutlich erkennt man, wo sein Platz zum Wärmen ist: zwischen Hals und Körper des Altvogels.

Rechte Seite oben: Wenn sich am Hornborgasjön in Västergötland (Schweden) die großen Hochzeitsgesellschaften der Kraniche auflösen, ziehen die Vögel paarweise ihren Brutgebieten entgegen, die manchmal noch einige tausend Kilometer weiter nördlich liegen.

Rechte Seite unten: Ein Kranichnest in der Uferzone eines verlandenden Sees, der von einem Erlenbruch umgeben ist. Die Vögel brüten nur dort, wo genügend hoher Wasserstand ihren Feinden die Annäherung ans Nest unmöglich macht. Werden sie gestört, so nutzen nicht selten Krähen oder Kolkraben die Gelegenheit, sich die Eier zu holen. — Landschaften wie diese sind in der Bundesrepublik selten geworden.

landen, so kehren auch die Kraniche immer wieder an die angestammten Brutplätze zurück. Bei uns nehmen einige Vögel sogar mit einem stark eingeengten Revier vorlieb, nur weil sie daran gewöhnt sind. Stirbt diese Generation aber aus, dann bleiben auch die letzten Paradiese unbesiedelt. Und eines Tages werden fast alle europäischen Kraniche nur noch in Mecklenburg, Skandinavien und Nordrußland brüten. Die Chance, diese herrlichen Gefiederten bei uns zu erhalten, wird von Jahr zu Jahr geringer, weil nichts dafür getan wird. Dabei wäre es ein leichtes, die letzten verbliebenen Brutgebiete in Norddeutschland zu sichern.

In Schweden und Norwegen dagegen ist man rührig. Obwohl diese Länder mit ihren unendlichen Mooren, Seen und Sümpfen viele hundert Kraniche beherbergen, sind die Behörden und private Naturschutzvereine sehr um das Wohl der Vögel besorgt. Brutgebiete von Kranichen bleiben von Veränderungen verschont.

Die Kraniche, die zu den ältesten Vogelarten auf unserem Planeten gehören, geben noch manches Rätsel auf. Zwar weiß man, daß sich beide Altvögel jeweils eines Jungen annehmen, um die Gefahr eines Doppelverlustes zu vermeiden und eine bessere Aufzucht zu gewährleisten. Auch ist den Ornithologen bekannt, daß die

Vögel frühestens mit dem fünften Lebensjahr fortpflanzungsfähig werden. Ungeklärt ist jedoch bis heute der unterschiedliche Mauserrhythmus, das Ritual bei den Hochzeitstänzen und manche Einzelheiten aus dem Zugverhalten.

In Mittelschweden gibt es einen See, an dem sich Anfang April Tausende von Kranichen versammeln und einen einzigartigen Hochzeitsmarkt veranstalten. Im Lauf weniger Tage landen hier die Reiseverbände, deren Stärke zwischen einem Dutzend und mehr als hundert betragen kann. Obwohl die meisten Paare schon seit vielen Jahren fest aneinander gebunden sind, balzt jeder Partner erneut um die Gunst des anderen. Auf wenigen Quadratmetern findet ein unbeschreibliches Trompeten, Halsrecken, Knicksen, Flügelspreizen, Auf- und Abschreiten, Springen, Laufen, Kniebeugen, Schnabelwenden und symbolisches Werfen mit Nistmaterial statt. Dem Beobachter bietet sich ein unvergeßliches Schauspiel, und er hat das Gefühl, auf einem riesigen Vogelbahnhof zu sein. Doch die Vögel bleiben nicht lange. Gleichzeitig lösen sich die großen Gesellschaften auf und streben zu zweit ihren Brutplätzen zu, die oft noch einige tausend Kilometer weiter nördlich liegen. Dort pflegen dann die Heimkehrer mit lang emporgerecktem Hals durch den Sumpf zu schreiten; das schiefergraue Gefieder macht sie allerdings weitgehend unsichtbar. Nur aus der Nähe wird der rote Scheitel erkennbar, dann sieht man auch die hellen Augen und die dunkel abgesetzten Kopf- und Halspartien. Und man erkennt, was es mit dem merkwürdig unförmigen »Schwanz« auf sich hat: Es sind die zusammengelegten inneren Armschwingen, die über den Rumpf runterhängen.

Links: Nach dem Verlassen der Ausfahrtröhre flöhen sich die Dachse sehr ausgiebig; anschließend beginnen sie — besonders im Herbst — mit Erdarbeiten, indem sie die Gänge und Kammern ihrer Baue erweitern.

Unten: Dachse sind zwar erst nach zwei Jahren voll ausgewachsen, doch kann man schon im Spätsommer die Fähe von ihren Jungen nur noch unterscheiden, wenn man sie nebeneinander sieht. Auf unserem Bild ist es noch nicht ganz so weit: links die Mutter, rechts und vorne zwei Junge im vorjährigen Buchenlaub.

Großbild rechte Seite: Bevor sich der Dachs ganz auf dem Vorplatz zu seinem Bau zeigt, prüft er lange mit seiner sehr feinen Nase die Luft. Ist das gründliche und laute Schnüffeln positiv verlaufen, erscheint Grimbart in voller Größe. Entweder macht er sich anschließend noch an der Baueinfahrt zu schaffen, oder er trabt auf angestammten Wechseln schnurstracks zur Nahrungssuche ins Revier.

Dachse in Gefahr

Die Dämmerstunde bringt sowohl abends wie auch morgens eine große Wachablösung mit sich. Wie beim Schichtwechsel stellen die einen Tiere ihre Aktivität ein, während andere auf der Bildfläche erscheinen. Der Übergang ist fließend, denn jede Art hat ihren bestimmten »Helligkeitsgrad«, zu dem sie munter wird oder sich zurückzieht. Dieser angeborene Wekker ändert seine Zeiten zwangsläufig mit dem Ablauf des Jahres, denn die langen Tage müssen ebenso ausgeglichen werden wie die mehr als zwölf Stunden währenden Nächte.

Wer Tiere beobachten will, braucht sich nur nach ihrem Wach- und Schlafzyklus zu richten. Vergeblich wird man tagsüber auf einen Iltis warten, denn er ist nur nachts unterwegs. Nach dem Wiesel jedoch, das trotz eindeutiger Unterscheidungsmerkmale häufig mit dem Iltis verwechselt wird, fahndet man in der Dunkelheit ohne Erfolg, denn es ist tagsüber auf der Jagd. Manche Tiere wiederum kann man sowohl im Hellen wie auch im Dunkeln antreffen: Füchse haben immer Jagdzeit, obwohl auch sie den Schutz der Nacht vorziehen.

Ein weiterer Vertreter der Raubtiere ist ausschließlich erst nach Sonnenuntergang auf den Läufen: der Dachs. Er verschläft den Tag in seinem Bau und läßt sich nur selten bei Helligkeit blicken. So ist es zwecklos, vor der Abendstunde in der Nähe der unterirdischen Burg Stellung zu beziehen und auf das »Ausfahren« Grimbarts zu warten. Mit Einbruch der Dämmerung jedoch kann man ziemlich sicher sein, daß man die großen grauschwarzen Angehörigen der Marderfamilie zu Gesicht bekommt. Voraussetzung ist allerdings ein »befahrener« (bewohnter) Bau. Besonders in großen Waldrevieren gibt es etliche Dachsbaue, die nur zeitweise bezogen sind. Doch gibt es sichere Zeichen für das Vorhandensein der nächtlichen Pirschgänger: Lange Sand- und Erdrinnen, Schleppbahnen und festgetretener Boden deuten auf die Mieter hin.

Die gut fuchsgroßen, aber kompakteren Tiere leisten sich nämlich eine aufwendige Wohnkultur. Selbst wenn sie einen Bau bewohnen, der schon seit Generationen weitervererbt worden ist, sind sie pausenlos mit Erdarbeiten beschäftigt. Da werden die Ausfahrtsröhren erweitert, neue Gänge gegraben und die verschiedenen Kammern renoviert, da wird Erde herausgescharrt, trockenes Gras, Farnkraut und Moos hineingeschafft. Besonders im Herbst ist die Aktivität groß, denn zu diesem Zeitpunkt be-

Oben: Wer in den Dachsen nur ungesellige Einzelgänger sieht, wird beim Beobachten der Fähe mit ihren Jungen eines Besseren belehrt. Das gegenseitige Berühren und Beschnüffeln ist jedoch nicht nur als Zärtlichkeitsbeweis in menschlichem Sinn zu deuten: Mit Hilfe solcher Kontakte wird die Bindung der einzelnen Familienmitglieder aufrechterhalten.

reiten die Dachse ihr Winterlager vor. Zwar gehören sie nicht zu den echten Winterschläfern, doch können sie bei schlechtem Wetter und hoher Schneelage wochenlang in ihrem Bau bleiben. Während dieser Ruhe- oder Faulzeit zehren sie von ihrer ansehnlichen Feistschicht, die sie sich im Spätsommer und Herbst zugelegt haben. Beim Weibchen entwickeln sich im Winterbau die befruchteten Eier zunächst langsam, im Januar und Februar jedoch sehr rasch. Die Jungen, die im Februar oder März blind und reichlich unterentwickelt geboren werden, bleiben rund drei Monate unter Tage, bevor sie zum ersten Mal vor dem Bau erscheinen.

Wer in den Dachsen griesgrämige Einzelgänger sieht, wird beim Beobachten einer Familie vor dem Bau schnell eines Besseren belehrt. An warmen Juni- und Juliabenden balgen sich die drei bis fünf Jungen schon vor Sonnenuntergang rund um die Hauptröhren, und gelegentlich mischen sich auch die Fähe oder der Rüde ein. Normalerweise aber lassen die Alten ihre Kinder abends alleine und begeben sich auf angestammten Wechseln auf Nahrungssuche. Dabei zeigen sie ihre Vorliebe für gemischte Kost: Beeren, Pilze und Wurzeln stehen genauso auf der Speisekarte wie Regenwürmer, Käfer, Schnecken, Frösche und Mäuse. Gelegentlich werden auch einmal das Gelege oder die Jungen eines Bodenbrüters mitgenommen, doch wird der Schaden, den der Dachs angeblich unter dem Niederwild anrichten kann, erheblich überschätzt.

Solche falsche Beurteilung ist wohl auch der Grund dafür, daß Dachse von einigen Jägern immer noch erlegt werden, obwohl ihre Zahl in der Bundesrepublik erheblich zusammengeschrumpft ist. Wenn diese Entwicklung sich fortsetzt, wird es nicht mehr lange dauern, bis die Dachse bei uns auf die Liste der in ihrer Existenz bedrohten Tiere gesetzt werden müssen. Mit Sorge betrachten nicht nur viele Naturfreunde, sondern auch etliche Jäger die langsame, aber beständige Abnahme der harmlosesten unter unseren Raubtieren. Ein Blick auf die Streckenlisten der vergangenen Jagdjahre beweist den Ernst der Situation. Im Jagdjahr 1969/70 wurden in der Bundesrepublik noch 5964 Dachse erlegt, 1971/72 waren es nur mehr 3875. Zwar mag dieser Zahlenunterschied auch etwas durch die verstärkte Zurückhaltung der Jäger zu erklären sein, doch ist er in erster Linie durch die von keiner Seite bestrittene Abnahme der Dachse begründet. In vielen Gegenden wurde schon seit Jahren keines der Tiere mit der schwarzweißen Gesichtsmaske mehr gesehen.

Hauptursache für diese Entwicklung ist die Bekämpfung der Tollwut unter den Füchsen. Durch jährliche Vergasung der Fuchsbaue versuchen die Gesundheitsbehörden, der Seuche Einhalt zu gebieten. Da jedoch nur selten zwischen Dachs- und Fuchsbauen ein Unterschied gemacht wird, beide Tierarten gelegentlich auch sogar den gleichen großen Bau bewohnen, kommen viele Dachse bei den Vergasungsaktionen ums Leben. Zwar können letztere selbst auch an Tollwut erkranken, doch werden sie nicht — wie die Füchse — gefährlich. Tollwütige Dachse ziehen sich in ihren Bau zurück und verenden.

Bei der von der Jägerschaft immer wieder kritisierten Bauvergasung soll in Zukunft mehr Rücksicht auf die Dachse genommen werden. Dabei liegt es in erster Linie an den Jägern selbst, ob sie die wenigen verbliebenen Dachse retten. Durch gezielte Bauauswahl und vorübergehende Einstellung der Jagd läßt sich das große Dachssterben verhindern. Aderlaß wird es in der Dachssippe ohnedies genügend geben, denn jährlich werden viele von ihnen auf den Straßen überfahren.

Vogelquartiere

Unten: Nicht nur eine Vielzahl von Arbeitsstunden, sondern auch ein großes Maß an Kunstfertigkeit und architektonischem Können legen die Schwalben jedes Jahr beim Nestbau an den Tag. Hier mauert ein Mehlschwalbenpärchen mit einem Gemisch aus Speichel, Lehm und kleinen Halmen an seiner Brutstätte unter einem Dach; deutlich ist die dunkle »Tagesschicht« zu erkennen.

Nicht mehr als acht Meter mißt der Stamm des alten Buchenbaumes, dem vor Jahren ein Sturm Stolz und Krone genommen hat. Und längst hätte die Motorsäge der Waldarbeiter Platz für die benachbarten Holzlieferanten geschaffen, wenn nicht der zuständige Förster mit den biologischen Gesetzen des Waldes vertraut und außerdem ein Tierfreund wäre. Denn wirtschaftlich ist mit der Buche nichts mehr los. Der Stamm ist angefault, die Rinde an den meisten Stellen abgefallen. Das einstmals feste Kernholz ist von unzähligen Narben und Löchern bedeckt. Auf den ersten Blick also ein Stück abgestorbenen Lebens, das jenen, die im Wald eine Plantage sehen und beim Gang durch die Gehölze nur Ertragszahlen im Kopf haben, ein Dorn im Auge sein müßte. In Wirklichkeit jedoch steckt die Buche voller Leben und stellt für den übrigen Wald einen äußerst nützlichen Faktor dar.

Generationen von Vögeln haben sich an diesem Baum schon zu schaffen gemacht. Zuerst mag es ein Schwarzspecht gewesen sein, der mit kräftigen Hieben seines Meißelschnabels hier eine Nisthöhle eingerichtet hat. Vier der großen Öffnungen sind jetzt noch zu sehen, doch ist der größte unserer Spechte längst ausgezogen und hat Nachmietern Platz gemacht. Geschwätzige Dohlen sind zu Stammgästen geworden und brüten jedes Jahr im Innern des Buchenstammes.

Das gesellige Treiben der Rabenvögel hat andere Gefiederte nicht davon abgehalten, ebenfalls Quartier in der Baumruine zu nehmen. Die leichte Bearbeitung des Holzes hat im Lauf der Jahre sowohl Grünspecht wie auch dessen kleineren Verwandten, den Buntspecht, dazu verlockt, sich niederzulassen. Und wenn sie auch nicht beide regelmäßig hier brüten, so hat der Stamm doch schon vielen Spechtkindern als Wiege gedient. Stare haben nach dem jeweiligen Auszug von der Zimmermannsarbeit profitiert, gelegentlich auch ein Wendehalspärchen. Mindestens ein Baumläuferpaar findet jedes Jahr Unterschlupf unter einer der verbliebenen Rindenflächen, ebenso regelmäßig brütet hier ein Kohlmeisenpaar.

Links: Im Laufe ihres Lebens zimmern Buntspechte eine ganze Reihe von Höhlen, die sie nicht selten turnusgemäß immer wieder beziehen. Doch nicht jedes Spechtloch dient zum Wohnen oder Brüten — viele legen nur Zeugnis von intensiver Nahrungssuche ab.

Rechts: Gemessen an seinem kleinen Körperumfang leistet sich der Zaunkönig die aufwendigste Wohnkultur. Im Lauf des Jahres legt er mehrere Kugelnester aus Halmen, Moos und Federn an; sie sind gelegentlich zehnmal so groß wie sein Bewohner.

Unten: Waldkäuze sind Höhlenbewohner und haben es in rationell bewirtschafteten Wäldern schwer, geeigneten Wohnraum zu finden; viele Forstleute haben den nützlichen Mäusejägern daher Nistkästen aufgehängt.

Sie alle starten vom zernarbten Buchenstamm zu unzähligen Nahrungsflügen in die Umgebung, suchen in der Nachbarschaft Rinde und Blätter der Bäume nach Insekten ab und sorgen auf diese Weise für eine natürliche Schädlingsbekämpfung. Da jede Vogelart andere Beute bevorzugt, ergänzt sich die Wohngemeinschaft in hervorragender Weise. Einen besseren Beitrag zur Gesunderhaltung des Waldes als die Schonung des langsam faulenden Buchenstammes kann der Forstmann gar nicht leisten. Daß sich von dem durch viele Spuren gezeichneten Stumpf keine Schädlinge ausbreiten, dafür sorgen nicht nur die Bewohner durch regelmäßige Absuche selbst. Jeden Tag zieht die Buche auch eine Unzahl anderer Larven-, Käfer- und Raupenspezialisten an.

Vögel haben es zunehmend schwerer, geeignetes Wohnquartier zu finden. Nicht nur die Höhlenbrüter, denen man wenigstens zum Teil mit künstlichen Niststätten helfen kann. Auch große Gefiederte kommen in arge Bedrängnis, wenn plötzlich ihr Horstbaum verschwindet, das schilfgedeckte Scheunendach eingerissen und durch eins aus Eternit oder Ziegelpfannen ersetzt wird, Ödländer kultiviert und Ufer begradigt werden. Jede Form von Lebensraum und Umgebung bietet nicht nur eine bestimmte Nahrungsgrundlage, sondern auch Voraussetzungen für eine der jeweiligen Vogelart angepaßte Wohnungsmöglichkeit.

Manche der Quartiersuchenden haben durch den Menschen zusätzliche Unterkünfte erhalten. Die Heerscharen der Vögel, die alleine unter Dachfirsten, in Mauernischen und in Holzkästen brüten, sind unübersehbar. Doch nicht alle nehmen mit einem Ersatzwohnraum vorlieb. So wie es unter dem freilebenden Wild Vertreter gibt, deren Veranlagung es nicht zuläßt, in menschlicher Nähe zu sein, so sind auch viele Vögel auf zivilisationsfremde Wohn- und Brutstätten angewiesen.

In erster Linie dient den Vögeln das Nest zur Brut, Jungenaufzucht und damit Arterhaltung. Viele von ihnen, vor allem jene, die auch den Winter bei uns verbringen, brauchen darüber hinaus eine Bleibe für die Nacht oder — wenn sie Nachtvögel sind — für den Tag. Sie beweisen bei der Wohnraumbeschaffung nicht selten ein großes Maß an Phantasie. Zaunkönige bauen bis zu einem halben Dutzend ihrer Kugelnester, Eisvögel legen im Lauf eines Jahres mehrere Erdröhren an, die sich jeweils für unterschiedliche Wetterlagen eignen, Eulen haben ebenfalls Ausweichquartiere.

Taggreifvögel halten sich außerhalb der Brutzeit nur in Ausnahmefällen am Horst auf. Sie verbringen die Nacht auf irgendeinem Ast »aufgehakt« oder »aufgeblockt«, mit dem Kopf im Gefieder. Enten, Gänse, Schwäne und Taucher kommen ebenfalls ohne festes Quartier aus. Sie sind so sehr mit dem Wasser verbunden, daß sie nahezu die ganze Zeit schwimmend verbringen. Manche machen sich auch außerhalb der Brutperiode die Arbeit anderer zunutze. Im Winter beziehen die Spatzen die leerstehenden Schwalbennester, Spechthöhlen erleben regelrechte Meiseninvasionen. In Bussardhorsten lassen sich Waldohreulen oder Marder nieder.

Dauergäste aus Asien

Wozu in Vorzeiten Klimaverschiebungen, Eiszeiten und damit verbundene Umweltveränderungen Jahrtausende benötigten, das kann heutzutage der Mensch innerhalb weniger Jahre erreichen: die Vernichtung ganzer Tierarten auf der einen, die Neuansiedlung von Wild oder Vögeln auf der anderen Seite.

Wer die Berichte über Veränderungen innerhalb der Tierwelt, Verschiebung von Lebensräumen, Ausrottung, Wanderung und Einbürgerung verfolgt, wird feststellen, daß sich gerade im europäischen Raum eine Menge ereignet. Die zunehmende Kultivierung unberührter Landstriche verdrängt die sogenannten Kulturflüchter, begünstigt jedoch die Ausbreitung der Kulturfolger. Die schnelle Besiedlung Europas durch die Türkentaube ist nur ein Beispiel für die Belebung der Landschaft durch »Zugereiste«. Leider ist das Konto nicht ausgeglichen. Die Schar jener Tiere, die bei uns immer seltener werden, ist wesentlich größer und vielartiger als jene, die als Neuankömmlinge registriert werden. Ganz abgesehen vom »Wert« oder »Unwert« beider Tiergruppen.

Unter dem in Westeuropa beheimateten Schalenwild macht in den letzten Jahren eine neue Hirschart in zunehmendem Maß auf sich aufmerksam. Es gibt etliche Streckenlisten in den Landesjagdverbänden, auf denen die Spalte »Sikawild« schon zu einer ständigen Einrichtung geworden ist und in der die Zahl langsam aber stetig wächst.

Seit einigen Jahrzehnten ziehen die Sikahirsche, deren ursprüngliche Heimat Ostasien ist, ihre Fährte auch durch mehrere bundesrepublikanische Reviere. So vielgestaltig die fernöstlichen Einstände vom Ussuri bis zu den japanischen Inseln und Formosa sind, so unterschiedlich sind auch die Gebiete hierzulande, in denen sich die zierlichen Hirsche wohl fühlen. Von einem der nördlichsten Reviere in der Nähe von Flensburg bis nach Südbaden erstreckt sich der »Aktionsradius« der Tiere, die vor mehr als 40 Jahren erstmals in größerer Zahl eingeführt und zunächst in Gattern gehalten wurden. Seitdem haben sie sich gut vermehrt, haben sogar schon eigene europäische Merkmale herausgebildet und sind in manchen Landstrichen zum festen Bestandteil der Wildbahn geworden.

So verwunderlich ist das nicht, und mancher, dem »Fremdlinge« in unserer Fauna ein Dorn im Auge sind, muß sein Vorurteil revidieren, wenn er erfährt, daß Sikahirsche vor etlichen Jahrtausenden in Europa bereits beheimatet waren, durch die Eiszeit jedoch verdrängt wurden (wie das Damwild und die Mufflons übrigens auch, die ebenfalls beide wieder vorhanden sind). Die Einbürgerung, die in erster Linie von Jägern betrieben wird, ist also eher eine Rückkehr. Die schnelle Akklimatisation ist ein Beweis dafür.

Das Sikawild stellt eine weitverzweigte Sippe dar. Mit sieben Unterarten hält sie den Rekord unter den Hirschen, doch muß man sich schon auf die zoologische Bestimmung verstehen, will man jede Art von der anderen unterscheiden. So gibt es allein in Deutschland die Ableger von drei verschiedenen Arten, die wiederum neue »Linien« herausgebildet haben. Größter Vertreter der Sikas ist der Dybowskihirsch, der gut ein Drittel größer ist als die bei

Oben: Auffallend ist das verhältnismäßig schwache Geweih, das nur selten mehr als acht Enden erreicht; der Kopfschmuck leuchtet nahezu schneeweiß.

Rechts: Gibt das Leittier das Signal zur Flucht, so setzen sich alle Rudelmitglieder in langen Sätzen ab. Vom Damwild sind die Sikas leicht durch den fehlenden dunklen Wedel zu unterscheiden.

Großbild auf der rechten Seite: Der helle Spiegel wird fast immer dem Betrachter zugekehrt, denn das Sikawild liebt es, die Gegend über den Rücken zu beäugen.

uns angesiedelten Verwandten, die etwas kleiner bleiben als Damhirsche. Der Dybowskihirsch stammt vom ostasiatischen Festland und trägt ein großes Geweih, das sich im Umfang fast mit dem Kopfschmuck unserer Rothirsche messen kann, jedoch nicht so endenreich wird. Aus einer Kreuzung zwischen Dybowskihirsch und dem kleineren mandschurischen Sika, ebenfalls einer Festlandart, gingen Nachkommen hervor, die den Grundstock für die süddeutschen Sikabestände gelegt haben. Im Norden dagegen wechseln die kleinsten Vertreter der gesamten Art durch die Wälder. Ihre Vorfahren stammen von den japanischen Inseln und werden dort heute noch vielfach als heilige Tiere in den Tempelbezirken gehalten. In freier Wildbahn sind die Sikahirsche in ganz Asien sehr selten geworden, da sie zeitweise zu stark bejagt wurden.

Die europäische Luft scheint dem Wild, das im Sommer eine hell gefleckte, im Winter eine dunkelbraune bis nahezu schwarze Decke trägt, gut zu bekommen. Im Verlauf von nur drei Jahrzehnten machte besonders der japanische Sika (Sika nippon nippon) eine erstaunliche Entwicklung durch. Nicht nur im Wildbret, also im Gewicht, nahm er zu, sondern auch die Trophäen wurden stärker. Gab es ursprünglich Geweihe mit höchstens acht Enden, so kommen jetzt schon Zehnender vor. Dabei gibt es solche, deren Kopfschmuck fast weiß glänzt, während die Stangen bei einer Seitenlinie immer dunkler werden.

Für den Jäger stellt das Sikawild insofern eine Bereicherung dar, als es äußerst heimlich ist und die Bejagung dadurch reizvoll macht. Außerdem hält es sich in solchen Revieren, die für Rotwild ungeeignet sind. Allerdings soll es sich mit unseren Edelhirschen nicht gut vertragen. Es scheint diesen erhabenen und bedächtigeren Waldbewohnern zu unruhig zu sein. Daher findet man nur selten die entfernten Verwandten gemeinsam vor. Aus diesem Grund auch wird die Ausbreitung des Sikawildes, das bei flüchtigem Hinsehen leicht mit dem Damwild verwechselt werden kann, auf gewisse Räume in unserem Land beschränkt bleiben. Ausgesprochenen Trophäenjägern sind die Geweihe ohnehin zu klein. Das ist das Glück der Sikas, daß sie vor solchen Knochensammlern verschont bleiben.

So wie ihr Aussehen weichen auch die Lautäußerungen des fernöstlichen Wildes von der europäischen Hirschnorm ab. Während der Brunft im Oktober und November lassen die Geweihten langgezogene Pfiffe ertönen, und bei Gefahr warnen sich die Tiere gegenseitig mit kurzen Pfiffen, ähnlich wie Gemsen und Murmeltiere im Gebirge. Doch auch solches Alarmsignal innerhalb der Rudel kann nicht verhindern, daß zur Zeit jährlich etwa 300 Stück Sikawild in bundesdeutschen Revieren erlegt werden.

Unten: Weder Rot- noch Damhirsche sind in freier Wildbahn so scheu und mißtrauisch wie die Sikas. Doch erkennt man auf dem Bild deutlich, daß sich die Zurückhaltung des Kahlwildrudels mit großer Neugier paart.

150

Jäger und Gejagte

Unten: Nicht nur der Hunger, auch die Liebe bringt Meister Reineke im Februar auf die Läufe. Während die Füchse sonst lieber im Dunkeln operieren und nächtliche Beutezüge vorziehen, sind sie während der Ranzzeit tagsüber zu sehen.

Der Winter sei des Raubwildes Freund, hört man bisweilen aus dem Jägermund. Dann sei der Tisch für Fuchs und Marder, Iltis und Hermelin reich gedeckt, denn sie alle könnten von der Not des übrigen Wildes profitieren. Von Hunger geschwächte Hasen seien eine genauso leichte Beute wie ein sorglos an der Futterkrippe weilendes Rehkitz. Und wer Bilder aus Alaska oder Rußland sieht, auf denen eine Wolfsmeute einen Elch eingekreist hat oder ein Vielfraß ein Rentierkalb fortschleppt, der mag sich solcher Meinung leicht anschließen. Wer allerdings an kalten Wintertagen, vor allem während der Dämmerstunden, durch das verschneite Revier zieht, der weiß, daß es auch den sogenannten Räubern in unserer Wildbahn bei strengem Frost und hohem Schnee schlecht geht.

Dabei setzt den Beutemachern weniger die Kälte als die schwierige Ernährungslage zu. Gegen tiefe Temperaturen ist alles Raubwild durch einen besonders dichten Winterpelz geschützt; daher erscheinen Fuchs und Marder auch zu dieser Jahreszeit viel größer; übrigens ist nur der Winterbalg für den Kürschner von Wert.

Kommen aber Kälte und

Großbild linke Seite: So nützlich der weiße Balg des Hermelins bei Schnee ist, so nachteilig wirkt er sich aus, wenn der Untergrund dunkel bleibt. Dann müssen die kleinen Räuber — im Gegensatz zu ihrer sonstigen Gewohnheit — einen Teil ihrer Jagdzeit in die Dunkelheit verlegen. In erster Linie leben das Große Wiesel und sein kleiner Vetter, das Mauswiesel, von Mäusen, die sie bis unter die Erde verfolgen. Hier schaut ein Hermelin aus einem erweiterten Mauseloch auf einer Wiese.

Mitte: Schneehasen sind im Winter nur zu erkennen, wenn sie sich gegen einen dunklen Hintergrund abheben. Daher halten sie sich auch mit Vorliebe auf freien Schneeflächen auf, wo sie sich tagsüber ihre Sasse scharren. Nur beim Äsen laufen sie Gefahr, von einem Feind erkannt zu werden.

Unten: Allen vierbeinigen Räubern ist ein gesunder Hase im Schnee überlegen, denn mit seinen langen Läufen kommt er schneller voran als alle Verfolger. Der Hauptantrieb sitzt in den längeren Hinterläufen; die Vorderläufe sind in erster Linie zum Spuren da und halten den Körper im Gleichgewicht. — Gegen einen Angreifer aus der Luft, wie z. B. den Habicht, kann jedoch auch der schnellste Mümmelmann nichts ausrichten. Da hilft nur schnelles »sich drücken«.

Schnee gemeinsam, so geraten die räuberischen Gesellen in eine mißliche Lage. Erstens können sie sich sehr viel schlechter fortbewegen, sowohl was Schnelligkeit als auch Lautlosigkeit betrifft. Zweitens können sie nicht mehr ihre bewährte Tarntaktik anwenden. Auf hellem Untergrund sind sie selbst bei Nacht sichtbar, und ihre Gestalt ist jedem Stück Wild weithin eine Warnung. Die einzige Ausnahme macht das Hermelin (Großes Wiesel), dessen Fell sich für die Wintermonate weiß färbt.

Die Füchse scheinen die fatalen Folgen der verschneiten Landschaft zu kennen, denn sie versuchen — ganz im Gegensatz zur sonstigen Gewohnheit — gar nicht erst, einen Hasen, ein Kaninchen oder eine Fasanenhenne anzupirschen. Zumindest auf freiem Feld kann man Meister Reineke sehen,

wie er einen knappen Steinwurf an Mümmelmann vorbeischnürt, ohne ihn eines Blickes zu würdigen. Er weiß, daß der Hase ihn längst gesehen hat und immer die notwendige Fluchtdistanz einhalten wird. Der Langlöffelige kann bei Schnee ziemlich sicher sein, daß der Fuchs es nicht auf eine Verfolgungsjagd ankommen läßt. Mit seinen langen Läufen und dem geringeren Gewicht ist ein Hase dem rotberockten Luntenträger immer überlegen.

Füchse wie auch andere Räuber verlegen sich im Winter daher häufiger aufs Lauern. Sie schieben sich an geeigneter Stelle irgendwo unter einen Busch und warten, bis sich ein potentielles Opfer ahnungslos genähert hat. Daß solche Ansitze oft genug ergebnislos enden, kann man sich leicht ausrechnen.

Gelegentlich gibt es jedoch auch zwei Füchse, die sich nach Wolfsart zusammengetan haben und ein Stück Wild systematisch zur Strecke bringen. Solchen eingespielten Jägern können dann sogar Rehe zum Opfer fallen. Die Methode ist einfach und muß dennoch gekonnt sein: Einer von beiden beginnt, das Reh zu hetzen, während der andere an einer Stelle wartet, die das Opfer bei richtiger »Dirigierung« passieren muß. Kommt es erschöpft vorbei, so versucht der zweite, ausgeruhte, Fuchs, das Tier zu reißen. Gelingt das nicht, so setzt sich die Jagd mit immer wieder vertauschten Rollen so lange im großen Kreis fort, bis sie Erfolg hat. In unseren Revieren finden sich solche Gemeinschaften kaum zusammen, da es an der notwendigen Weitläufigkeit und Abgeschieden-

Oben: Die Zahl der Baummarder hat wieder etwas zugenommen, doch bleiben die Waldbewohner im Bestand hinter den Stein- oder Hausmardern weit zurück. Zu viele Baummarder können vor allem den Eulenbestand gefährden.

Links: Iltisse gelten zwar, wie die meisten Raubwildarten, als Feinde im Niederwildrevier, doch muß ihre Bejagung in Maßen bleiben. Denn auch diese nächtlichen Jäger ernähren sich hauptsächlich von Mäusen, Ratten und anderen Kleintieren. Rottet man das Kleinraubwild aus, so sorgt man damit für eine übermäßige Vermehrung der Schädlinge.

Farbbild rechte Seite: Der am unteren Ende gegabelte weiße Kehlfleck zeichnet den Steinmarder aus — sein Vetter, der Baummarder, besitzt einen kleineren, runden und gelben Latz, auch ist seine Spur im Schnee sehr viel undeutlicher.

heit fehlt. Bei uns jagt jeder Fuchs auf eigene Faust.

Raubwild ist allgemein als zäh bekannt. So können die Tiere lange ohne Nahrung auskommen. Notfalls werden die Fleischfresser vorübergehend zu Vegetariern. Besonders Marder stellen ihren Speisezettel häufig um. Dennoch hat man gerade unter ihnen in kalten Wintern die stärksten Verluste nachgewiesen. Wenn die Äste und Stämme der Bäume mit Reif und Eis überzogen sind, ist der Baummarder weitgehend zur Untätigkeit gezwungen. Er kann nicht, wie gewohnt, quer durch die Wälder »holzen«, Eichhörnchen oder Vögel verfolgen oder gar einen Hasen durch einen kühnen Sprung von oben überfallen. Wenn überhaupt, so kann sich das Gelbkehlchen nur ungeschickt durch die Baumkronen fortbewegen oder muß sein Glück auf dem Boden versuchen. Dauern Eisanhang und hoher Pulverschnee lange an, so kostet das manchem Edelmarder sein Leben.

Dem verwandten Steinmarder machen zwar überfrorene Baumstämme weniger Sorgen, doch gerät auch er bei dichter Schneedecke in Kalamitäten. Seine nächtlichen Ausflüge werden beschwerlich. Dennoch hat es der »Hausmarder« im Winter leichter als sein Waldvetter. Da er häufig in Scheunen und auf Stallböden haust, kann er dort manche Maus erbeuten, in Abfallhaufen nach Freßbarem suchen oder sich in guten Zeiten gar Vorratslager schaffen.

Einzelgänger

Farbbild links: Je älter Wildschweine werden, desto stärker wird ihr Hang zum Einzelgängertum. Vor allem mehrjährige Keiler ziehen es vor, ihre Wechsel alleine durchs Revier zu nehmen. Im Winter sind sie nicht selten sogar tagsüber unterwegs.

Unten: Starke Gamsböcke verbringen einen Großteil des Jahres alleine, wenn sie nicht eine Gefolgschaft finden, die ihnen behagt. Im Gebirge ist das einsame Leben noch gefährlicher als in der Ebene: Zum unwegsamen Gelände kommen im Winter die Gefahr plötzlicher Wettereinbrüche, Nahrungsknappheit und Lawinen.

Das spezifische Verhalten, das von Forschern und Beobachtern für jede Tierart als typisch herausgefunden und festgehalten wird, gilt nicht unbedingt für alle Vertreter der jeweiligen Sippe. Zwar lassen sich Lebensgewohnheiten und Reaktionen der einzelnen Arten meistens auf ein Grundschema zurückführen, doch gibt es immer wieder erstaunliche Abweichungen von der »ursprünglichen« Veranlagung. Und das ist es in erster Linie auch, was die Beschäftigung mit Tieren in freier Wildbahn so überaus interessant macht: Man weiß zwar mit einiger Erfahrung, wie dieser Vogel oder jener Vierläufer normalerweise zu leben und in bestimmten Situationen zu reagieren pflegt, ist jedoch häufig baß erstaunt, daß sie sich ganz anders als erwartet verhalten. Um solche Feststellungen zu treffen, braucht man kein Verhaltensforscher zu sein. Als Naturfreund, Jäger oder Spaziergänger mit etwas Beobachtungsgabe kann man die tollsten Überraschungen erleben.

Von einem Großteil unseres Schalenwildes ist bekannt, daß es sich im Winter zu größeren Gemeinschaften zusammenschließt. Rotwild steht in Rudeln an den Fütterungen, Rehe vereinigen sich zu Sprüngen, Sauen ziehen in Rotten durchs Revier. Geselligkeit ist auch bei vielen Vögeln Trumpf, und manche Scharen wachsen zu Tausenden an. Doch abseits von den Rudeln, Trupps, Herden, Völkern, Schoofen und Flügen findet man die Individualisten der einzelnen Arten. Tiere, die sich dem Verbandsleben gar nicht erst angeschlossen oder die sich später von ihm losgemacht haben. Die Gründe dafür können unterschiedlich sein.

Nicht selten spielt der gesundheitliche Zustand eine Rolle. Von Krankheit geschwächte Tiere scheren aus der Gemeinschaft aus, weil sie nicht mehr mithalten können, oder weil ihnen der bislang zustehende Platz innerhalb der sozialen Rangordnung streitig gemacht bzw. abgenommen wurde. Sie versuchen notgedrungen, sich allein durchzuschlagen und werden, wenn sie nicht eingehen, häufig Opfer des Raubwildes. Im Fall der Wiedergenesung haben sie es nicht selten schwer, erneut Anschluß zu finden. Manche haben sich allerdings zwischenzeitlich so ans Alleinsein gewöhnt, daß sie Einzelgänger bleiben. Mit allen Eigenheiten, die Tiere annehmen, wenn sie auf sich selbst gestellt sind: erhöhtes Mißtrauen und damit größere Heimlichkeit, unleidliches Verhalten gegenüber Artgenossen, Vorliebe für besondere Plätze und Re-

Links: Ein einzelnes Stück Rotwild ist im Winter eine Seltenheit; doch gibt es Exemplare, die von ihrer Veranlagung her die arttypische Rudelbildung nicht mitmachen.

Rechts: Überwiegend im Wald lebende Rehe sieht man eher alleine als solche, die in Feldrevieren zu Hause sind. Das gilt auch im Winter, wenn sich die zierlichen Tiere zum größeren Teil in »Sprüngen« zusammenfinden. Dieser Bock, der gerade sein neues, von einer Bastschicht umgebenes Gehörn schiebt, kann allerdings durch Zufall versprengt sein: Bei Verfolgung oder Störung splittern sich einzelne Verbandsmitglieder von der übrigen Schar ab, um die Gefahr zu »verteilen«.

vierteile einerseits, auf der anderen Seite jedoch eine gewisse Unstetigkeit.

Es müssen jedoch nicht immer äußere Einflüsse sein, die ein Tier zum Einzelgänger werden lassen. Manchmal sind bestimmte Angewohnheiten, die sich mit denen der Artgenossen nicht in Einklang bringen lassen, Grund für das Solistendasein. Die Vorliebe für bestimmte Kost, die von der Verwandtschaft nicht geschätzt wird, zieht manches Stück Wild zu anderen Stellen im Wald oder auf den Feldern als die übrige Schar. Dauernde Streitsucht oder zu große Ängstlichkeit können weitere Ursachen dafür sein, daß ein Tier ohne Begleitung bleibt. Vor allem bei älteren Tieren macht sich ein Hang zur Ruhe und Ungestörtheit bemerkbar, der sich mit dem Rudelleben nur schwer vereinen läßt.

Die meisten Feld- und Waldbewohner ändern ihr soziales Verhalten mit den Jahreszeiten. Im Frühling und Sommer sind viele allein oder paarweise unterwegs, die während des Herbstes und Winters in der Kommune leben. Daher fallen jene, die man auch bei Schnee ohne jeden Anhang trifft, besonders auf. Ein Jäger, der beim winterlichen Pirschgang auf ein einzelnes Stück Schwarzwild trifft, hält zunächst einmal Umschau nach weiteren Wildschweinen. Denn gerade die dunklen Borstentiere sind gesellige Umherstreifer. Bleibt das Warten auf weitere Tiere vergeblich, so wird sich der Revierinhaber das Stück Wild genau ansehen. Einzelne Sauen sind entweder starke Keiler oder versprengte bzw. verwaiste Frischlinge vom vorhergehenden Frühjahr.

Anders kann es beim Rot- und Rehwild sein. Da gibt es weibliche Stücke, die aus irgendeinem Grund schlechte Erfahrungen mit dem Gemeinschaftsleben gemacht haben. Sie bleiben den Ansammlungen der Verwandtschaft fern, und entsprechend zurückhaltend entwickeln sich dann die Kälber und Kitze. So kann sich das Einzelgängertum halbwegs vererben bzw. anerzogen werden.

Neben jenen, die entgegen der Norm das Leben überwiegend im Alleingang meistern, gibt es Arten, die von Natur aus Einzelgänger sind und nur zur Paarungszeit und während der Jungenaufzucht mit ihresgleichen zusammen sind. In unseren Breiten findet man solches Verhalten vor allem beim Raubwild, bei manchen Nagetieren und vielen Vogelarten. Hier bestätigt die Ausnahme die Regel noch viel seltener als bei Tieren, die von Natur aus ein gewisses Gemeinschaftsverhalten an den Tag legen: Einen Fuchs, einen Hamster oder einen Specht wird man nur in Ausnahmefällen mehr als paarweise zusammen sehen.

Links: Während des Winters erhalten unsere Eichelhäher Zuzug von östlichen Artgenossen. Im Abstand von einigen Jahren gibt es regelrechte Invasionen; viele der Zugereisten gehen zugrunde, da sie nicht so gut die andersartigen Nahrungsquellen zu nutzen verstehen wie die Einheimischen. Nur unter letzteren findet man auch versierte Einzelflieger, die den vielartigen Nachstellungen entkommen.

Unten: Ein einzelnes Rebhuhn in verschneiter Landschaft bedeutet meistens nichts Gutes. Da die Feldvögel außerhalb der Brutzeit in Völkern zusammenleben, stellt ein Huhn ohne Begleitung den verbliebenen Rest einer solchen Gemeinschaft dar.

An gefrorenen Wassern

Unten: Ein Höckerschwanpaar startet über die gefrorene Wasserfläche an der Ostseeküste, um eine offene Stelle zu finden. Im Winter wird besonders deutlich, daß man sich um den Bestand der Höckerschwäne keine Sorgen machen muß. Im Gegenteil: Vielerorts gibt es so viele der großen schönen Vögel, daß sie bereits als Störfaktor für die übrige Wasservogelwelt angesehen werden müssen.

Tags zuvor bot der See noch das gewohnte Bild; einige Bleßhühner schaukelten über die Wasserfläche. Nur wer genau hinsah, dem waren weit draußen einige andere Vogelgäste aufgefallen. Kleinere, mit gedrungenem Körper, die plötzlich weggetaucht waren, um fünfzig Meter weiter genauso überraschend wieder auf dem Wasserspiegel zu erscheinen. Tags darauf hatte sich eine kalte Wintersonne in den Fluten gespiegelt, und die Versammlung der Gefiederten war größer geworden. Um die Mittagszeit ließ es sich schon mit bloßem Auge feststellen, daß es sich um eine stärker gemischte Gesellschaft handeln mußte. Helle und dunkle Schwingen, bunte und einfarbige Köpfe, kleine und größere Körper wechselten sich ab, wenn auch noch überwiegend in einzelnen Pulks auf »Rassentrennung« geachtet worden war.

Wieder einen Tag später — die Kälte hatte noch zugenommen — waren zwei Drittel der Wasserfläche vom Eis bedeckt. Dort aber, wo sich die kleinen Kräuselwellen mit Erfolg des starken Panzers erwehren konnten, war eine große Vogelversammlung zu beobachten. Drei- oder viermal so viele Wasserhühner, Enten und Taucher als tags zuvor ließen sich gemächlich auf und ab treiben. Einige hatten die Köpfe unter das Gefieder geschoben, andere lieferten sich kleine Rangeleien oder versuchten sich in Unterwassermanövern.

Eine kleine, schilfumsäumte Bucht, in die ein quicklebendiger Bach mündet, hält alle Jahre den Attacken des Winters am längsten stand, so daß dieser kleine, abgelegene Seewinkel selbst bei starkem Frost häufig offen bleibt — eine Zufluchtstätte für die ganz Scheuen unter den Wasserbewohnern.

Hier dürfen sie ungestört gründeln und tauchen, und das Bächlein bringt manche nahrhafte Ladung auch im Winter noch mit.

Wer sich in guter Deckung ansetzte, konnte an diesem kalten Tag seltene Begegnungen registrieren. Manchmal waren gleich alle drei Sägerarten vertreten: der Gänse-, der Mittel- und der Zwergsäger.

Zum Auftakt längerer Frostperioden tauchen sie zusammen mit nordischen Enten, Gänsen und Schwänen an unseren Gewässern auf und finden mit untrüglicher Sicherheit alljährlich jene Seen und Flüsse, die am längsten vom Eis verschont bleiben. Nicht selten treffen sie kurz vor einem Wetterumschwung ein, und erfahrene Land- und Küstenbewohner wissen diese Zeichen zu deuten. Wie die Zugvögel auf ihren Reisen nach Afrika und Asien beweisen auch die Wasservögel, die größtenteils nur innerhalb Nord- und Mitteleuropas umherwandern, ein sehr sicheres Gespür für die Notwendigkeit eines Standortwechsels.

Dennoch kommt es in besonders kalten Wintermonaten zu großen Katastrophen, wenn durch einen zu schnellen und starken Temperatursturz die

Oben: Wo Futter ausgestreut wird, sind die Bleßhühner am schnellsten zur Stelle. Hier herrscht dichtes Gedränge an einem Seeufer in einem Stadtpark.

Unten: Ein- oder Durchläufe von Bächen und Flüssen sind beliebte Aufenthaltsorte für die Wasservögel. An solchen Stellen konzentrieren sich nicht selten Tausende von Bleßhühnern und Stockenten, die durch menschliche Unterstützung auch einen harten Winter überleben.

Großbild rechts: Graugänse verlieren auch im Winter nicht ihre Scheu. Im Gegensatz zu manchen anderen ans Wasser gebundenen Vögeln meiden die wilden unter ihnen künstliche Futterplätze. Die Zahl der in der Bundesrepublik brütenden Graugänse hat in den letzten Jahren stark zugenommen.

vielen Ausweichquartiere blockiert sind. Dann drängen sich auf den wenigen offenen Wasserstellen im Binnenland Abertausende von hungrigen Fliegern, die nur mit menschlicher Hilfe am Leben gehalten werden können. So positiv das zu bewerten ist — ein Nachteil dabei läßt sich nicht leugnen. Durch die Veränderung mancher Kräfte im Naturhaushalt ist vielfach der Winter mit seinen harten Bedingungen der einzige Regulator geblieben. Schaltet der Mensch diesen letzten Ausleseprozeß aus, so kann es zu einer großen »Vergewichtung« gerade unter den Wasservögeln kommen.

Ein gutes Beispiel dafür sind die Höckerschwäne, von denen es mittlerweile zu viele gibt. Da sie kaum noch natürliche Feinde zu fürchten haben und in vielen Parks und auf Stadtweihern sehr gehegt werden, hat ihre Zahl in den vergangenen Jahren ein derartiges Ausmaß erreicht, daß die herrlichen Vögel sich mancherorts bereits gegenseitig den Lebensunterhalt streitig machen. An vielen Seen, auch an manchen Küstenstreifen, ist der Pflanzenwuchs über und unter der Wasseroberfläche durch die Schwäne, die davon leben, nahezu vollständig zerstört, so daß auch für alle anderen Wasserbewohner daraus ernste Gefahren erstehen. Daher wird man nicht umhin können, die Höckerschwäne eines Tages wieder ernsthaft zu bejagen, wenn es nicht gelingt, ihre Bruten weitgehend zu vernichten. In manchen Städten und Wasserrevieren ist man bereits dazu übergegangen, die Eier durch Schütteln unfruchtbar zu machen, um auf diese Weise eine gezielte Familienplanung durchzuführen.

In viel stärkerem Maß als die Binnengewässer sind im

Links: Seltener und scheuer als die Höckerschwäne sind Singschwäne, die auf norddeutschen Gewässern überwintern. Ihre Brutgebiete liegen hoch im Norden und Osten. Die aus überwiegend »sauberer« Landschaft kommenden Vögel können in Gefahr geraten, wenn sie in verschmutztem Wasser Nahrung aufnehmen; sie sterben nicht selten durch ungewohnte Bakterien oder an chemischen Substanzen im Futter.

Unten: Zu Tausenden treiben Austernfischer dicht gedrängt auf Eisschollen vor der Nordseeküste. Bei Ebbe gehen sie gemeinsam mit Schnepfenvögeln aller Art auf Nahrungssuche im Watt. Für entkräftete Vögel, die sich hinsetzen, kann die Schollenreise tödlich sein, da sie mit dem Gefieder festfrieren.

Rechte Seite oben: Trotz Eis und Schnee pflegt dieses Stockentenpaar am Ufer eines Sees die Zweisamkeit. Viele der Vögel verloben sich bereits im frühen Winter und bleiben sich auch innerhalb der großen Scharen auf offenen Wasserstellen nahe.

Rechte Seite unten: Das Bleßhuhn kümmert es wenig, daß neben ihm ein junger Höckerschwan leblos zwischen den Eisschollen schwimmt. Die dunklen Wasserhühner gehören zu den robustesten Wasservögeln.

Winter die mitteleuropäischen Meeresküsten das vorübergehende Ziel für Hunderttausende von Enten, Gänsen, Tauchern, Lummen, Alken, Möwen und Schnepfenvögeln. Vom Nahrungsbedarf und der Jagdtechnik hängt es ab, ob sich die Gefiederten im Watt oder auf der offenen See aufhalten, ob sie im Brack- oder Salzwasser gründeln, tauchen, fischen oder im Schlamm herumstochern.

Zwar dauert es am Meer länger als im Binnenland, bis sich die erste Eisschicht auf den Küstengewässern bildet, doch bleiben die Vögel bei anhaltendem strengem Frost auch hier nicht von tödlichen Gefahren verschont. Da das gefrorene Salzwasser zunächst eine Schicht schwimmender Eiskristalle und -klumpen bildet, bevor große Schollen oder sogar eine durchgehende Decke daraus werden, frieren manche Vögel nicht selten in solchen halbgefrorenen Feldern fest. Oder aber ihr Gefieder hängt sich mit den kleinen Eisstücken voll, die bei andauernder Kälte nicht nur eine tödliche Last, sondern auch ein luftundurchlässiger Panzer sind.

Treibende Eisschollen sind ein beliebter Aufenthaltsort für Vogelscharen. Besonders bei auflaufender Flut ziehen sich dort Schnepfenvögel, Möwen, Enten und Gänse zusammen, um die Zeit des Hochwassers abzuwarten. Bei ablaufendem Wasser verlassen sie ihre eisigen Flöße, um auf den trockengefallenen Flächen oder in Prielen und Kuhlen nach Nahrhaftem zu suchen. Vögel, die es sich während der Eisschollenfahrt zu bequem gemacht haben, frieren gelegentlich mit ihrem Bauchgefieder an. Verfügen sie nicht über genügend Kraftreserven, kann es geschehen, daß sie sich nicht mehr vom Untergrund lösen können und zugrunde gehen.

Sowohl auf Seen und Flüssen wie auch an den Meeresküsten kommen während des

Winters Arten miteinander in Berührung, die in den übrigen Jahreszeiten teilweise Tausende von Kilometern voneinander entfernt leben oder völlig unterschiedliche Lebensräume zur Brut brauchen. Aber nicht nur ungewohnte Nachbarschaft, auch ungewohnte Wasserqualität müssen viele Vögel in Kauf nehmen. Und etliche von denen, die weit genug von der Zivilisation entfernt aufgewachsen sind, kommen zum ersten Mal mit einer verschmutzten und verseuchten Umgebung in Berührung. Da sie nicht durch langsame Gewöhnung eine gewisse Abwehrkraft gegen schädliche Stoffe aufgebaut haben, gehen sie häufig an Viren, Bakterien und chemischen Abfällen zugrunde, die vielleicht für die heimische Wasservogelwelt gerade noch erträglich sind. Kommen Hunger und Kälte dazu, so wird ein solcher Prozeß noch beschleunigt. Nicht jeder Taucher oder Schwan, der tot im Wasser treibt, ist an Erschöpfung gestorben.

Wintergewohnheiten

Großbild rechts: So zutraulich und manchmal sogar stupide das Damwild in Gehegen und Gattern erscheint, so heimlich und scheu verhält es sich in freier Wildbahn. Man sieht es den beiden Schauflern an, daß ihnen auf dem Wechsel zur Futterstelle etwas nicht geheuer vorkommt. In ruhigen Revieren ziehen die Tiere bereits tagsüber zu den Stellen, an denen sie der Jäger mit Heu, Stroh, Rüben und Kraftfutter versorgt.

Unten: Etwas unentschlossen verhofft die Rotte Überläufer auf der verschneiten Waldschneise. Ihre weiß verzierten »Rüssel« zeigen, daß sie auf der Suche nach Nahrhaftem kräftig den Schnee durchpflügt haben. Wildschweine sind dankbare Abnehmer für alles annähernd Genießbare; sie hinterlassen die Futterstellen jedesmal gründlich aufgeräumt.

Mit dem Wechsel der Jahreszeiten verändern sich die Lebensbedingungen für die Tiere in freier Wildbahn unterschiedlich stark. Die einen finden sich ohne weiteres mit den wetterbedingten Wandlungen ihrer Umwelt ab, andere müssen daraufhin das Konzept ihres Alltags völlig umstellen, wenn sie überleben wollen.

Die einen haben von Natur aus eine große Variationsbreite in ihren Anlagen, die anderen sind sehr speziell ausgerüstet und können sich nur langsam auf veränderte Umstände einrichten. Jeder Winter zeigt erneut, wie groß die Anpassungsfähigkeit der einen ist und wie wenig die Lebensvoraussetzungen für die anderen von der Norm abweichen dürfen. In der Vogelwelt treten diese Unterschiede besonders deutlich zutage. So bringt der Beginn der kalten Jahreszeit jedem Ornithologen gute Gelegenheiten zu interessanten Beobachtungen. Sie geben Aufschluß über vielerlei eigentümliche Verhaltensweisen der verschiedenen Arten.

Nicht anders geht es Jägern und Naturbeobachtern, die ihr Augenmerk in erster Linie auf das vierläufige Wild konzentrieren. Verwandelte Landschaft, eingeschränktes Nahrungsangebot, behinderte Bewegungsfreiheit durch Schnee und verschobene Tages- und Nachtzeiten beeinflussen die vielartigen Bewohner des Reviers von der Maus bis zum Hirsch in ähnlichem Maß wie die Vogelwelt. Mit dem Unterschied, daß die Ungefiederten keine Verstärkung durch Überwinterer aus anderen Breitengraden erhalten und ihrerseits auch nicht lokalen Wetterunbilden ausweichen können.

So ist es nicht verwunderlich, daß die meisten von ihnen für die kalte Jahreszeit von der Natur recht gut ausgerüstet sind. Allen Fell- und Pelzträgern wächst im Herbst ein zusätzliches wärmendes Unterkleid, das sowohl ihren Umfang als auch ihre Färbung beeinflußt. Reh-, Rot- und Damwild, besonders aber die Wildschweine, wirken im Winterhaar sehr viel stärker, als sie in Wirklichkeit sind. Winterfüchse haben gut die Hälfte

mehr Pelz auf ihrem Balg, und selbst Hasen legen im Herbst mächtig zu, damit sie im Winter für alle Temperaturschwankungen gewappnet sind.

Mit der Veränderung des Aussehens geht ein Wechsel der Gewohnheiten vor sich. Viele Feldbewohner ziehen sich in die Wälder zurück, weil sie dort zeitweise sicherer leben. Vor allem bei Schnee ist es leichter, sich zwischen Bäumen zu tarnen oder die Helligkeit in einer Schonung abzuwarten. Im Wald gibt es darüber hinaus selbst bei hoher Schneelage noch Stellen, an denen Grashalme, Brombeerranken oder die Zweige junger Bäume herausragen und für eine, wenn auch karge, Mahlzeit sorgen.

Oben links: In einem strengen Winter ist die Ricke für ihre Kitze genauso wichtig wie in den ersten Lebenswochen. Sie zeigt ihnen, wo man die karge Äsung findet, wie man sich unter erschwerten Bedingungen seiner Feinde erwehrt und wann man an die künstlichen Fütterungen zieht. Um diese Rehmutter und ihre beiden Sprößlinge vom vergangenen Frühjahr braucht sich der Revierinhaber nicht zu sorgen, da sie »gut im Wildbret« sind.

Links unten: Dicht gedrängt ziehen einige Alttiere der Fütterung entgegen. Im Gebirge kann die Besucherschar eines solchen Platzes hundert und mehr Stück Rotwild betrachten.

Oben: Bei hoher Schneelage hält sich das Steinwild in tieferen Gebirgszonen auf, wo günstigere Temperaturen herrschen und die Tiere Äsung finden. Geiß (vorne) und Bock können längere Entbehrungen ertragen, da sie sich während des Sommers und Herbstes eine dicke Feistschicht zugelegt haben, von der sie im Winter zehren.

Um solche Plätze ausfindig zu machen, muß das Wild allerdings vor Einbruch der Dunkelheit auf den Läufen sein. Und so geraten manche Tiere in einen echten Zwiespalt: Auf der einen Seite müssen sie auf ihre Sicherheit achten, auf der anderen treibt sie der Hunger vorzeitig aus den Einständen und Tagesverstecken.

Dort, wo das Wild im Winter regelmäßig gefüttert wird, läßt sich ein völlig verändertes Verhalten während der kalten Jahreszeit feststellen. Bestes Beispiel sind dafür die großen Futterplätze im Gebirge, an denen sich jeden Nachmittag um die gleiche Uhrzeit große Rotwildrudel einfinden und von den in einiger Entfernung stehenden Menschen kaum Notiz nehmen. Die Tiere, vom Frühling bis in den Herbst hinein scheue und kaum erreichbare Bergbewohner, werden innerhalb weniger Wochen völlig vertraut. Zwar wahrt der Großteil von ihnen auch dann noch eine zusammengeschrumpfte Fluchtdistanz, doch gibt es Rudelmitglieder, die sich vom fütternden Jäger anfassen lassen.

Auch anderes Gebirgswild wechselt Einstände und Verhalten. Steinböcke und Gemsen ziehen in tiefer gelegene Regionen, wo sie auf den aperen Flächen Äsung finden. Im Laufe der letzten Jahre hat man in manchen Gegenden wachsenden Erfolg mit der Winterfütterung von Gemsen. Früher hatte es immer geheißen, die Tiere würden unter keinen Umständen künstliche Fütterung annehmen. Sicher trägt die laufende Erschließung der Bergwelt, vor allem aber der bis in die letzten Täler hineingetragene Skisport dazu bei, daß die Gemsen mit der Gewöhnung an den Menschen ihrerseits neue Lebensformen entwickeln.

Im Flachland hängt es von der Strenge des Winters ab, wie sehr die Bewohner der Reviere sich umstellen. Mangelt es an natürlicher Äsung wegen hoher Schneelage oder strengen Frostes, so stehen bald Rehe, Mufflons, Rot- und Damhirsche oder Wildschweine bereits um die Mittagsstunde an den Futterplätzen. Oder sie kommen spätestens dann, wenn der Jäger mit Nachschub erscheint. Dabei wurde schon mehr als einmal festgestellt, daß häufig jene in besonderem Maß die Scheu ablegen, die sonst ein sehr zurückgezogenes Leben führen. Sobald viele Tiere über einen gewissen Zeitraum hinweg merken, daß ihnen keine Gefahr droht, verschwindet ihre natürliche Angst zunehmend schneller.

Vertrautes Verhalten dem Menschen gegenüber bedeutet nicht, daß sich alle Tiere in vertrautem Kreis um die Fütterung scharen. Nur selten sieht man zwei verschiedene Arten an gleicher Stelle, und selbst innerhalb der eigenen Sippe herrscht nicht immer bestes

Einvernehmen. Jeder Jäger legt daher in seinem Revier aus guter Erfahrung mehrere Plätze an, die weit genug voneinander entfernt sind, so daß eine Rotte Schwarzwild nicht unbedingt einem Rudel Damwild begegnen muß.

Was für das Wild gilt, hat auch für die Vogelwelt Gültigkeit. Will man sie im Winter unterstützen, so sind einige Kenntnisse von Vorteil.

Wie überall im Leben kann sich die Hilfe auch beim Vogelfüttern in ihr Gegenteil verkehren. Dann nämlich, wenn sie unsachgemäß durchgeführt und nur guter Wille statt durch-

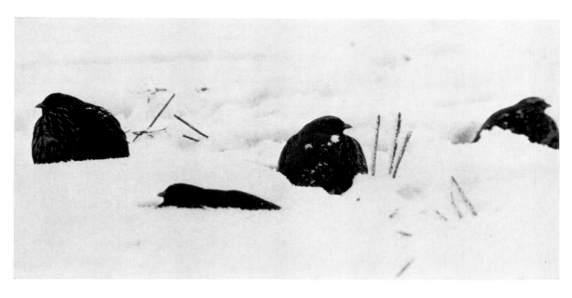

dachter Planung vorhanden ist. Oder wenn Geiz mit »Tierliebe« zusammentrifft und die Futterplätze als Abfallhaufen dienen. Für die »armen Vögel« aufgehobene Brot-, Salzkartoffel-, Wurst- und Käsereste haben schon so mancher Amsel und manchen Wasservögeln das Lebenslicht ausgeblasen, statt ihnen über die härtesten Zeiten hinwegzuhelfen. Falsche Fütterung ist schlimmer als gar keine, und da die fliegenden und schwimmenden Empfänger keinen Unterschied machen, wenn sie hungrig sind, liegt es an den Menschen, ihnen die richtigen Bissen vorzulegen.

Wer mit der Einstellung füttert, »Brot wirft man nicht fort, das bekommen die Vögel«, der muß wissen, daß eine solche Beruhigung des Gewissens verheerende Folgen haben und viel Schlimmeres bewirken kann, als wenn einige Scheiben oder ein Kanten in die Mülltonne wandern. Brot hat nämlich die Eigenschaft, im Magen zu quellen. Gerade bei kleinen Vögeln, die einen schnellen Blutkreislauf haben und damit über einen ebenso raschen Stoffwechsel verfügen müssen, bedeutet das häufig das Todesurteil. Außerdem saugt sich Brot leicht mit Wasser voll und lastet dann — insbesondere bei Wasservögeln wie Schwänen, Enten und Bleßhühnern — ebenfalls schwer im Magen. Reste von Kartoffeln und Speisen, die vorher gesalzen wurden, sind schädlich. Allenfalls trockenes Weißbrot und kleingemachte Pellkartoffeln sind für das Wasserwild bekömmlich, doch darf man sie nie ins Wasser werfen. Körnerfutter ist in jedem Fall eine bessere Mahlzeit.

Bei den Singvögeln muß auf die Qualität der Speisefolge noch genauer geachtet werden als bei größeren Gefiederten, denn sie sind viel empfindlicher. Eine Meise z. B., die nur für wenige Stunden ohne Nahrung ist, muß genauso sterben wie das Rotkehlchen, das morgens oder abends den gewohnten Futterplatz leer vorfindet und keine andere Hilfsquelle auftun kann. Daher erweist man den Sängern einen schlechten Dienst, wenn man sie an einen Ort gewöhnt und plötzlich mitten im Winter mit der Fütterung aufhört oder ungenießbares Futter ausgibt.

Die Vorliebe für Körner und

Großbild links: Rotkehlchen kommen meistens erst an die Futterplätze, wenn die anderen Vögel schon schlafen. Die hübschen Vögel sind auch noch in der Dämmerung munter und meiden im Winter die Geselligkeit.

Oben: Rebhühner scharren sich tiefe Löcher in den weißen Untergrund oder lassen sich einschneien, um sich vor ihren Feinden unsichtbar zu machen. In aufgeplustertem Zustand sehen sie wie Maulwurfshügel aus.

Mitte: Zwei Vögel, die häufige Besucher an winterlichen Futterstellen sind: Im Flachland der Sperling (links), im Gebirge die Alpenbraunelle (rechts).

Unten: Talg und Sonnenblumenkerne stellen ideales Meisenfutter dar. Wer genügend solcher Ringe oder Beutel aufhängt, braucht um rege Nachfrage nicht zu fürchten. Hier tun sich eine Blaumeise (oben links) und zwei Kohlmeisen an der kalorienhaltigen Nahrung gütlich.

Links: Nicht selten herrscht noch tiefer Winter, wenn der Auerhahn mit seiner Balz beginnt. Die großen Waldhühner, deren Zahl in den letzten Jahren erschreckend zurückgegangen ist, sollen jetzt durch umfangreiche Schutzmaßnahmen und totales Abschußverbot gerettet werden.

Unten: Graureiher werden im Winter zu Strichvögeln, die weite Strecken zurücklegen. Nur ihrer Fähigkeit, tagelang ohne Nahrung auszukommen, haben sie bei starkem Frost ihr Überleben zu verdanken. Fischteichbesitzer sollten ihnen während der kalten Jahreszeit einen gelegentlichen Fang gönnen.

Sämereien erleichtert Finken, Sperlingen, Goldammern, Kernbeißern und einigen anderen Arten das Überleben im Winter. Für sie sind Kerne aller Art, Unkrautsamen, Bucheckern, gehackte Nüsse, Haferflocken, Beeren, Kleie, Grütze und Druschabfälle willkommene Leckerbissen. Da jede Art besondere Lieblingsspeisen hat, ist es am besten, wenn man für eine gute Mischung sorgt. Je vielfältiger das Angebot ist, desto bunter ist die Vogelschar am Futterhaus.

Das gleiche gilt auch für die sogenannten »Weichfresser«, jene Vögel, die in der warmen Jahreszeit hauptsächlich von Insekten leben. Die meisten dieser Beutejäger haben sich zwar im Winter in südlichere Gefilde abgesetzt, doch einige bleiben der Heimat treu. Allen voran die Meisen, die auch bei Schnee und Eis auf tierisches Eiweiß angewiesen sind und daher für Rindertalg oder Schweinefett (aber keine gesalzenen Speckschwarten!) besonders empfänglich sind. Sonnenblumenkerne, Hanf und Mohn bilden die richtige Grundlage für die schmalzige Mahlzeit, und die Hersteller von Vogelringen oder -kugeln haben diesem Bedürfnis Rechnung getragen.

Wichtig ist auch die Art der Anbringung der Futterhäuschen und -ringe. Einige Vögel nehmen die Nahrung am liebsten vom Boden auf (Rotkehlchen, Amseln, Sperlinge u. a.), einige stärken sich frei hängend, wie Meisen, Kleiber und Spechte. Andere wiederum, wie Finken, Dompfaffen und Grünlinge, bevorzugen einen luftigen Ansitz. Doch nicht nur für sie ist das Futterhäuschen eine ideale Einrichtung. Auch Meisen, Goldammern und gar Kernbeißer nehmen neben Amseln und Rotkehlchen die überdachte Speisekammer an. Wichtig ist nur, daß sie trocken und windgeschützt liegt, daß die nächsten Büsche oder Bäume nicht zu weit entfernt sind, daß sie nicht zu nahe beim regelmäßigen Aufenthaltsplatz vieler Menschen liegt und daß sie vor Katzen sicher ist. Wer dies alles beachtet, kann sicher sein, den Vögeln eine große Hilfe zu geben und sich selbst eine Möglichkeit zu schaffen, manche interessante Beobachtung zu machen. Wenn er dann gelegentlich den allzu frechen Spatzen noch Einhalt gebietet, braucht er um eine vielartige Besucherschar nicht zu fürchten.

Keine Chance für Bär und Wolf

Oben: Der Name »Vielfraß« beruht auf einem Mißverständnis, denn er wurde vom schwedischen »Fjällfräss« (Felsenkatze) abgeleitet. Der große Marder mit den Bärentatzen bewohnt nämlich neben ausgedehnten Sümpfen die Fjälls der Tundra. Er schlägt nicht mehr Beute, als er zum Leben braucht, hält sich allerdings auch nicht zurück, wenn sich die Gelegenheit bietet, jeden Tag ein Renkalb zu töten. Der Järv (so sein eigentlicher Name) kann sich aber auch wochenlang von Lemmingen ernähren. Leider sind die skandinavischen Bestände durch rücksichtslose Verfolgung an den Rand der Ausrottung geraten.

Neben den rund 80 Säugetier- und Vogelarten, die bereits in den ersten 70 Jahren unseres fortschrittlichen Jahrhunderts auf der Erde ausgerottet wurden, gibt es eine wesentlich größere Zahl von Tiergattungen, deren Bestände derart zusammengeschrumpft sind, daß auch ihr Schicksal ohne gezielte Schutzmaßnahmen von seiten des Menschen bald besiegelt ist. Zu den in ihrer Existenz bedrohten Lebewesen gehört in erster Linie das Großraubwild. Das Schicksal von Bär, Wolf und Luchs in Europa ist beispielhaft für die Existenz aller übrigen vierläufigen »Beutegreifer« in den anderen Erdteilen.

Die Abnahme oder gar das völlige Verschwinden der meisten Pelzträger hat fast überall dieselben Ursachen: den Eingriff des Menschen in den ursprünglich ausgewogenen Haushalt der Natur und die damit verbundene Zerstörung zusammenhängender Lebensräume, dann die Bekämpfung der »Räuber« als Nahrungskonkurrenten, die heutzutage vielfach in die Befriedigung primitiver Jagdgelüste umgewandelt ist, ferner eine meist unbegründete Furcht vor der vermeintlichen Gefährlichkeit solcher Tiere und schließlich die Eitelkeit, der viele Pelze und Felle dienen. Von Notwendigkeit kann bei den meisten Völkern in bezug auf den letzten Punkt nicht mehr die Rede sein.

Oben links: Auch Braunbären gab es einst in Mitteleuropa reichlich. Während die »Grasbären« unter ihnen als Vegetarier allenfalls mal einen Bienenstock ausnehmen, holen sich die »Schlagbären« gelegentlich ein Schaf, eine Ziege oder auch ein Stück Wild. Die unterschiedlichen Vorlieben gehen meist auf Vererbung und Erziehung zurück. Trotz ihres Namens können Braunbären auch hellgrau oder fast schwarz aussehen. In Deutschland kann man Meister Petz nicht mehr in freier Wildbahn antreffen.

Unten rechts: Die größte Chance, in bescheidener Zahl wieder einmal unsere Wildbahn zu beleben, hat der Luchs. Doch wird man das Katzentier mit den Pinselohren auch dann kaum zu Gesicht bekommen, denn es ist äußerst scheu. Die Jagdzeit sind für den lautlosen Sohlengänger mit dem kurzen Stummelschwanz der frühe Morgen und späte Abend. Die Beutepalette ist äußerst bunt, sie reicht vom Käfer über Frosch und Maus bis zum Auerhuhn und Reh.

Großbild rechts: Wer Wölfe für blutrünstige Bestien hält, ist falschen Informationen aufgesessen. Sowohl Freilandbeobachtungen als auch Untersuchungen an halbzahmen Vertretern der Wolfssippe haben das Gegenteil erwiesen. Innerhalb des Rudels herrscht zwar eine strenge Sozialordnung, doch zu Kämpfen untereinander kommt es nur, wenn ein Mitglied diese Rangordnung umzustoßen versucht. Da sich nur die stärksten Tiere in der Meute paaren, wird eine gute Nachzucht gewährleistet. In Schweden wurde 1973 damit begonnen, Wölfe zur Wiedereinbürgerung in die Wildbahn zu züchten.

Bei einer auch in mitteleuropäischen Ländern noch vor einigen Jahrhunderten weitverbreiteten Tierart, den Wölfen, hat das Fell nie den Ausschlag für die Verfolgung gegeben. Isegrim wurde gejagt, weil er mit dem Menschen die Vorliebe für Fleischnahrung teilt. Um die Abneigung gegen die Sippe der Hundevorfahren zu verstärken, wurden seit jeher Geschichten in Umlauf gesetzt, die von der Wildheit, Grausamkeit und Bedrohlichkeit dieser Tiere berichteten. Geschichten, die bis auf den heutigen Tag erfunden werden und an denen das meiste nicht stimmt. Das bestätigen immer wieder die wenigen Menschen, die tatsächlich häufig Begegnungen mit Wölfen in der Wildbahn hatten. Und zu diesem Ergebnis kommen auch die Verhaltensforscher, von denen sich gerade in den vergangenen Jahren einige sehr intensiv mit den grauen Jägern beschäftigt haben. Eines der interessantesten Forschungsprogramme über Wölfe wird seit geraumer Zeit im Nationalpark Bayerischer Wald durchgeführt.

Dieser Platz wurde nicht von ungefähr auserkoren, um die Gewohnheiten der Tiere zu studieren, denn seit der Einrichtung des Parkes besteht der Plan, einigen großen Raubwildarten auf begrenztem Raum ihre angestammte Rolle im Naturhaushalt wieder zuzugestehen. Dazu gehören hierzulande neben dem Wolf auch Braunbär und Luchs. Wölfe und Luchse gibt es bereits in jenem Gebiet an der tschechischen Grenze, das wegen fortgesetzter menschlicher Eingriffe noch lange nicht die Voraussetzungen eines echten Nationalparkes erfüllt. Beide Tierarten jedoch werden dem Besucher in großen Gehegen präsentiert. Ob es je dazu kommen wird, daß von ihnen einige in die angrenzende Freiheit gelangen, ist höchst fraglich. Denn selbst im Bayerischen Wald lassen sich kaum jene Zustände wiederherstellen, wie sie vor einigen Jahrhunderten herrschten und wie sie teilweise noch in Nord- und Osteuropa gegeben sind. Zersiedlung, Bewirtschaftung der Wälder und Felder sowie jagdliche Perfektion sind bei uns so weit fortgeschritten, daß Tiere, die einen großen Aktionsradius zum Leben brauchen, nur schwerlich ein artgerechtes Auskommen finden.

Gerade Wölfe sind auf ein ausgedehntes Jagdrevier angewiesen, denn nur dann ist für die Meutejäger eine dauerhafte Nahrungsgrundlage gewährleistet. Die Rudelstärke der hellgrauen, braunen und mitunter fast schwarzen Tiere liegt in der Regel bei fünf bis zehn Mitgliedern, kann jedoch im Winter auf über zwanzig anwachsen. Bei amerikanischen Wölfen wurde der Nahrungsbedarf ermittelt: Ein Rudel von fünf bis zehn Wölfen riß wöchentlich drei Weißwedelhirsche, die etwa die Größe unseres Damwildes haben. In unseren Regionen würden sie sich vornehmlich von Rehen, Wildschweinen, Rot- und Damwild und Hasen ernähren. Da sie in einer Nacht mit Leichtigkeit 30 bis 50 Kilometer zurücklegen, holen sie sich unter ungestörten Verhältnissen ihre Beute aus einem weiten Einzugsbereich. Dabei bevorzugen sie krankes, altes oder junges Wild – was in allen Fällen der Entwicklung der jeweiligen »Nutzwildart« zugute kommt. (Aus diesem Grund gibt es beispielsweise in den Karpaten die stärksten und gesündesten Schalenwildbestände, denn sie werden von Wolf, Luchs und – in beschränktem Maß – vom Bär »gepflegt«.)

Umfaßt nun das Jagdgebiet nicht mehrere tausend Quadratkilometer, so beschränken sich die Wölfe notgedrungen nicht auf überzähliges und überfälliges Wild, sondern greifen in die Grundsubstanz der Bestände ein. Was zur Folge hat, daß das Wild nicht nur zahlenmäßig abnimmt, sondern auch durch laufende Beunruhigung und Flucht schwächer wird. Ähnlich sieht es aus, wenn Luchs, Vielfraß und – soweit es sich um Fleischfresser unter ihnen handelt – Bären nicht genügend Jagdterritorium zur Verfügung haben.

So reizvoll es erscheint, mit der Wiederaussetzung von Wolf, Luchs und Bär die zivilisierte Landschaft dem Ursprung etwas näher zu bringen – die damit zusammenhängenden Probleme sind unübersehbar. Fachleute meinen, daß allenfalls der Luchs in ganz geringer Anzahl eine Chance hat, auf Dauer einen Platz im Gebiet des Nationalparkes und des Harzes einzunehmen. In

allen übrigen Gegenden wäre die Großkatze ein Dorn im Auge der Jäger, da sie sich in erster Linie am Rehwild schadlos halten würde.

So müssen die Bemühungen und Forderungen realistischer Naturschützer weniger dahingehen, in der Zivilisationslandschaft Gebiete zu schaffen, in denen das Großraubwild frei leben kann, als vielmehr jene Landstriche in Europa unverändert zu erhalten, in denen es heute noch Wolf, Bär, Luchs und Vielfraß gibt. Diese vier Arten sind es nämlich, denen die Sorge hauptsächlich gilt.

In Skandinavien sind ihre Bestände auf ein Minimum zusammengeschmolzen oder – genauer gesagt – zusammengeschossen worden. Der Wolf ist in Schweden nicht mehr vorhanden, sein Vorkommen in Norwegen ist bestritten, und aus Finnland wurden 1973 noch ganze sieben Wölfe (eine Familie) gemeldet. Der Bärenbestand wird in Schweden auf zehn, in Norwegen auf fünfzehn und in Finnland auf rund 150 geschätzt. Die Zahl der Luchse und Vielfraße ist schwer festzustellen, doch haben vor allem die Vielfraße in allen drei Ländern stark abgenommen. Rücksichtslose Verfolgung, trotz Verbotes zum großen Teil mit Hilfe von Motorschlitten, hat besonders diese Großmarderart an den Rand der totalen Ausrottung gebracht. Die Bewohner Lapplands, die Samen, hegen einen fast schon ererbten Haß auf dieses Raubwild, da es sich häufig mit Rentierfleisch versorgt. Auf Grund der gesetzwidrigen Verfolgung der »Fjällkatzen« soll es von ihnen in ganz Lappland keine 300 Stück mehr geben. Norwegen hat Bär und Wolf unter Schutz gestellt, doch gibt es in einem solch dünnbesiedelten Land kaum eine Möglichkeit, den Schutz zu überwachen.

Besser aufgehoben sind da Bär, Wolf und Luchs in den Ostblockstaaten, wo sie Bestandteil der Wildhege geworden sind und nur nach genauen Richtlinien bejagt werden. Liest man, daß es in der Sowjetunion rund 100 000 Braunbären gibt, so wird man – auch bei Berücksichtigung des riesigen Areals – an paradiesische Zustände erinnert. Die drei bis vier Bären in den italienischen Alpen, immer wieder totgesagt und dann doch erneut gesehen, machen sich dagegen mehr als bescheiden aus.

Trotz der beschränkten Lebensmöglichkeiten gibt es auch an einigen Orten Südeuropas letzte Reste von Großraubwild. Abruzzen und Pyrenäen beherbergen einige Wölfe und Bären, und in der Schweiz wurden vor wenigen Jahren zwei Luchspaare eingebürgert. Sie sollen helfen, die zu stark angewachsenen Rotwildbestände in Grenzen zu halten.

Ob es gelingt, die letzten Überlebenden der einstmals häufigen Großräuber außerhalb von Gattern, Käfigen und Menagerien zu erhalten, hängt von der Einsicht der Menschen ab, daß diese Tiere notwendiger Bestandteil des Naturhaushaltes dort sind, wo man noch von einer einigermaßen unverfälschten Natur sprechen kann. Und von der Fähigkeit, kleinen Interessengruppen gegenüber die einmal für notwendig erachteten und beschlossenen Schutzmaßnahmen durchzusetzen. Auch wenn mal ein Schaf- oder Rentierzüchter auf einige Tiere verzichten muß oder ein Jäger ein Reh weniger schießt. In unserer reichen Welt sollte es möglich sein, für solche Fälle sogar Entschädigungen zu zahlen.

In einigen Mittelgebirgslandschaften haben sich Restbestände von Wildkatzen gehalten. Das scheue Raubwild ist in Mitteleuropa so selten geworden, daß es auch hierzulande unter völligen Schutz gestellt wurde. Durch Aussetzen von Paaren versucht man in jüngster Zeit, die Tiere dort wieder anzusiedeln, wo sie einst heimisch waren, aber ausgestorben sind. Dazu gehört auch das Gebiet des Nationalparks Bayerischer Wald.

Vogelgestalten im Clowngewand

Die verhältnismäßig kleinen Flügel zeigen, daß die Luft nicht das bevorzugte Element der Papageitaucher ist. Die Schwingen dienen allerdings nicht nur zum Fliegen, sondern sind auch beim Tauchen nützlich: Mit ihnen schaufeln sich die Vögel unter Wasser vorwärts. Die Füße arbeiten dabei nur als Steuer. Das Bild zeigt einen Papageitaucher im Anflug auf die Nistwand.

Auf den ersten Blick erscheinen sie als Lebewesen von einem anderen Planeten. Bei näherer Betrachtung erkennt man zwar in ihnen Vögel, doch sehen sie wie gefiederte Bewohner tropischer Zonen aus. Dennoch leben die Papageitaucher ausschließlich an den Küsten nördlicher Meere. Ihr südlichstes Brutvorkommen erstreckt sich auf die felsigen Steilufer der Bretagne. Auf den englischen Inseln, auf den Lofoten und vielen Eilanden vor Norwegen ist ihre Zahl Legion. Manche Kolonie umfaßt mehr als hunderttausend Exemplare dieser so ulkig anzusehenden Gattung.

Schon ihr Name weist auf eine ungewöhnliche Erscheinung hin, doch wer die bunten Vögel einmal an ihren Nist- und Fischplätzen beobachtet, wird feststellen, daß ihr Verhalten ebenso außerordentlich ist wie ihr Aussehen. Der dicke dreieckige Schnabel, auf rotem Grund mit hellen Streifen verziert, die merkwürdig geformten Augen mit Lidschatten und Wangenstrich und schließlich die klar voneinander abgesetzten schwarz-

Papageitaucher sind äußerst gesellige Vögel. Sowohl beim Fischen als auch beim Ausruhen und Brüten trifft man sie zu mehreren an. Die Brutkolonien umfassen viele tausend Paare, nicht selten wird die Hunderttausendgrenze überschritten. Felsblöcke in den Nistwänden dienen nicht nur als Ausguck und Ruheplatz (unten), sondern sind für den Start unerläßlich. Nur wenn sich die Vögel mit ausgebreiteten Flügeln einige Meter fallen lassen können, gelingt ein glatter Abflug (Mitte links). Genauso problematisch wie der Start ist auch die Landung, denn der flugtechnisch ungünstig gebaute Körper läßt keine aufwendigen Manöver zu. Mit ausgestreckten Beinen und angewinkelten Flügeln setzen die Papageitaucher meistens ziemlich hart auf (unten rechts). Oft müssen sie noch einige Meter zu Fuß zurücklegen, bis sie schließlich vor ihrer Bruthöhle stehen und harmonisches Eheleben demonstrieren können (rechts).

gelingt das beim ersten Mal. So sieht man immer wieder die kleinen plumpen Gestalten kurz vor dem Höhleneingang erneut »durchstarten«, eine weite Schleife ziehen und den nächsten Versuch machen. Selbst nach mehreren vergeblichen Anflügen gibt es bisweilen noch harte Aufsetzer. Bei jeder Ankunft werden lange vorher die hellroten Beine mit den dreieckigen Schwimmfüßen wie das Fahrgestell eines Flugzeuges vorgestreckt.

Eigenwillig wie die Landung ist auch der Start. Die Meerespapageien breiten die Schwingen aus, versetzen sie in Zitterbewegung und lassen sich abwärts fallen. Nur so bekommen sie genügend Wind unter ihre Tragflächen. Wer von ihnen dieses Prinzip nicht einhält, erlebt eine böse Überraschung. Er prallt schon nach wenigen Metern auf den Boden oder gegen einen vorstehenden Stein, bleibt nicht selten einige Minuten wie betäubt liegen und rappelt sich wieder hoch. Immer wieder lassen sich solche mißglückten Startversuche beobachten.

Weit zieht es die Fledermausvögel hinaus auf das Meer.

Dort zeigt sich, daß das Wasser ihr eigentliches Element ist, das sie auch nur während der Brutzeit verlassen. Auf ihrer Jagd nach kleinen Fischen stoßen sie in große Tiefen vor. Dabei dienen nicht etwa die mit Schwimmhäuten versehenen Füße als Antriebsmotor, sondern die Flügel erzeugen die Schubkraft. Während die Beine nur als Steuer fungieren, schaufeln die Schwingen den Körper vorwärts.

Bis zu einem Dutzend kleiner silbrig glänzender Fische bringen die Taucher von ihren Jagdzügen heim. Dabei haben sie ein geschicktes Verfahren entwickelt, sowohl die gefangene Beute im Schnabel zu halten als auch gleichzeitig weiterzufischen. Mit der Zunge werden die Opfer hintereinander quer am Oberschnabel festgedrückt. Der Unterschnabel kann währenddessen weiterhin als Fanggerät benutzt werden. Wie überladene Transportflugzeuge kehren die bunten Schwirrer zum Nest zurück und halten nach getaner Arbeit einen nachbarlichen Konvent. Ihre Unterhaltung beschränkt sich allerdings auf ein seltenes Knurren.

Sieht man sie dann zu

weißen Federpartien lassen die Papageitaucher wie Clowns erscheinen. Als wollten sie ihrer erheiternden Gestalt gerecht werden, haben sich die Meeresfischer entsprechend komische Angewohnheiten zugelegt.

Nach Alken- und Lummenart, zu deren Familie die geselligen Gefiederten zählen, brüten sie dicht an dicht in steilen Felswänden, die direkt zum Meer abfallen. In meist selbstgegrabenen Höhlen und in Geröllspalten wird das eine Ei sechs Wochen lang von

beiden Ehepartnern bebrütet. Während dieser Zeit und der folgenden Jungenaufzucht herrscht im näheren Umkreis ein unbeschreiblicher Betrieb. Wie Fledermäuse starten und landen unaufhörlich Hunderte der Vögel gleichzeitig. Die zum Körper verhältnismäßig kleinen und schmalen Flügel erlauben nur einen Schwirrflug, der zwar hohe Geschwindigkeiten ermöglicht, aber keine aufwendigen Manöver zuläßt. Mit der Folge, daß die Vögel die Landung genau vorplanen müssen. Nicht immer

Noch etliche Sekunden nach der Landung muß dieser Papageitaucher die Flügel vibrieren lassen, andernfalls rutscht er von der Hangspitze herunter. Bei der Ankunft des Ehepartners — beide sind nicht voneinander zu unterscheiden — verläßt der andere oft den Nestbereich und begibt sich aufs Meer hinaus (links). Viele Stunden sind die Vögel unterwegs, bis sie mit einer Fischladung im Schnabel zurückkehren. Besonders dort, wo kalte und warme Meeresströmungen zusammenstoßen, jagen sie ihre Beute. Auf dem unteren Bild kommen beide Vögel von erfolgreichem Beutezug zurück. Die kleinen Fische hängen ihnen zu beiden Seiten des Schnabels heraus.

Heute sind es weniger die direkten Eingriffe der Menschen, die den Papageitauchern und anderen Lunden, zu denen sie innerhalb der Alkenfamilie zählen, gefährlich werden. Besonders im Winter, wenn sie sich wochenlang auf dem Wasser aufhalten, können schwimmende Öllachen für sie zu Todesfallen werden. Da sie mit dem verklebten Gefieder weder tauchen noch schwimmen können, müssen sie elendig zugrunde gehen. Während verölte Enten und Möwen, die großenteils in Küstennähe leben, häufig gefunden werden, erfährt man selten von den Abertausenden Alken und Lummen, die auf der offenen See umkommen.

Außerhalb der Brutzeit sind die Papageitaucher unter vielen anderen Strich- und Zugvögeln gelegentlich auf der Nordsee zu beobachten. In ihrem schlichten Winterkleid, das Ähnlichkeit mit dem Gefieder der Jungen beim Flüggewerden hat, fallen sie allerdings wenig auf, da sie aus der Ferne auf dem Wasser wie Enten aussehen.

Dutzenden vor ihren bis zu fünf Meter langen Erdhöhlen hocken, so gleichen sie Miniaturpinguinen. Dennoch haben sie mit diesen flugunfähigen Bewohnern der Antarktis keinerlei verwandtschaftlichen Bande. Die Ähnlichkeit mit ihnen, die sie übrigens auch mit anderen Alken teilen, rührt von einer durch gleiche Umweltbedingungen geprägten Entwicklung her.

Arktisches Brüderlein (Fratercula arctica) lautet die Übersetzung ihres wissenschaftlichen Namens. Wenn damit in erster Linie wohl ihr niedliches und mit menschlichen Zügen behaftetes Aussehen gemeint ist, so stellen die Papageitaucher für die Bewohner nördlicher Küstenzonen mehr als nur liebenswerte Vogelgestalten dar. Vor allem in früherer Zeit dienten die großen Kolonien als Nahrungslieferanten. Nicht nur mit Eiern versorgten sich die Menschen, sondern manches fast flügge Junge und viele Altvögel, die wegen ihrer Zutraulichkeit nicht schwer zu fangen waren, wanderten in die Küchen. Die Tiere wurden in Salz eingelegt und lieferten noch im Winter, wenn die überlebenden Artgenossen sich auf den Meeren aufhielten, manche Mahlzeit.

Waidgerechte Kamerajagd

Unten: Es sollte nicht das einzige Bestreben des Fotografen sein, Tiere möglichst formatfüllend auf den Film zu bringen. Daß manchmal mehr über ein Stück Wild oder einen Vogel ausgesagt wird, wenn man seinen Lebensraum ins Bild mit einbezieht, beweist dieses Foto: Fischadler bauen ihre Horste nur als sogenannte »Aufsetzer« auf platte oder abgebrochene Baumkronen. Dafür eignen sich Kiefern besonders gut. Solcherart angelegte Brutstätten werden von den Paaren jedes Jahr wieder bezogen und aufgestockt. Vielfach wird ein Nest über mehrere Generationen vererbt. So gibt es an der Ostküste der Vereinigten Staaten ein »Fischadlerzentrum«, das seit über hundert Jahren benutzt wird. (Siehe Seiten 120—123.)

Wer Tiere in Feld und Wald fotografieren will, braucht zunächst einmal eine überdurchschnittliche Fotoausrüstung. Doch Spiegelreflexkamera, Teleobjektive und Fernauslöser sowie ihre richtige technische Handhabung nützen wenig, wenn man sich Wild und Vögeln gegenüber falsch verhält. Da kann fotografisch alles bis zur letzten Einzelheit vorbereitet sein, da können Entfernung, Blende und Belichtungszeit, ja sogar Lichtschranke und Funksteuerung richtig eingestellt sein, und dennoch kommt man mit leerem Film oder unbedeutenden Aufnahmen nach Hause. Wer sich nicht mit den Lebensgewohnheiten der Tiere vertraut gemacht hat, wer nicht die Tricks eines Jägers beherrscht und über die Ausdauer eines Anglers verfügt, der wird vergeblich durch den Wald pirschen oder hinter einem Busch ansitzen. Wer Fotojagd auf Tiere in der Natur betreibt und sich nicht über einige gesetzliche Bestimmungen informiert hat, kann zudem noch unangenehme Überraschungen erleben.

Letzteres gleich zuerst, da es von großer Wichtigkeit ist: Naturschutzgebiete gelten für Fotografen wie für jedermann. Geschützte und seltene Wild- und Vogelarten bleiben für die Kamera tabu, wenn sie durch das Fotografieren gestört werden. Doch auch al-

Zum doppelseitigen Farbbild S. 182/183: Wer erste Erfahrungen mit der Wildfotografie sammeln will, suche sich (nach Absprache mit dem Revierinhaber) einen befahrenen Fuchsbau Ende April/Anfang Mai, setze sich gegen den Wind und gut getarnt zwanzig bis dreißig Schritte von der Hauptröhre entfernt an und übe sich in Geduld. Wenn er Glück hat, erscheinen irgendwann einige junge Reinekes vor dem Eingang zu ihrer unterirdischen Burg und geben — bei genügendem Licht — ideale Objekte ab. Am Verhalten der Jungfüchse erkennt man sehr schnell, ob und welche Fehler man macht. (Siehe auch die Seiten 13—15.)

Unten: Bodenbrüter, wie diesen Temminckstrandläufer, fotografiert man am besten in der Nähe ihres Nestes. Allerdings geht das nur selten ohne Aufbau eines Tarnzeltes in genügendem Abstand. Daß die Vögel auch dann noch eine gewisse Zeit mißtrauisch sind, beweist dieses Bild: Der Gefiederte äugt aufmerksam in Richtung der Kamera. — Wie wichtig es ist, daß der Fotograf die Lebensumstände seiner Tiere kennt, beweisen die Temmincks. Bei ihnen haben die Weibchen ihren Beitrag zur Arterhaltung mit dem Eierlegen beendet, und die Männchen sorgen für Brut und Jungenaufzucht. So wenigstens geschieht es bei vielen Paaren.

Rechte Seite: Neugier und ewiger Hunger haben den Kolkraben dazu verleitet, sich vorsichtig dem ausgelegten Köder, einem Entenei, zu nähern und es mit dem Schnabel zu packen. Um mit solchen Listen Erfolg zu haben, braucht man in der Regel eine Menge Geduld. Doch auch bei solchen Manövern ist derjenige im Vorteil, der die Gewohnheiten der Tiere vorher genau studiert hat. Das Beobachten nimmt sehr viel mehr Zeit als das Fotografieren, aber es ist unerläßlich, um mit der Kamera zum Schuß zu kommen.

len anderen Vierläufern und Gefiederten kann man nicht ohne weiteres nachstellen: Zumindest auf fremdem Grund und Boden bedarf es der Einwilligung des Eigentümers, bevor man sich im Gesträuch einen provisorischen Ansitz baut oder die Kamera an einem Amselnest installiert. Und wer durch den Wald pirschen oder einen Hochsitz ersteigen will, braucht die Erlaubnis desjenigen, der für das entsprechende Revier das Jagdrecht besitzt. Jeder Bauer in der jeweiligen Gegend weiß, wem das Revier gehört.

Jäger sind von Tierfotografen nicht immer erbaut. Häufig ärgern sie sich sogar mit Recht, denn viele Pirschgänger mit der Kamera »vergrämen« (verscheuchen) das Wild, wenn sie unsachgemäß im Wald herumtoben oder sich genau an den falschen Plätzen niederlassen. Fotografen, von denen Jäger und Waldbesitzer merken, daß sie mit Rücksichtnahme und Verständnis ans Werk gehen, haben immer eine Chance, eine Erlaubnis zum (gelegentlichen) Begehen eines Jagdreviers zu erhalten.

Oberstes Gebot bei der Kamerajagd sind der Schutz und die Schonung der Tiere. Wer sein Teleobjektiv auf ein Reh oder einen Jungfuchs richtet, muß es so machen, daß sein »Opfer« dadurch nicht gestört wird. Wer den Fotoapparat am Nest des Buchfinken auf-

baut, um die Altvögel beim Füttern ihrer Jungen festzuhalten, muß so behutsam ans Werk gehen, daß die Fütterungsfolge nicht darunter leidet. Das heißt, er muß die gefiederten Nestbesitzer langsam und zunächst aus der Ferne an die Apparate gewöhnen. Meistens bedeutet das eine Vorbereitungsdauer von mehreren Tagen. Auf keinen Fall darf die Umgebung des Nestes verändert werden. Das hat zu oft das Verlassen der Brut zur Folge, und der Fotograf bleibt nicht nur erfolglos, sondern ist auch ungewollt zum Mörder geworden.

Bei jungem Wild ist es nicht anders. Wer einen wenige Tage alten Hasen anhebt oder das Gras rund um ein tagsüber von der Ricke »abgelegtes« Rehkitz berührt, nur damit beide besser ins Bild kommen, hat dafür gesorgt, daß die Tierkinder von ihren Müttern wegen der menschlichen »Witterung« (Geruch) nicht wiedererkannt und damit verlassen werden. Wer die Grashalme über den Eiern eines am Boden brütenden Vogels abschneidet, damit später auf dem Bild mehr vom Gelege und seinem Besitzer zu sehen ist, beraubt Kiebitz, Fasanenhenne oder Lerche ihrer natürlichen Tarnung.

Nicht lange aufhalten, nicht zu nah herangehen, nichts verändern und vor allem nichts berühren — das sind wichtige Regeln bei jungem Wild und bei Vogelnestern.

Es ist nützlich, daß bei der Tierfotografie viele Dinge, die für das Wild von Vorteil sind, dem Kamerajäger gleichermaßen zugute kommen. Denn wer Tiere stört, vertreibt sie und hat selbst das Nachsehen. Daher kann man getrost beim Jäger einige Selbstverständlichkeiten, aber auch etliche Listen abgucken.

Kein Anhänger der grünen Zunft geht mit heller Bekleidung ins Revier. »Anpassung« heißt das Schlagwort, und das gilt auch für die Ausrüstung. Blinkende Chromteile werden mit dunkler Farbe überstrichen oder mit tarnfarbenen Stoffen überzogen. Beim Wild spielt der Wind eine große Rolle. Da viele Tiere eine feine Nase haben und auf menschliche Witterung mit sofortiger Flucht reagieren, pirscht man immer gegen die Windrichtung. Das gleiche gilt für den Ansitz. Wer sich vor einem Fuchsbau postiert und den Wind im Rücken hat, kann auf Reinekes Erscheinen bis zum Schwarzwerden warten.

Geräusche und hastige Bewegungen zu vermeiden, ist ein gleichermaßen wichtiges Gebot. Man muß immer daran denken, daß — auch wenn man selbst gar nichts sieht — eine ganze Reihe von Tieren einen ständig beobachten. Und wenn es nur eine Kohlmeise in der Baumkrone dreißig Meter weiter ist. Ein warnender Schlag (für den man ein Ohr haben muß), und die ganze Umgebung ist alarmiert.

Vom Jäger kann man für den Kameraausflug ein weiteres Erfolgsrezept übernehmen: Statt kreuz und quer über Feldwege, durch den Wald und an Wiesenrändern entlangzulaufen und der gesamten Bewohnerschaft von der Maus bis zum Hirsch zu beweisen, daß man da ist, setzt man sich besser an einen geschützten und getarnten Platz und wartet, bis die Tiere auf einen zukommen. Zeit und Geduld sind dafür schon notwendig, doch man wundert sich, wie schnell plötzlich Leben in die Landschaft

Unten: Selbst bei einer flüchtigen Begegnung auf einem Sandweg ist der Frosch für einen Schnappschuß gut. Keine ungewöhnliche Perspektive, keine besondere Attraktion, aber immerhin ein kleines Dokument von einem kleinen Tier, das immer seltener wird. Am Verhalten eines Frosches merkt der Fotograf sehr schnell, ob er sich zu hastig bewegt.

Am Fuß der Seite: Besondere Vorsicht ist bei Aufnahmen von Jungwild geboten. Die beiden Junghasen, die sich ins Gras drücken, dürfen in keinem Fall berührt werden. Aber selbst unter ungünstigem Aufnahmewinkel läßt sich noch das Typische der jungen Hoppelmänner, vor allem aber ihr natürliches Verhalten — nämlich Deckung zu nehmen —, wiedergeben.

Großbild rechts: Mit aufgestellten Tellern (Ohren) ziehen Bache und ihr fast einjähriger Frischling in Richtung Kamera. Da Wildschweine nicht sonderlich gut äugen, sichern sie in erster Linie mit Nase und Gehör. Wer sich mit der Kamera auf Schwarzwild ansetzt, sollte daher genau die Windrichtung prüfen.

Vogelfeind meistens auf die Chance verzichtet, am gleichen Abend oder Morgen das Wildschwein zu sehen, kann der Fotograf häufig sowohl den Zufallstreffer wie auch die geplante Aufnahme mit nach Hause nehmen.

Gelegentlich gilt es allerdings auch zu wählen zwischen einem Schnappschuß und der — vagen — Aussicht auf eine Reihe lang ersehnter Bilder. Wer zum Beispiel am Balzplatz der Birkhähne hinter einem Beobachtungsschirm darauf wartet, bis genügend Helligkeit vorhanden ist, um mit langer Brennweite die dunkel gefiederten Vögel aufzunehmen, und plötzlich von einer in unmittelbarer Nähe gelandeten Bekassine in Versuchung geführt wird, den Aufbau zu verändern, Objektive zu wechseln und vielleicht noch das gesamte Versteck zu bewegen, gerät in einen echten Interessenkonflikt. Denn Birkhähne können sehr empfindlich reagieren.

Bei jedem Ausflug mit der Kamera ins Revier wünscht man sich zwar, diese einmalige Begegnung oder jenes aus dem Rahmen des üblichen fallende Verhalten eines Tieres im Bild festzuhalten, doch meistens ist der Anblick zunächst ganz »normal«. Wer in den Fehler verfällt, solche Situationen auszulassen, wer auf der Suche nach dem Bild alle »Feld-, Wald- und Wiesenmotive«

kommt, wenn man selbst unsichtbar bleibt. Eichhörnchen turnen wenige Meter im Geäst herum, es zeigt sich plötzlich, daß Hasen durchaus tagsüber unterwegs sind, und selbst die Heimlichtuer unter dem Hochwild, Wildschweine und Rothirsche, laufen einen gelegentlich in ruhigen Revierteilen und bei günstigem Wind nahezu um. Das gleiche gilt für Wasservögel an der See, für Murmeltiere und Gemsen im Gebirge und für Singvögel am winterlichen Futterplatz.

Wichtig ist, daß man jederzeit auf den Schuß mit der Kamera vorbereitet ist. Selbst beim gut geplanten Ansitz geschieht es häufig, daß sich das Wild auf ganz andere Weise als erwartet dem Fotografen präsentiert. Oder statt des Rehbocks, den man an seinem gewohnten Einstand überlisten will, erscheint plötzlich ein Dachs auf dem Morgenwechsel. Wenn bei solchen — meist einmaligen — Gelegenheiten plötzlich Zweige zwischen Kamera und Objekt auftauchen oder ein Baum im Bildausschnitt hinderlich ist, wenn umständliche Bewegungen notwendig sind, um die Kamera in die Position zu bringen oder wenn der Fotojäger sogar erst in seinen Rucksack greifen muß, um ein Wechselobjektiv herauszuholen, dann ist es meistens für eine oder mehrere Aufnahmen zu spät.

In die gleiche Situation, in der sich der Jäger befindet, wenn ihm beim Ansitz auf den Keiler plötzlich eine wildernde Katze vor das Gewehr kommt, kann der Wildfotograf geraten. Doch während der Jäger mit dem Schuß auf den streunenden Niederwild- und

nicht nutzt, wird auf lange Sicht wenig Erfolg haben. Denn gerade beim Anvisieren ganz durchschnittlicher Motive ergeben sich häufig die besten Aufnahmen. Daß jedes Bild eine eigene Ausstrahlung besitzt und mit einer unverwechselbaren Kulisse ausgestattet ist, dafür sorgt die Natur schon selbst. Und daß ein Hase dem anderen nicht gleicht, erkennt man häufig erst später beim Betrachten der Vergrößerung. Daher gilt für den Tierfotografen mehr als für andere Bildjäger die Devise: So häufig wie möglich auf den Auslöser drücken.

Allerdings ist nicht jeder Tag Jagdtag. Das muß der Tierfotograf noch stärker als der Jäger in Kauf nehmen, denn er braucht das Wild auf kürzere Entfernung, bei besserem Licht und möglichst in der richtigen

Oben: Bei viel fotografierten Tieren gilt es, neue Perspektiven und Blickwinkel zu finden, um auch dem häufig gezeigten Motiv Reiz zu verleihen. Wie ein Höckerschwan aussieht, weiß selbst jedes Stadtkind, doch wie gut er sich während der Brut in halbfreier Wildbahn zu tarnen weiß, sieht nicht jedermann. Hier verrät nur der lange Hals den Nestbesitzer. Er hält ihn meistens flach am Körper, so daß der auffällige Vogel bei solcher Umgebung völlig unsichtbar bleibt.

Links: Scheue und seltene Vögel wie diesen Wiedehopf bekommt man am besten an ihren Stammplätzen vor die Linse. Pfähle als Start- und Landepunkte in der Nähe des Nestes oder als Warte für den Nahrungsflug eignen sich dafür besonders.

Rechts: Noch leichter als vor einem Fuchsbau hat es der Fotograf vor einer Kaninchenhöhle, wenn sich Junge darin befinden. Bei Sonne lassen die grauen Flitzer nicht lange auf sich warten, und häufig kann man mit ungetarnter Kamera Bilder wie dieses schießen.

Unten: Das Wild zeigt sich in den einzelnen Jahreszeiten in unterschiedlicher »Aufmachung«, die von der Kamera festgehalten werden sollten. Hier haben sich zwei Basthirsche in den Halbschatten eines Eichenwaldes zurückgezogen. An solchen vom Licht begünstigten Plätzen findet man das Wild tagsüber entweder nur in Wildparks oder besonders ruhigen Revierteilen.

Rechts: Eine Ringeltaube auf ihrem »Sitzast« wenige Meter vom Nest entfernt. Oft sind es Tiere, die man überall sieht, welche die meisten Schwierigkeiten beim Fotografieren machen. Von Ringeltauben wird nicht ohne Grund behauptet, daß sie auf jeder Feder ein Auge besitzen. Entsprechend reagieren sie, wenn sie einen ungetarnten Fotografen oder ein blinkendes Objektiv entdecken. Daher ist auch bei so normalen Motiven wie Tauben, Amseln und Spatzen eine gründliche Vorbereitung notwendig.

Umgebung. Wer schnelle Erfolge liebt, muß sich nicht gerade Rehe, Hirsche, Wildgänse, Zaunkönige und andere freilebende Tiere als Fotomodelle aussuchen. Erzwingen läßt sich bei der echten Fotojagd nichts; doch ist das Leben draußen so vielfältig, daß sich plötzlich gerade dann und dort der Erfolg einstellt, wo man es am wenigsten erwartet hat. Wenn man sich dem Lebensrhythmus der Tiere anzupassen versteht, Termine der Paarung und der Jungenaufzucht bei den verschiedenen Arten wahrnimmt, sich auf tages- und jahreszeitliche Gegebenheiten einstellt oder manche Tiere sogar an sich gewöhnt, können Erfolge gar nicht ausbleiben.

Doch sie dürfen nicht — und das kann gar nicht oft genug betont werden — zu Lasten der Tiere gehen. Waidgerechtes Verhalten muß der Fotograf mindestens im gleichen Maß an den Tag legen wie der Jäger.

Das gilt nicht nur für jene Arten, die selten sind oder gar unter Schutz stehen, sondern bezieht sich auf die gesamte freilebende Tierwelt. Neben Säugetieren und Vögeln gehören dazu auch u. a. Reptilien, Lurche, Fische und Insekten, um jene zu nennen, die ebenfalls in immer stärkerem Maß als Objekt für die Kamera herhalten müssen. Diese Kleintierwelt, die zu entdecken dem Fotografen einige Mühe abverlangt, bietet einen ungeahnten Reichtum an Motiven. Schon von der Anzahl der verschiedenen Arten übertrifft sie Wild und Gefiederte. Was jedoch fast noch wichtiger ist: Man muß gar nicht erst in die sogenannte freie Wildbahn hinaus, um dort unter schwierigen Bedingungen nach geeigneten Objekten zu suchen. Für Ameisen, Fliegen, Käfer, Spinnen, Frösche, Eidechsen und anderes Getier mehr reicht häufig schon ein Vorgarten, ein Park in der Stadt, ein unbebautes Grundstück oder ein selbstgebautes Terrarium.

Weniger zeitraubend ist die Fotografie von Kleinsttieren allerdings nicht, denn sie erfordert nicht selten noch mehr Geduld und Behutsamkeit als die Kamerajagd auf Hirsch und Hase, Wildtaube und Amsel.

Sängernachwuchs

Unten: Auch nach dem Ausfliegen werden alle Singvögel noch von ihren Eltern für einige Zeit mit Futter versorgt. Hier wartet eine junge Amsel auf einem Baumstumpf darauf, daß einer der Eltern mit einer Portion Regenwürmern erscheint. Selbst wenn die Familie durch irgendein Ereignis versprengt wird, finden sich die einzelnen Mitglieder mit Hilfe lauter Rufe wieder.

Rechts: Wie in einer Pyramide strecken sich die Hälse der jungen Grünfinken dem mit Futter gelandeten Weibchen entgegen. Die Nahrung aller jungen Finkenvögel wird von den Eltern vorverdaut und als Brei in die Schnäbel gestopft. Kaum sind die Alten wieder fort, fallen die Vogelkinder in sich zusammen. Doch für die erneute Ankunft von Männchen oder Weibchen haben sie eine besondere Antenne: Zarte Lockrufe lassen die Hälse wieder in die Höhe schnellen, und ein aufgeregtes Zirpen unterstützt die Aufforderung der sperrenden Schnäbel.

Hoch recken sich die aufgesperrten Schnäbel der fünf jungen Amseln über den Nestrand hinweg. Die noch nackten Hälse wanken vor Anstrengung hin und her. Gerade haben sich die Augen, die nach dem Schlüpfen — ebenso wie die Ohren — fest verschlossen sind, geöffnet. Die Hilflosigkeit der ungefiederten Geschwisterschar ist somit nicht mehr ganz so groß wie in den ersten Lebensstunden. Sie können jetzt schon die Eltern sehen, die mit Würmern im Schnabel auf einem benachbarten Zweig landen. Doch ist es in erster Linie der leise Lockton der Altvögel, durch den die Jungen von der Ankunft der nächsten Portion erfahren.

Dieses Mal ertönt plötzlich ein kurzer durchdringender Ruf. Der dunkle Amselvater hat ihn ausgestoßen, als er in zwanzig Meter Entfernung ein Hermelin auftauchen sah. Kaum haben die fünf Nestinsassen das Alarmsignal vernommen, da drücken sie sich auch schon ganz flach in die Nesthöhle und machen nicht mehr die leiseste Bewegung. Sie stellen sich tot. Obwohl sie den Warnruf zum ersten Mal in ihrem noch jungen Leben gehört haben, sind sie sofort im Bilde. Sie brauchen keinen Unterricht, um die Sprache ihrer Eltern zu verstehen. Lebensnotwendige Sätze wie »Hier kommt Futter!« oder »Achtung, Gefahr!« sind bereits vom ersten Augenblick an, in dem die Eischalen auseinanderbrechen, in ihrem Instinkt fest verankert. Allerdings trifft das nicht für alle Lautäußerungen zu. Viele Singvögel müssen bestimmte Lieder und Strophen von ihren Eltern regelrecht lernen. Einige Grundmotive beherrschen sie zwar von Geburt an, doch etliche Feinheiten kommen erst beim Üben.

Nicht wenige Arten können nur an ganz bestimmten Tagen während ihres Heranwachsens die Melodien für ihr späteres Leben aufnehmen. Hören sie in dieser Periode, in der sie »prägungsfähig« sind, die Töne einer anderen Vogelart, so übernehmen sie diese. So kommt es, daß Vögel derselben Art zwar dieselbe Tonleiter anwenden, doch unterschiedlich variieren. Andere lernen auch im späteren Leben immer neue Imitationen dazu. Einige wenige dagegen sind überhaupt nicht in der Lage, neue Kompositionen zu finden. Durch Vererbung sind ihnen die überlieferten Familienlieder mit in die Wiege gelegt worden. Sie brauchen also nicht zu lernen, können aber auch mit keinen Neuigkeiten aufwarten. Ebensowenig wie jene, die zwar das Grundthema geerbt haben, ihre Variationsmöglichkeiten jedoch nicht ausnützen können, weil ihnen in den entscheidenden Tagen die Anleitung oder das Beispiel gefehlt hat.

Mit Hilfe von Tonbandaufnahmen hat man sehr genaue Untersuchungen über die einzelnen Vogelstimmen anstellen können. So fanden Forscher und Ornithologen heraus, daß es auch bei den Vögeln innerhalb derselben Arten verschiedene Dialekte gibt, die landschaftlich gebunden sind. Daher kann es geschehen, daß zwei Vertreter derselben Art, die weit voneinander entfernt aufgewachsen sind, an echten Verständigungsschwierigkeiten leiden. Mit Hilfe von Aufzeichnungen gelang es auch nachzuweisen, daß andere Vögel während eines bestimmten Zeitraumes ihre Melodienfolge wechselten und manche Kompositionen niemals wiederkehrten.

Nicht nur der Gesangsunterricht und die Entwicklung der Stimmen sind spannend zu verfolgen. Versuche haben auch den Familienbetrieb rund um das Vogelnest verständlich gemacht. So fanden die Verhaltensforscher heraus, daß sich die gefiederten Mütter und Väter nicht etwa aus Liebe zu ihren Kindern pausenlos auf Futtersuche begeben, sondern sie werden durch ganz bestimmte Signale instinktmäßig dazu bewogen. »Schlüsselreize« lösen bei den Tieren bestimmte Handlungen oder Verhaltensweisen aus. Sowohl besondere Bewegungen als auch Farben, Formen und Geräusche können den »Schlüssel« darstellen und die Ursache für die entsprechende Reaktion sein.

Für die Vogeleltern, die ihre Jungen ausgebrütet haben, stellen die aufgesperrten Schnäbel einen solchen Schlüsselreiz dar. Die häufig bunt gezeichneten Rachen und grell gefärbten Schnabelränder for

Oben: Eine siebenköpfige Gimpelfamilie im und am Nest. Die Eltern kommen immer gemeinsam zur Fütterung und künden ihre Ankunft durch feine Pfeiftöne an. Nach dem Füttern warten beide Altvögel darauf, daß die Jungen Kotballen ausscheiden. Das vordere Vogelkind hat bereits dem Weibchen (vorne) das Hinterteil zugekehrt und produziert eine der Portionen, die von den Altvögeln gierig erwartet und häufig gegessen werden. Bei den Dompfaffen, wie die Gimpel auch heißen, ist das Männchen wesentlich farbenprächtiger gefärbt als das Weibchen.

Unten: Die Unterhaltung zwischen dem Buchfinkenmännchen und seinen Jungen im Nest klappt hervorragend. Viele Vogelarten können nur an ganz bestimmten Tagen während ihres Heranwachsens die Melodien der Eltern übernehmen. Hören sie in dieser Zeit aus der Nachbarschaft sehr intensiven Gesang anderer Vögel, so kann es geschehen, daß sie auch von diesen einige Motive in ihr Repertoire aufnehmen.

dern die Altvögel unaufhörlich auf, sie mit Nahrung zu füllen. Diejenigen Kinder, die gerade eine Portion erhalten haben, »sperren« naturgemäß nicht so stark wie jene, die hungriger sind. Dadurch bildet sich ganz von selbst eine gleichmäßige Verteilung, denn die Futterholer stopfen immer den am weitesten geöffneten Schnabel.

Ist nur noch ein Elternteil vorhanden, oder gibt es wenig Nahrung, so kommt der Nachschub in größeren Abständen. Mit dem Erfolg, daß inzwischen die Vogeljungen, die als letzte etwas erhalten haben, ebenfalls wieder hungrig sind und genauso weit den Schnabel aufreißen wie ihre Geschwister. Werden einige von ihnen nur ein paar Mal ausgelassen, so erlahmen in ihnen schnell die Kräfte. Sie werden immer mehr zurückgeschoben und sind bald ein Opfer ihrer »egoistischen« Geschwister geworden.

Regentage im Revier

Wenn es von den Bäumen tropft, bleibt das Wild ungern im Wald. Wo die angrenzenden Felder groß genug und ohne Störung sind, ziehen die Tiere besonders nach einem längeren Regen auch tagsüber gerne aus den Beständen heraus und lassen sich — wie hier ein Rudel Damwild — unter freiem Himmel trocknen.

Wenn der Regen unaufhörlich die Stämme herabrinnt und das Laub am Boden in einen weichgründigen Teppich verwandelt, wenn kein Vogel sich in den Zweigen rührt und der Wald wie ausgestorben scheint, heißt es, vorsichtigen Schrittes den gewohnten Pirschsteig zu betreten. Man tut den vierbeinigen und gefiederten Revierbewohnern keinen schlechteren Dienst, als bei solchem Wetter durch die Landschaft zu poltern. Jede Flucht bedeutet für das Reh auf schwerem, von Wasser durchtränktem Ackerboden eine ungleich größere Anstrengung. Die zierlichen Hufe sinken tief ein, so daß die Kräfte schnell verbraucht sind. Das Federkleid der Vögel hat sich vollgesogen und jeder Schwingenschlag fällt schwer. So ziehen sie es vor, an einem geschützten Ort Zuflucht zu suchen und den größeren Teil des Tages in Zurückgezogenheit zu verbringen.

Doch scheint es nur auf den ersten Blick so, als gäbe es nichts zu beobachten. Es lohnt sich, an einem regnerischen Wintertag den Mantel überzuziehen, in die Gummistiefel zu steigen und einen geruhsamen Bummel an Hecken entlang, über Waldwege, neben Feldsäumen und durch die Heide zu unternehmen. Wer die Augen offenhält und sich Zeit nimmt, an einigen Plätzen länger zu verweilen, wird bald feststellen, daß Regenwetter nicht unvorteilhaft ist.

Das Tropfen von den Bäumen übertönt die Geräusche des Spaziergängers, der sich oftmals bis auf wenige Meter an das Wild heranpirschen kann. Was jedoch noch wichtiger ist: Viele Tiere sind an solchen grauen Tagen von einer eigentümlichen Apathie befallen, die sie unaufmerksam werden läßt. Sie dösen vor sich hin, und selbst wenn sie den unwillkommenen Menschen erblicken, entschließen sie sich nur schwer zur Flucht. Die Feuchtigkeit ist ihnen sichtlich unangenehm, und die Vorstellung, sich einen Weg durch das nasse Unterholz bahnen zu müssen, hält sie lange genug zurück. Daher sollte man sofort verharren, wenn das Wild einen entdeckt hat.

Damwild und Rehe, Hasen

Unten links: Grau in grau, und dazu noch durch einen Busch getarnt: Rehe bummeln an regnerischen Tagen auch gerne einzeln durch ihren Einstand.

Unten rechts: Bei Regen fliegen Vögel nicht besonders gerne. Wildgänse jedoch ziehen mit Vorliebe an diesigen oder gar nebligen Tagen über kurze Strecken, da sie sich dann sicherer fühlen. Häufig wird ihnen allerdings zum Verhängnis, daß sie ziemlich dicht über dem Boden bleiben müssen und damit für die Gewehre der Jäger erreichbar sind. Hier strebt eine Graugans am Waldrand dem nächsten offenen Wasser zu.

Großbild rechte Seite: Zwei starke Keiler sind im herbstlichen Laubwald aufeinandergestoßen und versuchen, sich gegenseitig Respekt einzuflößen: Zu ernsten Meinungsverschiedenheiten kommt es nur während der »Rauschzeit« (Paarungszeit), die hauptsächlich in den Dezember und Januar fällt.

verstehen es so gut, eine natürliche Deckung auszunutzen, daß sie dem menschlichen Auge verborgen bleiben. An regnerischen, diesigen Tagen gelingt ihnen das besonders gut. Weil sie sich dessen bewußt zu sein scheinen und aus Erfahrung wissen, daß bei solchem Wetter der Mensch ungern unterwegs ist, wird manches Wild tagsüber viel aktiver als gewöhnlich. Noch einen weiteren Grund gibt es für die »Mobilität«: Da es pausenlos von oben tropft, halten viele Vierläufer es nicht lange an ein und demselben Platz aus. Immer wieder versuchen sie, einen anderen, geschützteren Ort aufzusuchen. Oder aber sie meiden gänzlich den Baumbestand und halten sich im Freien auf.

So begegnet der Beobachter manchem Reh, das ziellos durchs Revier bummelt, einem Rudel Dam- oder Rotwild, das geruhsam und etwas mißmutig am Feldrand entlangzieht und dem alten Keiler, dem es in der Fichtenschonung zu ungemütlich geworden ist und der den Hochwald durchstöbert.

Auch unter den Tieren gibt es bei solchen Gelegenheiten manches überraschende Zusammentreffen, das unterschiedliche Reaktionen auslöst. Verschiedene Arten gehen sich meistens aus dem Weg, wobei es nicht immer die »Stärkeren« sind, die den Bogen machen. Gleichartige können uninteressiert aneinander vorbeiziehen, sich neugierig beäugen, für einige Zeit zusammenbleiben oder aber einen Streit entfachen. Letzteres passiert vor allem während der Paarungszeiten, in denen das Wild ohnehin mehr auf den Läufen ist.

und Fasanen allerdings sind genauso beunruhigt wie sonst beim Auftauchen eines Zweibeiners. Nur versuchen sie, bei Regenwetter einen überstürzten Aufbruch zu vermeiden. Es wäre falsch zu glauben, sie seien vertrauter als gewöhnlich, und man könnte sich ihnen noch mehr nähern.

Dichte Wolken am Himmel, Regen und Dunst über der Erde sorgen dafür, daß alle Farben zu einem einzigen Grauton zusammenschmelzen. Daher ist es schwierig, Wild und Vögel zu erkennen. Nicht selten geschieht es, daß in der Nähe ein Sprung Rehwild sich niedergetan hat, ohne daß es der Reviergänger bemerkt. Die Wildkörper, durch das stärkere graubraune Winterhaar ohnehin besser getarnt, heben sich von der Umgebung überhaupt nicht ab. Auch viele Vögel tragen während der unwirtlichen Jahreszeit ein Kleid, das wesentlich schlichter aussieht als das Frühlings- und Sommergewand.

Da gibt es nur eine Möglichkeit, um zu verhindern, daß einem irgendwelche Lebewesen verborgen bleiben: Man muß auf Bewegungen achten, langsam und unaufhörlich die Augen durch die Gegend schweifen, den Blick an einer bestimmten Waldecke oder in den Kronen einer Baumgruppe verharren lassen. Dann sieht man am Lichtungsrand plötzlich, wie die Ricke hinter dem Busch den Kopf hebt, kann beobachten, daß sie ebenfalls nach diesem gleichen Rezept ihre Umgebung überprüft und daher in kurzen Abständen immer wieder aufwirft.

Erfahrene Jäger wissen, daß sich das Wild mit dieser Methode schützt und haben sie sich selbst zu eigen gemacht. Wie häufig muß man erleben, daß man erst beim zehnten Hinschauen ein Stück Wild entdeckt, das man vorher nicht wahrgenommen hat. Viele Tiere

Erläuterungen zu den Bildern

Auf diesen beiden Seiten finden sich zu einem Teil der im Buch gezeigten Aufnahmen nähere Erläuterungen. Dabei soll sowohl von technischen Daten wie auch von besonderen Begleitumständen beim Entstehen der Fotos die Rede sein. Zu jedem einzelnen Bild einen Kommentar zu geben, würde allerdings den Rahmen dieses Anhangs sprengen.

Die meisten Aufnahmen entstanden in Schleswig-Holstein, Bayern, Schweden und Norwegen. Einige stammen aus der Camargue, aus Österreich und Dänemark. Auf genauere Ortsbezeichnungen wird aus Gründen, die jedem Naturliebhaber verständlich sind, verzichtet.

Die überwiegende Zahl der Fotos wurde mit Nikon-Kameras und dem 400-mm-Schnellschußobjektiv Noflexar von Novoflex gemacht. Die Standardblenden waren 5,6 oder 8, die Belichtungszeiten lagen in der Regel zwischen $1/125$ sec und $1/500$ sec. Nur dort, wo andere Kameras oder Objektive eingesetzt oder aus dem oben beschriebenen Rahmen fallende Blendenwerte bzw. Belichtungszeiten gewählt wurden, findet sich ein entsprechender Hinweis.

Seite 9: Gefährdete Vögel dürfen nur dann Fotoobjekt sein, wenn sie nicht gestört werden. Der Seeadler wurde beim Flug von einem Fischteich zu einem seiner Sitzplätze aufgenommen. Dieser Vogel zeigte sich über Jahre hindurch in seinem Revier sehr vertraut.

Seite 11: Das oben Gesagte gilt auch für die Kraniche. Aus sicherem Versteck, an das die Vögel gewöhnt waren, wurde über weite Entfernung das Schlüpfen der Jungen fotografiert. Bei diesem wie auch bei den Bildern von Seiten 138 bis 141 handelt es sich um Ausschnitte von Kleinbildnegativen. Als Vorlage für das Farbbild (siehe auch Umschlag) diente weniger als die Hälfte eines Kleinbilddias. Das Kranichnest auf Seite 141 lag in einer anderen Landschaft als das, an dem die übrigen Bilder entstanden.

Seite 12: (Fisch-)Otter sind nicht nur äußerst selten, sondern auch sehr scheu und überwiegend nachts unterwegs. Man muß schon einen Bau kennen und sehr viel Geduld haben, um einen Otter — beim kurzen Auftauchen in seinem Wasserrevier — aufs Bild zu bekommen, wenn er mal bei Helligkeit unterwegs ist.

Seiten 13 bis 15: Alle Aufnahmen wurden am gleichen Bau, jedoch von unterschiedlichem Standort aus gemacht. Die Hauptröhre lag in einem zu Bahnschienen hin abfallenden Hang. Das Bild auf Seite 13 entstand von der gegenüberliegenden Seite aus, die übrigen und auch das Farbbild auf der Doppelseite 182/183 wurden im rechten Winkel zur Bauausfahrt gemacht. Eine Eiche am gleichen Hang diente in etwa zehn Metern Entfernung als Tarnung. Die eine Seite des Baues war von Schlehdorn zugewachsen, der eine gute Kulisse abgab.

Seite 17: Schwarzwild zu fotografieren, bereitet heutzutage keine besonderen Schwierigkeiten, denn viele großen Gehege und Wildgatter bieten sich dafür an. Aber auch in freier Wildbahn kann ein Jäger die Tiere »anfüttern«, so daß sie vertraut werden. Dieses Bild entstand mit einer Rolleiflex f = 80 mm.

Seiten 18/19: Nur im Winter, wenn keine Blätter an den Bäumen sind und außerdem die Sonne scheint, lassen sich mit Teleobjektiven Bilder wie diese in einem Hochwald machen. Die drei Rothirsche verhofften bei einem flüchtigen Troll durch den Buchenbestand, nachdem sie »hochgemacht« worden waren. Nikkor-Q Auto 200 mm.

Seite 21: Das 400-mm-Objektiv zieht die Körper und Geweihe der Damhirsche zu einem unentwirrbaren Ganzen zusammen. Ein Hochausschnitt aus einem querformatigen Negativ. Wenige Sekunden nach dieser Aufnahme strebten die Tiere weit auseinandergezogen und hochflüchtig dem Waldrand zu.

Seiten 23 bis 25: Die Falkenraubmöwen wurden in der schwedischen Polarzone aufgenommen und hatten daher wenig Angst vor Menschen. Im Flug waren sie jedoch so schnell, daß es schwer war, sie in der Schärfezone zu halten. Für das Bild auf Seite 25 dienten zwei Negative als Vorlage.

Seiten 26 bis 29: Die Fotos auf Seite 26 und Seite 28 (oben) wurden vom Auto aus gemacht. Die alten Neuntöter versorgten ihre Jungen auf einem Koppelzaun entlang eines Feldweges mit Nahrung und ließen sich durch das langsam immer näher kommende Fahrzeug nicht beirren. Das Bild auf Seite 27 entstand aus einem Zelt heraus, dasjenige auf Seite 28 (unten) mit Hilfe eines elektronischen Fernauslösers. Die Beobachtung des Nestes erfolgte währenddessen durch ein Fernglas, um die richtige Situation »abzupassen«. Das Farbbild zeigt den Raubwürger in der Nähe seines Nestes beim Schimpfen auf den Eindringling.

Seiten 30 bis 33: Diese Aufnahmen entstanden in einem norddeutschen Gehege. Dabei erwies sich, daß es nicht ungefährlich ist, über den Zaun eines Gatters zu klettern, um eine bessere Perspektive zu erhalten: Dank eines hauchdünnen Vorsprungs war nur eine zerrissene Hose Quittung und Warnung zugleich. Bis auf Seite 31 alle Bilder mit Nikkor-Q Auto 200 mm.

Seiten 34 bis 36: Der Säbelschnäbler brütete am Ostseestrand und wurde vom Tarnzelt aus fotografiert. Die Heringsmöwe begleitete das Schiff auf der Fahrt zur Insel, auf der die daneben abgebildete Lumme brütete. Die fünf Stelzenläufer disputierten am Rand einer Salzlagune in der Camargue und ließen sich auch nicht durch Auto und Kamera stören.

Seiten 38/39: Zweimal Gebirgswild, unterschiedlich dargestellt. Bei der Gemse ist ein Teil des Reviers mit eingefangen, die Murmeltiere sind mehr als formatfüllend. Für beide Fotos waren anstrengende Kletterpartien nötig. Bei Murmeltieren ist das dort, wo sie an häufig belaufenen Spazierwegen leben, nicht erforderlich, da sie nicht selten aus der Hand fressen.

Seite 40: Störche in der Luft lassen sich am besten im Anflug auf ihr Nest fotografieren. Die Aufnahme entstand von der Küchentreppe eines Bauernhauses, über die Adebar regelmäßig mit ausgebreiteten Schwingen hinwegschwebte, bevor er sich klappernd auf dem Nest niederließ, in dem die vier Jungstörche auf Seite 10 hocken. Die Bilder entstanden allerdings im Abstand von vier Jahren.

Seite 43 oben: Die Gebirgsstelze ist ein »Zufallsschuß«. Sie setzte sich für wenige Sekunden auf den Ast, auf dem der Eisvogel (Seite 65) zu landen pflegte. Bei dieser Aufnahme stand das Beobachtungszelt auf der gegenüberliegenden Seite des Baches. Da die Kamera mit Noflexar und Balgen richtig eingestellt war, gelangen zwei Aufnahmen.

Seite 47: Für diese Farbabbildung wurde wieder der Ausschnitt eines Kleinbilddias verwandt. Für alle, denen nur mittel- oder großformatige Farbvorlagen gut genug sind: Sämtliche Farbaufnahmen in diesem Buch stammen von Kleinbilddias (die meisten auf Agfacolor), von der Mehrzahl ist jeweils nur ein Teil, bei einigen nicht einmal die Hälfte wiedergegeben. Der Muffelwidder wurde im Querformat aufgenommen.

Seiten 48 bis 54: Für diese Aufnahmen waren wochenlange, äußerst behutsame Vorbereitungen notwendig. Weihen sind so selten und bedrängt, daß auch einiger Fotos kein Risiko eingegangen werden darf. Die Bilder entstanden von einem schilfverkleideten Zelt aus, das stückweise und im Abstand von Tagen aufgebaut wurde. Nur »zentimeterweises Vorarbeiten« führte dazu, daß sich die Vögel schließlich an den Fremdkörper gewöhnten. Die Wiesenweihen wurden mit dem 180- und 400-mm-Objektiv, die Rohrweihen mit dem 400-mm-Objektiv aufgenommen. Das Bild der jungen Rohrweihen entstand mit einer Pentacon und Normalobjektiv. Für die Flugaufnahmen betrug die Belichtungszeit $1/1000$ sec.

Seiten 55 bis 62: Besonders Schnepfenvögel zeigen eine enge Nestbindung, die das Fotografieren von ihnen leicht macht. Allerdings ist es unverantwortlich, die Vögel mehr als einige Minuten ängstlich um sich herumfliegen zu lassen, um immer neue Bilder zu schießen. Auch ohne Brutrevier kann man Rotschenkel fotografieren, da sie sich gerne auf Zäune setzen und vor einem Spaziergänger herfliegen. Nicht anders verhält sich auch der Goldregenpfeifer (Seite 55) auf den nordischen Fjälls, der eine ganz bestimmte Fluchtdistanz nicht aufgibt. — Beim Fotografieren der balzenden Birkhähne vom Beobachtungsschirm aus kam auch die Bekassine (S. 62) aufs Bild. Sie setzte sich kurz nach Sonnenaufgang in einiger Entfernung ins Moorgras und begann, laut zu »tükern«. — Uferschnepfe und Brachvogel wurden vom Zelt beim Anmarsch zu ihrem Bodennest, der Wiesenpieper vom Auto aus fotografiert.

Seiten 63 bis 65: Den rasend schnellen Flügelschlag des Eisvogels hält nur im Blitz eine extrem kurzer Leuchtzeit fest. Hier war es der computergesteuerte Mecablitz 202 von Metz, der mit einer doppeläugigen Rolleiflex f = 80 mm gekoppelt war. Die Aufnahmen wurden vom Versteck aus mit Hilfe eines pneumatischen Fernauslösers gemacht. Die Belichtungszeit war $1/500$ sec. — Auch für diese Aufnahmen war ein sehr vorsichtiger Aufbau von Versteck und Geräten notwendig, da der Eisvogel scheu und selten ist. Die beiden hier gezeigten Ehepartner hatten sich während der dreiwöchigen Fototätigkeit so sehr an die veränderte Umgebung gewöhnt, daß sie durch nichts mehr zu erschüttern waren. — Das Farbbild zeigt den bunten Vogel mit einer grünen Brennesselwand im Hintergrund. Mit dem Fisch im Schnabel will er gerade zum Nest starten (Noflexar mit Balgen).

Seiten 66 und 67: Auf allen drei Bildern haben die meisten der Tiere den Fotografen »weg«. Oft dauert es nur den Bruchteil einer Sekunde, bis sie abspringen, manchmal hält die Neugier länger an. Meistens tut man gut daran, gleich auf den Auslöser zu drücken, um wenigstens ein Bild zu haben. Doch es gibt auch Situationen, in denen man besser wartet, bis sich das Wild beruhigt hat. Dann hat man meistens mehr Zeit. Für was man sich wann entscheidet, hängt nicht selten vom richtigen Gefühl (= Erfahrung) ab.

Seiten 68 und 69: Alle drei Aufnahmen wurden vom Auto aus gemacht.

Seite 70 unten: Für solche Bilder wie das der verleitend abstreichenden Ente ist das Schnellschußobjektiv die einzig ideale Hilfe. Und auch dann gehört noch etwas Glück dazu, daß man in den wenigen Sekunden die richtige Einstellung erwischt. Das Foto entstand im Gegenlicht über einem von Brennesseln bewachsenen Grabenrand.

Seite 71: Da Schneehühner gut zu Fuß sind, versuchen sie, vor einem Verfolger im Gestein zu entkommen. Dabei vertrauen sie zu Recht auf ihre gute Tarnfarbe. Wenn man sie entdeckt hat und sich ihnen sehr langsam nähert, kommt man auf 400-mm-Tele-Entfernung an sie heran. Diese beiden Vögel gehörten zu einem »Volk« von etwa 15 Mitgliedern, die sich eine halbe Stunde lang gemütlich durchs Geröll eines Alpenhochtales bewegen ließen. Auf dem Foto sichert die Nachhut.

Seiten 73 bis 75: Die Rotwildbrunft bei hellichtem Tage mit der Kamera zu belauschen, gelingt nur in extrem ruhigen Revieren oder in großen Gattern. Die Bilder entstanden in einem über 1000 Hektar großen Gatterrevier, wo das Wild tagsüber außerhalb von Dickungen anzutreffen ist, sich gegenüber Menschen jedoch im übrigen reserviert verhält.

Seiten 76 bis 78: Diese Aufnahmen stammen von einer der norwegischen Küste vorgelagerten Insel und machten zum Teil recht mühsame Klettertouren und Einstiege in Steilwände erforderlich. Da die Vögel jedoch sehr vertraut waren, gab es keine Schwierigkeiten, genügend Motive zu finden. Nur der Baßtölpel blieben an diesem Ort in unerreichbarer Tiefe. Das Foto auf Seite 78 unten wurde mit einem Normalobjektiv durch eine Felsspalte hindurch gemacht.

Seiten 79 bis 83: Die beiden Ohrentaucher waren so sehr mit der Balz und dem Bau von Spielnestern beschäftigt, daß sie die Annäherung des Fotografen, der bis zur Brust im Wasser stand, gar nicht beachteten. Auf dem Bild schwimmen beide Vögel zu einem Schilfrand, um neues Nistmaterial zu holen. Auf die gleiche Weise wurde der brütende Haubentaucher »angegangen«. Da er in der Nähe einer vielbegangenen Uferpromenade brütete, hielt er recht lange auf seinem Nest aus. — Die übrigen Bilder zum Kapitel entstanden vom Ruderboot aus. Wenn man sich genügend Zeit läßt und den Vögeln zeigt, daß man ihnen nicht gefährlich wird, kann man langsam, aber sicher den Abstand zu ihnen verringern. — Der Gänsesäger mit Jungen ist wiederum ein starker Ausschnitt eines Kleinbilddias. Deutlich ist die schmale Schärfezone zu erkennen, da wegen mangelnden Lichtes mit Blende 5,6 gearbeitet werden mußte. Noflexar.

Seiten 85 bis 88: Die jungen Bussarde wurden vom Gegenbaum fotografiert. Der Horst stand in der Hauptgabel einer völlig vertrockneten Pappel, deren Äste größtenteils abgebrochen waren. Sie stand am Ufer eines Kanals und war nur noch von sieben anderen Bäumen umgeben — ein recht ungewöhnlicher Brutplatz für einen Mäusebussard. Das Foto auf S. 86 zeigt einen Beizhabicht mit Hasen. Es wurde mit Pentacon und einem 135-mm-Objektiv aufgenommen. —

Die Sumpfohreule saß mit zwei ihrer Geschwister im Gewirr toter Äste eines Sumpfes in der Camargue und wußte mit dem Menschen noch nichts Rechtes anzufangen. — Das Milanweibchen auf S. 88 streicht über eine Baumlücke, und der Turmfalke hat gerade eine Maus auf dem Boden verfehlt. Das Bild entstand vom Auto aus, vor dem besonders diese Vögel kaum Scheu zeigen.

Seiten 89 bis 91: Die Bilder stammen aus dem Gran Paradiso und wurden teilweise mit einer Brennweite von 180 mm aufgenommen. Da die Tiere dort sehr vertraut sind, lassen sich auch Fotos mit einem Normalobjektiv machen.

Seiten 92 bis 95: Für Flugaufnahmen sind kurze Belichtungszeiten notwendig; je kleiner die Vögel sind, desto schneller ist ihr Schwingenschlag. Längere Belichtungszeiten reichen, wenn man beim Auslösen genau den Moment abpaßt, in dem sich die Flügel ganz oben oder ganz unten befinden. So wie bei den Höckerschwänen und dem abstreichenden Seidenreiher. Das Korn der Reiheraufnahme beweist, daß es sich um eine starke Ausschnittvergrößerung handelt. — Möwen und Seeschwalben machen es dem Fotografen insofern leicht, als sie bei Start und Landung häufig für eine kurze Zeit die Flügel ausgebreitet halten.

Seiten 96 bis 101: Blauracke und Bienenfresser wurden vom Auto aus fotografiert, ebenso die Stelzenläufer, die gerade dort einfallen, wo später das Bild auf S. 36 entstand. Die Kanadagans setzte zur Landung auf dem Wasser an; das Bild stammt aus einer Serie, die mit Kameramotor gemacht wurde. — Oberhalb ihres auf dem Boden gelegenen Nestes hatte die Rotdrossel Position bezogen und ließ den Fotografen ziemlich dicht herankommen (Farbbild oben). Um die Girlitze in einer Fichte zu fotografieren, war ein komplizierter Aufbau notwendig: Da das Nest in einer Höhe von zweieinhalb Metern lag, mußte das Zelt auf einem kleinen Anhänger errichtet werden (Noflexar mit Balgen, Blitzlichtunterstützung).

Seiten 102 bis 105: Daß ein Farbfoto auch ohne Sonne reizvoll sein kann, beweist das etwa halbjährige Rehkitz. Bei dieser Aufnahme half die Neugierde des Tieres, das am Rand einer Lärchenschonung äste. — Die beiden Hasen wurden während der »Rammelzeit« (Paarungszeit) auf den Film gebannt. In einem Altbuchenbestand zeigten sie sich reichlich unaufmerksam. Die Fasanen dagegen drückten sich mißtrauisch am Rand einer kleinen Fichtenschonung zwischen den Bäumen.

Seiten 106 bis 108: Dem Bild der drei Jungreiher im Horst war nicht nur eine mühsame Klettertour vorausgegangen. Viel schwieriger gestaltete sich das Fotografieren vom schwankenden Ast in der Nachbarschaft des Horstes. Die »Habachtstellung« wurde mit dem Normalobjektiv eingefangen. Für das Bild auf Seite 107 wurde die Kamera auf dem Gegenbaum installiert und von

einem Versteck aus bedient. Ebenfalls aus der Krone eines Baumes, aber ungetarnt, entstand die Aufnahme von Seiden- und Nachtreiher in der Camargue. Die Vögel hatten in der Nähe einer kleinen Kolonie feste Sitzplätze und zeigten sich sehr vertraut.

Seiten 109 bis 113: Daß sich Pirschgänge mit umgehängter Kamera lohnen, beweisen die Bilder dieser Seiten. Bis auf das Rehkitz, das in der Obhut eines Bauern aufwuchs (Aufnahme mit Pentacon und Steinheil 135 mm), entstanden sie bei zufälligen Begegnungen. Seiten 109 unten und 112 mit Normalobjektiv, Seite 110 mit Rolleiflex f = 80 mm, Seite 111 Pentacon und Steinheil 135 mm.

Seiten 114 bis 119: Wer Singvögel am Nest fotografieren will, muß mit äußerster Vorsicht und Geduld ans Werk gehen. Um die Tiere formatfüllend abzubilden, braucht man zum Teleobjektiv ein Balgengerät. Bis auf den Grauen Fliegenschnäpper (Pentacon, Novoflex 40 cm), den jungen Hausrotschwanz (Pentacon, Steinheil 135 mm), den jungen Wiesenpieper (Nikon, Normalobjektiv) und die Rauchschwalbe (Rolleiflex f = 80 mm, 2 Braun-Blitzlampen und pneumatischer Fernauslöser) entstanden alle Fotos mit Noflexar, Balgen und Blitzlichtunterstützung vom Zelt aus. Ein besonderes Kuriosum: Wer das Bild der Kohlmeise auf Seite 115 mit dem Buntspecht auf Seite 146 vergleicht, wird feststellen, daß beide am gleichen Baumloch sitzen. Damit hatte es folgende Bewandtnis. Die Kohlmeisen bewohnten eine etwa 50 cm tiefer als das Spechtnest gelegene Höhle. Die Spechte hatten die wenige Tage alten Kohlmeisen herausgeholt (Spechte werden vielfach zu Nesträubern bei kleineren Höhlenbrütern), und die Meiseneltern fütterten daraufhin zwei Tage lang die jungen Spechte einen Stock höher. Bittere Ironie des Schicksals.

Seiten 120 bis 123: Für diese Bilder waren wochenlange Vorbereitungen notwendig. Mit Genehmigung des Eigentümers wurde in einer etwa 20 m hohen Fichtenkrone im Verlauf von zehn Tagen ein gut getarnter Ansitz gebaut, von dem aus Einblick in den rund 25 m entfernten Fischadlerhorst vorhanden war. Die Vögel hatten sich nach kurzer Zeit so sehr an die neue Nachbarschaft gewöhnt, daß sie beim Auf- oder Abstieg des Fotografen (der jedesmal von einer oder zwei Personen begleitet war, die sich anschließend wieder entfernten) nur ganz kurz vom Horst abstrichen. Die Fotos auf Seiten 122 und 123 wurden mit dem Noflexar aus dem Versteck, das Farbbild auf Seite 120 mit Normalobjektiv auf einem anderen Horst und das Bild des »wassernden« Adlers vom Boot aus mit Noflexar gemacht.

Seiten 124 bis 131: Einige dieser Bilder gehören zu den ersten des Verfassers, das doppelseitige Bild auf Seite 128/129 ist die »jüngste« Aufnahme des Buch. Sie wurde im Juni 1973 an der Nordseeküste gemacht. Sturmmöwe und Austernfischer auf Seite 124 hingegen stammen aus der 2. Hälfte der fünfziger Jahre. Sie wurden mit Pentacon und Novoflex 400-mm-Objektiv gemacht. — Die drei Seehunde waren vom Schiff aus zu sehen, ebenso die Eiderenten auf Seite 131. — Für das Bild auf Seite 125 war der Ausflug auf eine Sandbank bei Ebbe notwendig. Zusammen mit einem erfahrenen Seehundkenner wurden Verhalten und Bewegungen der Seehunde nachgeahmt, bis schließlich einige der vor der Sandbank schwimmenden Tiere an Land robbten und bis auf wenige Meter an die Menschen herankamen. Die Aufnahme entstand mit dem Nikkor-Q Auto 200 mm. — Die Zwergseeschwalben wurden von einem Beobachtungszelt aus aufgenommen, und der junge Säbelschnäbler lief dem Fotografen bei seinem ersten Ausflug ins Watt über den Weg (Pentacon mit Steinheil 135 mm). — Die Brandseeschwalben wurden mit Normalobjektiv bei Blende 16 und $^1/_{1000}$ sec fotografiert. Die helle Sonne machte solche extremen Werte, die für Schärfe und Tiefenschärfe notwendig waren, möglich. — Bilder wie die vom Regenpfeifer und Sanderling bringt man von einem Strandspaziergang bei auflaufendem Wasser heim.

Seiten 132 bis 134: Elche sind selbst dort, wo sie zahlreich vertreten sind, schwierig vor die Kamera zu bekommen. Erstens sind sie heimlich und zweitens stehen sie meistens durch Bäume und Sträucher gut getarnt. Wenn sie auf freie Flächen austreten, ist es häufig zu dunkel. Im Frühling, wenn die Tiere mit Kälbern unterwegs sind, ergeben sich mit etwas Glück Begegnungen. Da muß man Neugierde und Überraschung des mächtigen Wildes ausnutzen. — Das Bild auf Seite 132 entstand mit Nikkor-Auto 180 mm. Die Tiere waren menschliche Begegnungen gewohnt.

Seiten 135 bis 137: Die Bilder entstanden an einem großen See in Schweden von einem Beobachtungszelt aus.

Seiten 138 bis 141: Siehe Anmerkungen zu Seite 9.

Seiten 142 bis 144: Alle Fotos mit Nikkor Auto 180 mm und Mecablitz 202 (abgestellte Automatik). Seiten 142 unten und 144 von einem Hochsitz, die beiden anderen Bilder frei am Boden hockend. Aufnahmezeit jeweils zwischen 20 und 21 Uhr im Juni.

Seite 146: Siehe Seiten 114 bis 119.

Seiten 148 bis 150: Alle Fotos wurden auf der Pirsch aufgenommen.

Seiten 151 bis 155: Raubwild läßt sich besonders gut im Winter fotografieren, wenn es gezwungen ist, tagsüber auf den Branten zu sein. Der Fuchs wurde mit Luder angelockt. Das Hermelin machte sich auf einer Wiese zu schaffen und äugte trotz herannahender Autos immer wieder neugierig aus einem der vielen Mauselöcher, die es revidierte (Pentacon und Novoflex 40 cm). — Der flüchtige Hase wurde auf einer Treibjagd »erlegt«, sein weißer Vetter bei einer Gamspirsch. Beim Baummarder handelt es sich um eine Fähe, die sich nicht von ihrem Wochenbett lösen kann. 30 cm unterhalb des Bildrandes beginnt eine lange vom Blitz geschlagene Spalte, in der vier wenige Tage alte Junge liegen (Pentacon und Steinheil 135 mm). — Auch bei Iltis und Steinmarder ist deutlich die Neugier der Tiere auf den Bildern zu spüren. Mit naturgetreuem »Mäuseln« ließen sich beide aus ihren Verstecken locken.

Seite 154 bis 160: Alle Bilder, bis auf die Gemse, wurden in der Nähe von Futterplätzen aufgenommen.

Seiten 161 bis 165: An offenen Wasserstellen finden sich im Winter genügend Motive. Seiten 162 und 165 unten: Normalobjektiv.

Seiten 166 bis 172: Bis auf die Rehe und Steinböcke befand sich das gezeigte Wild in der Nähe von Futterplätzen. Für die Vögel gilt das gleiche, mit Ausnahme von Auerhahn und Reiher. Der balzende Auerhahn gehörte zu jenen seiner Art, die während der Balz »verrückt« werden und nicht nur sämtliche Scheu vor den Menschen verlieren, sondern diesen sogar gelegentlich angreifen (Pentacon und Steinheil 135 mm).

Seiten 173 bis 176: Die Aufnahmen stammen teilweise aus dem Nationalpark Bayerischer Wald und zum Teil aus einer schwedischen Freianlage. Großraubwild innerhalb Europas in freier Wildbahn vor die Kamera zu bekommen, ist nahezu unmöglich.

Seiten 177 bis 180: Auf derselben Insel, auf der die Bilder von Seite 35 und 76 bis 78 entstanden, brüteten auch die Papageitaucher. Alle Fotos mit Nikkor-Q Auto 200 mm. Für die Abbildung auf Seite 180 unten wurden zwei Negative verwandt.

Seiten 181 bis 191: Die Hinweise befinden sich in den Texten zu diesen Bildern. Seite 185 mit Pentacon und Novoflex 40 cm. Seite 186 unten mit Normalobjektiv. Seite 187 Rolleiflex f = 80 mm, starker Ausschnitt. Seite 189 Pentacon und Novoflex 40 cm. Zum Farbbild auf Seiten 182/183 siehe Bemerkungen zu Seiten 13 bis 15 (Ausschnitt vom Kleinbilddiapositiv).

Seiten 192 bis 194: Hierfür gilt das zu den Seiten 114 bis 119 Gesagte.

Seiten 195 bis 197: Das Rudel Damwild wurde hinter einem Hügel angepirscht. Daß die Überraschung gelungen ist, sieht man den vorderen Tieren an, die auf die vermeintliche »Gefahr« gleichzeitig aufmerksam geworden sind. Einige Sekunden später war die Feldkuppe wie leergefegt. — Ein genauso einmaliger Schnappschuß war die Begegnung mit zwei Keilern in der Nähe einer Suhle, an der sich seit Jahren schon ein getarnter Ansitz befindet. Da im Hochwald die Lichtstärke eines langen Teleobjektives nicht ausreicht, kam hier das 135-mm-Objektiv 1 : 2,8 von Steinheil zum Einsatz (Pentacon). Nach dem Geräusch des Schlitzverschlusses räumten beide Rassen blitzartig das Feld, einer jedoch war bereits nach fünf Minuten wieder zur Stelle.

So urteilt die Presse über die anderen Bücher vom gleichen Verfasser:

IM VERLAG PAUL PAREY, HAMBURG

Photographieren und Filmen von Wild und Vögeln

Von Carl Albrecht v. Treuenfels

2., neubearbeitete Auflage. 1973. 120 Seiten mit 60 Abbildungen im Text und auf 32 Tafeln, davon 8 Farbtafeln. Mehrfarbiger laminierter Einband. ISBN 3-490-18312-6

DM 24,80

C. A. v. Treuenfels gehört zu Deutschlands besten Tierfotografen. Er gibt in diesem Buch in flüssiger Schreibweise sein Wissen an den interessierten Leser weiter. Sämtliche Probleme der modernen Tierfotografie werden ausführlich dargestellt, ob es sich nun um Zoom-Objektive, Lichtschranken oder Computerblitzgeräte handelt. Er behandelt auch kritische Themen, wie Volierenfotografie oder das Einkopieren von Tieren in die Landschaft. Doch nicht nur die Technik der Fotografie wird angesprochen, sondern auch dem Anfänger in eindringlicher Weise klargemacht, welche Verantwortung er gegenüber der freien Natur hat; dies kann nicht oft genug deutlich gesagt werden.
Der Niedersächsische Jäger, Hannover

Das Fotografieren und Filmen von Wildtieren kann eine Quelle der Freude und der Erinnerung, aber auch eine Quelle des Ärgers sein, da nicht selten, insbesondere von Anfängern in dieser Kunst, nie wiederkehrende Gelegenheiten zunichte werden. Der Ärger darüber kann so groß sein, daß der Fotoamateur diesem Sport abschwört. Das ist gar nicht notwendig, wenn er sich, bevor er mit dem Fotografieren und Filmen von Wildtieren beginnt, ja bevor er sich die entsprechende Kamera kauft, sehr aufmerksam dieses Buch liest.
Österreichs Weidwerk, Wien

Besonders beachten sollte man unter anderem das neu aufgenommene Kapitel über ausschlaggebende Gesichtspunkte zu Filmmaterial und Zubehör bei den Dreharbeiten, z. B. bei Schwenk und Zoom sowie bei der Filmgestaltung, dem neu gewonnene Erkenntnisse und fortgeschrittene Technik zugrunde liegen.
Ganz abgesehen von den dem Leser aufgrund langjähriger Erfahrung vermittelten technischen Kenntnissen ist auch der Hinweis auf die Verhaltensweise der Tiere sehr nützlich, auf die in der Beschriftung der gelungenen Bilder und im Text näher eingegangen wird.
Der Photomarkt, Düsseldorf

IM VERLAG KARL THIEMIG, MÜNCHEN

Den Tieren zugeschaut

Von Carl Albrecht v. Treuenfels

2., unveränderte Auflage. 1973. 192 Seiten mit 223, zum Teil farbigen Tieraufnahmen des Verfassers. Format 16 × 22 cm. Mehrfarbiger laminierter Einband. ISBN 3-521-04027-5

DM 12,80

»Die Fotos kann man getrost als einmalig bezeichnen. Und in den knappen, unterhaltsam geschriebenen Texten steckt mehr Information, als man auf den ersten Blick vermutet.
›Den Tieren zugeschaut‹ wird man erst einmal in einem Zug betrachten und lesen. Man wird das Buch aber immer wieder hervorholen und dabei noch manche Neuentdeckung machen.«
Die Welt, Hamburg

»Der vorliegende Band ist ebenso unterhaltsam wie belehrend, ein Sachbuch im besten Sinne dieses abgegriffenen Wortes, außerdem optisch-textliche Ergänzung für ein von der Natur abgeschnittenes Dasein in der Stadt, zugleich jedoch für den Bewohner Suburbias eine hübsche Anleitung für Beobachtungen auf Spaziergängen zu jeder Jahreszeit.«
Frankfurter Rundschau

»Dem Tierfreund offenbart er eine Welt, die ihn mit reichen Naturerlebnissen beschenkt, wenn er ihnen mit gleicher Aufmerksamkeit begegnet. Vortreffliche Fotos erfreuen ihn bei der Lektüre.«
Westdeutsche Allgemeine Zeitung, Essen

»Der Autor dieses Buches versteht sowohl mit der Kamera wie auch mit den verschiedenartigsten einheimischen Tieren umzugehen, sonst wäre es ihm kaum möglich gewesen, so treffliche Aufnahmen zu machen. Die vielen Fotos sind von einem ansprechenden Text begleitet und geben dem Buch einen Rahmen, der über das Alltägliche hinausgeht.«
Die Tat, Zürich

»Auf diese Weise werden etliche Lebensräume, Lebenssituationen und auch Verhaltensweisen geschildert und so ein neuartiges Tierbuch vorgelegt, das jedem Tierfreund Freude macht, das aber auch jeder Jäger gerne in die Hand nimmt, weil es ihm hilft, seine Beobachtungsgabe zu schärfen.«
Die Pirsch, München

»Wenn die Mischung aus Unterhaltung und Information den Leser für einige Stunden gefangenhält und in ihm Verständnis für die Tierwelt weckt oder vertieft, ist der Zweck des Buches erfüllt. So heißt es im Vorwort. Wir glauben, daß der Verfasser dieses Ziel mit seinem originellen und zugleich preiswerten Buch und den ausgezeichneten Fotos sicher erreicht.«
Wild und Hund, Hamburg

»Wenn ich dieses Buch den Tierfreunden empfehle, so liegt der Grund vor allem in den hervorragenden Bildern. C. A. v. Treuenfels hat jahrelang mit der Kamera in freier Wildbahn zugebracht, seine großartige Ausbeute besteht aus einer Unzahl von gelungenen Tierfotos. Fast hatte ich geglaubt, schwarzweiß kann man nicht mehr fotografieren, der Autor hat mich eines Besseren belehrt.«
Horst Schallon im Sender Freies Berlin

»DEN TIEREN ZUGESCHAUT ist in Text und Bild eine vorzügliche Leistung und dürfte sich nicht zuletzt auch wegen seiner Preiswürdigkeit als Geschenk für alle Tierfreunde eignen. Obwohl die Texte nicht ausgesprochen für junge Leute geschrieben sind, meinen wir, daß das Buch in besonderem Maße gerade diese ansprechen wird.«
Die Jugendherberge, Detmold